学科全息育人丛书

丛书主编 朱福荣 饶 英

小学信息技术
学科全息育人

本册主编 刘 玫 郭 强

西南大学出版社
SWUP
国家一级出版社 全国百佳图书出版单位

图书在版编目(CIP)数据

小学信息技术学科全息育人 / 刘玫, 郭强主编. 重庆 : 西南大学出版社, 2024.8. -- ("学科全息育人"丛书). -- ISBN 978-7-5697-2227-7

Ⅰ. G623.582

中国国家版本馆CIP数据核字第2024PZ2141号

小学信息技术学科全息育人
XIAOXUE XINXI JISHU XUEKE QUANXI YUREN

丛书主编　朱福荣　饶　英
本册主编　刘　玫　郭　强

策　　划：王　宁　时曼卿　周万华
责任编辑：曹园妹
责任校对：邓　慧
装帧设计：殳十堂_未氓
排　　版：瞿　勤
出版发行：西南大学出版社(原西南师范大学出版社)
　　　　　地址：重庆市北碚区天生路2号
　　　　　邮编：400715
　　　　　市场营销部电话：023-68868624
印　　刷：重庆美惠彩色印刷有限公司
成品尺寸：185 mm×260 mm
印　　张：15.75
字　　数：408千字
版　　次：2024年8月　第1版
印　　次：2024年8月　第1次印刷
书　　号：ISBN 978-7-5697-2227-7
定　　价：48.00元

编委会

丛书主编
朱福荣　饶　英

丛书副主编
贺晓霞　黄吉元

丛书编委（以姓氏笔画为序）
于泽元　王天平　艾　兴　代　宁　朱福荣　朱德全
李　鹏　李雪垠　杨　旭　吴　刚　张　良　陈　余
陈　婷　陈登兵　范涌峰　罗生全　赵　鑫　胡　焱
饶　英　贺晓霞　唐小为　黄吉元　常保宁

本册主编
刘　玫　郭　强

本册副主编
李　静　王贤政　唐廷波　陈道伟　李晓莉

本册编委
刘　玫　郭　强　李　静　王贤政　唐廷波
陈道伟　李晓莉　魏淇淋　张　欢　罗　健
王礼伦　李中全　王洪梅　晏　笛

总序

新中国成立以来,我国的教育方针历经多次演进,但强调学生德、智、体等方面全面发展是一以贯之的基本原则和思想。1957年,我国的教育方针是"使受教育者在德育、智育、体育几方面都得到发展,成为有社会主义觉悟的有文化的劳动者"。至1995年,教育方针表述为"教育必须为社会主义现代化建设服务,必须与生产劳动相结合,培养德、智、体等方面全面发展的社会主义事业的建设者和接班人"。2015年,教育方针表述为"教育必须为社会主义现代化建设服务、为人民服务,必须与生产劳动和社会实践相结合,培养德、智、体、美等方面全面发展的社会主义建设者和接班人"。2021年,教育方针表述为"教育必须为社会主义现代化建设服务、为人民服务,必须与生产劳动和社会实践相结合,培养德智体美劳全面发展的社会主义建设者和接班人"。教育方针的演进充分体现了不同时期国家对人的发展的总体方向和要求,但随着时代的发展会增加和融入新的元素和内容。总体而言,对人的身心等方面全面发展的要求始终是我国教育方针的大方向,这也体现了马克思主义关于人的全面发展学说的本质规定性。

党的十九大报告指出,"优先发展教育事业。建设教育强国是中华民族伟大复兴的基础工程,必须把教育事业放在优先位置,深化教育改革加快教育现代化,办好人民满意的教育。要全面贯彻党的教育方针,落实立德树人根本任务,发展素质教育,推进教育公平,培养德智体美全面发展的社会主义建设者和接班人"。2019年,中共中央、国务院在《关于深化教育教学改革全面提高义务教育质量的意见》中进一步提出,"坚持以习近平新时代中国特色社会主义思想为指导,全面贯彻党的教育方针,落实立德树人根本任务""培养德智体美劳全面发展的社会主义建设者和接班人"。要"坚持五育并举,全面发展素质教育",要突出德育实效,提升智育水平,强化体育锻炼,增强美育熏陶,加强劳动教育。我国义务教育和普通高中课程方案中都明确提出,课程要"全面贯彻党的教育方针,落实立德树人根本任务""培养德智体美劳全面发展的社会主义建设者和接班人"。可以说,立德树人作为我国教育的根本任务,围绕人的全面发展而提出的"五育并举",以及由此而引发的学校全面、全程、全员育人机制的转变,是新时代教育发展的关键。

"全息"一词原意指一种可以全面、多角度地再现物体的原貌，反映物体所承载的各种信息和状态的光学成像技术。引用其部分含义，教育领域的全息育人指的是学生成长过程中所涉及时空的全部信息都是育人的信息源，发挥这些信息源的共同与合力作用来有效促进学生的各方面发展。作为一种育人理念，其主张调动和运用各种可以利用的因素，全方位、全过程地促进学生各个方面的共同发展。具体到学科领域，在新时期探索"五育"共同发展的过程中，学科教学中"五育融合"的观念应运而生，并开展了诸多有益的实践探索。

我国当前中小学的教学组织形式仍然是班级授课制为主，教学工作仍然是学校的中心工作，学科课程仍然是学校课程的主体，课堂仍然是育人的主阵地。因此，在遵循现行中小学教学形式的前提下，课堂教学还是落实立德树人根本任务、促进学生德智体美劳全面发展的最直接途径。今天，在学科教学中，"育什么人""为谁育人"已经非常明晰，"怎样育人"以及如何提升"育人质量"，成为学校教学亟须回答的重大问题。通往学科"育人质量"提升的路径多种多样，全国教育理论研究者和中小学教师都进行了卓有成效的探索，其中"五育融合"是最值得关注的发展方向和路径之一。重庆市北碚区教师进修学院与西南大学教育学部和教育部西南基础教育课程研究中心共同开展的"学科全息育人"研究，就比较好地回答了在学科教学中如何实现"五育融合""怎样育人"的重大问题。他们采取的主要策略是以学科的教科书作为引领载体，以"五育融合"为视角和眼光，以单元教学为单位，按照德智体美劳从学科到单元或主题建立学科育人框架，全面挖掘单元教学内容中的"认知育人点""德性育人点""审美育人点""健康育人点"和"劳动育人点"等，实行基于"五育融合"的整体教材解读和教学设计，进而将德智体美劳等育人要素有机融合，利用课堂主阵地开展学科育人，实现学科教学向学科育人的转变。

重庆市北碚区中小学校实施的学科全息育人，坚持以马克思的"人的全面发展"学说和赫尔巴特的"教育性教学"原则为理论基础，高扬"立德树人"的大旗，以社会主义核心价值观为统领，将"德智体美劳"育人要素融入中小学各学段、各学科，使所有学科都从学科性质、地位、任务出发，既体现学科特质，又彰显育人的特殊功能，指向德智体美劳，实现由"学科教学"到"学科育人"的转变，学生通过学科学习，实现"成人"与"成才"的双统一、双发展。在育人理念层面，以学科育人的"全息性"，解决学科价值与育人价值分离或单项推进的问题；在课堂实践层面，以学科育人的全面性，解决学科育人随意化、碎片化或无视化问题；在区域推进层面，通过"全要素落实、全学段推进、全学科联动"，有效破解了学校、学段、学科等育人壁垒问题。

学科全息育人需要育人理念的重构。学科课程是学校落实立德树人根本任务的基本载体，每个学科都要围绕"有理想、有本领、有担当"这三个维度培养未来担当民族复兴大任的时代新人,这是对学科课程和教学的基本要求。所有学科都从学科性质、地位、任务出发,把人的发展作为学科教学的旨归,使学科价值与育人价值融合共生,既体现学科特质,又与其他学科协同助力学生的成长,彰显育人的特殊功能,把学科价值作为育人价值实现的条件,把育人价值作为学科价值实现的目的。这样就能把"有理想、有本领、有担当"落实到每个学科的综合素养培养中,落实到每节课、每所学校的育人目标中,学生德智体美劳全面发展的总目标就不会落空。无论是学科教学设计还是课堂教学,教学思维的起点就是将这堂课要达成的教学目标,逆向分解成每一个时段的子目标,同时,在教学中又从一堂课的时间轴进行正向思考,依据逆向设计的子目标开展多样化的学习活动。在此基础上,教师还要立体思考,将除本学科认知目标以外的其他育人目标放在何处,以怎样的方式达成,确保每个学科、每节课都将育人贯穿始终。

学科全息育人需要育人课程的设计。课堂教学既是学校教育的主阵地,也是学校教育体系的核心要素,一旦离开学校教育体系,课堂教学很难真正实现学科全息育人。实现学科课堂教学的全息育人,关键就是要找出能包含教学内容的全部信息,或能进行全息育人教学内容的整体信息,我们称之为"关键信息"(关键知识、关键方法、关键思维等)。贯穿于教学活动中的"五育"是具有"五育间性"的,也就是每"一育"既关涉其他"四育",又在教学过程中保持和谐。教学中通过"五育间性"建立基于教育学立场、育完整人的教学生态体系,实现由"渗透"到"互联"至"互育"达"合育"的逻辑演绎。重庆市北碚区的做法是,每个学科以现行国家课程教科书为蓝本,以"单元"为单位挖掘五育"育人点"和"融合点"。这个"单元"既可以是教科书上所列的单元,又可以是按照综合学习或跨学科学习的主题、专题设置单元,既考虑了各学科独有的"模式语言"特征,做到学科"双基"扎实"有本领",又关注到融合育人的"五育间性",做到铸魂立德"有理想、有担当",同时,避免"穿靴戴帽"式、"空洞说教"式的"五育融合"、学科全息育人。

学科全息育人催生育人方式的转型。育人方式就是要回答"新时代教育三问"的"怎样培养人",对于课堂教学的主体而言,"怎样培养人"一定是贯穿于学科教学始终的,学科全息育人引领下的教学催生育人方式的转型。一是要对"学科全息育人"理念有非常透彻的理解,把育人方式本身作为育人的重要资源;二是要把党和国家的课程方案、课程标准的要求与课堂教学及其评价关联,将"五育"要求与课程核心素养关联,并恰当融入课堂教学活动之中;三是要在课堂教学、作业布置与批改、学生学习指导、考试评价等育人环节以是否有利于学生综合素养、"五育"全面发展来衡量,将那些不经意的细节都看成会给学生带来终身影响的重要环节。特别是在智能化时代,育人方式更要从"重教书"向"重育人"转变,从固定学习到泛在学习,从储备学习到即时学习,从寻找答案的学习到寻找问题的学习,从接受性学习到批判性学习,从独自性学习到合作性学习,从烧脑学习到具身学习,从线下学习到融合学习,切实破解"见分数不见素养""见学科不见学生"的教育难题。

学科全息育人需要育人师资的再造。学科全息育人的成与败都在教师。什么样的教师能够实施学科全息育人？具有"全息"的视野、思维与能力的教师。一方面,教师要有"全息"视野,也就是能从"培养完整的人"角度看待"五育"的整体性、统一性,理解德育、智育、体育、美育和劳动教育有机融合对促进学生全面发展的意义,追求"五育"相互融合、有机统一的整体融通式育人观。正如苏霍姆林斯基所言,"没有单独的智育,也没有单独的德育,也没有单独的劳动教育",这样才能将"全息育人"理念作为学科教学的起点和归属。另一方面,教师要有"全息"思维,关注育人过程的关联性和整体性,培养教师用关联式、融通式思维设计与实施"全息育人"。教师要摒弃用割裂式思维看待"五育",简单地将单科对应"单育",认为学科课程对应智育,体育课程对应体育,音乐、美术课程对应美育。用关联式思维引导教师看到所教学科有"五育"渗透的可能性和必要性,突破"分科单育"的狭隘认知,在落实学科核心目标的同时兼顾渗透并关联其他"四育",实现学科内的"五育融合"。用融通式思维观念引导教师打破学科逻辑和领域界限,设计跨学科、多学科的综合性主题,看到各学科交叉点与整合点之间的"相融"关系,实现学科间的"五育融合"。

重庆市北碚区中小学学科全息育人研究,切中了近年基础教育时弊,符合教育教学规律以及核心素养教育改革发展方向,以教科书为载体的"五育融合"研究范式切实有效,可借鉴、可推广,其主体研究成果《全息育人教学论》具有学术性和创新性,系列成果各学科全息育人研究对学科开展"五育融合""全息育人"具有较强的指导性和实践性。当然,该项研究主要是在2022年版的义务教育课程方案和课程标准发布之前进行的,可能还与学科课程标准提倡的学科核心素养要求有一定差距,在小学至高中学段也还有个别学科的研究成果没有出来,但是,这些不会影响该项研究及其成果的总结与推广,也希望他们能够继续深入研究,取得更有价值的研究成果。

2022年10月

(朱德全,西南大学教育学部部长,教育学博士、二级教授、博士生导师)

序言

近年来，中国教育行业持续发生深刻变革，在《深化教育教学改革全面提高义务教育质量的意见》中，教育部提出要坚持"五育"并举，全面发展素质教育。随着《教育信息化2.0行动计划》的实施，教师和学生的信息素养提升得到了高度重视，教育部全面实施了中小学教师信息技术应用能力提升工程2.0项目，推动和规范编程教育发展，将包括编程教育在内的信息技术内容纳入中小学相关课程，帮助学生掌握信息技术基础知识与技能、增强信息意识、发展计算思维、提高数字化学习与创新能力、树立正确的信息社会价值观和责任感。

课堂是学校教育教学工作的主阵地，课堂教学的关键在于教师。如何上好小学信息技术课，成为一名优秀的小学信息技术学科教师？正如苏霍姆林斯基所说："你不仅是教课的教师，也是学生的教育者，生活的导师和道德的引路人。"要当好一名小学信息技术学科教师就应当理解课程的价值，深入研究课程教材，勇于投身教学改革，通过课题研究和实践探索，不断优化教学方式，准确把握学情，做到因材施教，不断提高课堂教学质量。

笔者一直以来十分关注北碚区的"全息育人"研究项目，有幸受邀参与了小学信息技术学科的相关活动，对"全息育人"这个主题有了更深的理解。以往的小学信息技术课比较偏重信息意识、信息知识和技术应用，对信息安全、信息伦理、学科价值和教师专业发展重视不足。记得在一次带教骨干教师的过程中，骨干教师普遍对知识与技能、过程与方法的目标分析得比较好，但对情感态度、价值观的目标分析得很模糊，于是我把这次带教的主题定为"信息技术课育德目标的确定及实施"。在此后围绕该主题的教学实践与研究中，大家逐步明确了学科的育人价值与教学目标、教学内容、教学方法的联系，这次带教过程让我深刻地感受到学科育人的重要性和现实性。

"全息育人"的提出比较好地解决了信息技术学科发展的问题，推动信息技术学科教学走上了一个新的台阶。"全息"代表了全部和整体信息，除了教学本身还应包含生活与社会等元素；"全息育人"强调了完整性育人。正如教育家陶行知先生所倡导的："生活即教育，社会即学校，教学做合一。""要解放孩子的头脑、双手、脚、空间、时间，使他们充分得到自由的生活，从自由的生活中得到真正的教育。"在教育信息化的背景下,不同学科的教学都在探索与信息技术的融合创新,而信息技术课的教学也应追求"全息育人"目标,把信息技术的学科教学融入生活与社会之中,实现学生的和谐、快乐、整体的发展。

《小学信息技术学科全息育人》一书是课题研究的成果,它汇集了学科教研员和广大信息技术学科教师的教育智慧,也是广大教师理论总结与实践探索的经验积累。全书讨论了"全息育人"的教育理念,总结了"全息育人"的教学设计、教学实施、教学评价及教师研修的实践方法,同时,提供了丰富、翔实的教学实践案例,可以作为中小学信息技术教师实践"全息育人"重要参考。由此,倡议广大中小学信息技术学科教师共同参与"全息育人"研究,共同提升信息技术学科教学质量。

李立

重庆市渝中区教师进修学院

目录

第一章　小学信息技术学科全息育人概述

第一节　小学信息技术学科全息育人的时代背景　3
一、教育信息化2.0行动计划的要求　3
二、中国学生发展核心素养的要求　4
三、中国特色社会主义对培养全面发展的人的要求　4
四、社会经济发展对信息技术人才的需求　5

第二节　小学信息技术学科全息育人的内涵与特征　6
一、小学信息技术学科全息育人的内涵　6
二、小学信息技术学科全息育人的特征　8

第三节　小学信息技术学科全息育人的价值　9
一、全息育人是培养信息技术学科核心素养的重要途径　9
二、全息育人是培养信息技术学科核心素养的关键　10
三、全息育人促进信息技术学科内涵式发展　11

第二章　小学信息技术学科全息育人点

第一节　小学信息技术学科全息育人点的设计依据　15
一、小学信息技术学科全息育人点的理论依据　15
二、小学信息技术学科全息育人点的课程依据　18

第二节　小学信息技术学科全息育人框架　28

一、学科认知　28

二、德性育人　29

三、审美育人　30

四、健康育人　31

五、劳动育人　31

第三节　小学信息技术学科全息育人点导引　35

一、小学信息技术学科单元育人点导引　35

二、小学信息技术学科活动育人点导引　56

第三章　小学信息技术学科全息育人教学设计

第一节　小学信息技术学科全息育人教学设计理念　97

一、以人为本的理念　97

二、以任务为中心的理念　97

三、STEAM教育理念　98

四、创客教育理念　99

五、备、教、学、评一致性理念　99

第二节　小学信息技术学科全息育人教学设计原则　100

一、科学性原则　100

二、整体性原则　102

三、关联性原则　104

四、有序性原则　104

五、分层性原则　105

第三节　小学信息技术学科全息育人教学设计流程　105

一、单元整体建构　106

二、育人目标的确定　109

三、教学资源选择　111

四、教学过程设计　113

五、学业评价设计　114

第四节　小学信息技术学科全息育人教学设计案例评析　115

一、硬件与系统管理教学设计案例评析　116

二、信息加工与表达教学设计案例评析　120

三、网络与信息交流教学设计案例评析　124

四、算法与程序设计教学设计案例评析　131

第四章　小学信息技术学科全息育人教学实施

第一节　小学信息技术学科全息育人教学实施的理念　141

一、学科教学向学科育人转变　141

二、培养信息技术核心素养　141

三、培养实践与创新能力　142

第二节　小学信息技术学科全息育人教学实施的原则　143

一、理论与实践相结合　143

二、技能训练与理论知识相结合　144

三、分层掌握和任务区分相结合　145

四、教师主体与学生主体相结合　146

五、科学性与思想性相结合　147

六、技术性与艺术性相结合　148

第三节　小学信息技术学科全息育人教学实施的方法　149

一、任务驱动法　149

二、范例教学法　150

三、自学指导法　153

四、项目教学法　154

第四节　小学信息技术学科全息育人教学实施的案例评析　156

【案例1】编程与机器人教学设计案例评析

　　全息育人背景下培养学生编程思维能力的教学实践研究——以西大版小学《信息技术》"创意游戏设计"课例研究为例　156

【案例2】电子表格教学设计案例评析

　　用活素材　精心设计　达成全息育人目标——以西大版小学《信息技术》四年级下册"统计图"课例研究为例　159

第五章　小学信息技术学科全息育人教学评价

第一节　小学信息技术学科全息育人评价理念　171

一、重视学生全息发展　171

二、聚焦信息意识培养　172

三、提高信息应用水平　172

四、发展信息思维能力　173

五、明确信息社会责任　173

六、促进教师专业成长　174

第二节　小学信息技术学科全息育人教学评价的原则　174

一、科学性原则　175

二、全面性原则　175

三、发展性原则　176

四、开放性原则　176

五、公平性原则　177

六、可行性原则　178

七、过程性原则　178

第三节　小学信息技术学科全息育人教学评价的方法　179

一、课堂教学评价的方法　179

二、学生学业评价的方法　182

第四节　小学信息技术学科全息育人教学评价的案例评析　190

一、课堂教学评价案例评析　190

二、学生学业评价案例评析　198

第六章　小学信息技术学科全息育人学科研修

第一节　小学信息技术学科全息育人学科研修的理念　209

一、教师为本　209

二、全员参与　209

三、浇根改善　210

第二节　小学信息技术学科全息育人学科研修的原则　210

一、问题导向原则　210

二、双主体原则　210

三、行动研究原则　211

四、共建共享原则　211

第三节　小学信息技术学科全息育人学科研修的流程　211

一、小学信息技术学科全息育人现状调研及分析　212

二、育人知识点、技能点补偿性培训　212

三、建立学科育人研修共同体　217

四、育人课例研修活动　217

五、组织育人教学竞赛　219

六、育人课程资源库建设　219

第四节　小学信息技术学科全息育人学科研修案例　220

【案例1】校本研修活动案例——在信息技术课中融入全息育人　220

【案例2】区域研修活动案例——如何进行编程教学的全息育人设计与实施　222

【案例3】区域研修活动案例——基于大单元教学的小学信息技术学科全息育人教学设计　227

参考文献　231

后记　235

第一章 小学信息技术学科全息育人概述

"全息育人"提出"基于教育性教学,实施完整性育人"教学理念,"全息"就是教育中的全部信息、整体信息,"全息育人"就是要通过教育性教学实现完整性育人。小学信息技术学科全息育人研究,是从课标和教材着手,把握学科体系及核心知识的联系,深挖学科本质及学科思想方法,从教育的最小单位"课堂"开始进行研究和变革。通过对"教什么、教到什么程度、怎么教、教得怎样"等问题由浅入深地研究,结合学科核心素养、学生发展核心素养、教学内容载体等,确定小学信息技术学科全息育人框架,形成有参考意义的单元、活动育人点,撰写有体系的、育人指向明确的教学设计,帮助小学信息技术教师在教学中落实立德树人目标,促进师生共同成长。

第一节　小学信息技术学科全息育人的时代背景

著名教育家蔡元培先生提出"五育并举"教学方针;苏霍姆林斯基从马克思主义关于人的全面发展理论出发,创造性地将"全面发展、和谐发展、个性发展"融合在一起,提出个性全面和谐发展教育思想,并将其作为学校教育的理想和目标。全息育人背景下的信息技术学科教学强调从"学科认知、德性育人、审美育人、健康育人、劳动育人"五个方面培养学生的综合能力。随着社会政治、经济、文化的不断发展,新理念、新技术不断刷新着人们的认知。在教育领域中,应高举中国特色社会主义伟大旗帜,推动社会主义核心价值观进教材、进课堂、进头脑,着力培养学生高尚的道德情操、扎实的科学文化知识、健康的身心、良好的审美情趣,努力使学生具有中华传统美德,具有中国特色社会主义共同理想,成为中国特色社会主义国家的合格建设者和可靠接班人。"全息育人"理念的提出,促使小学信息技术学科教育理念转变,把"全息育人"理念渗透到今后的课堂教学中,将教学重点转移到培养学生学科能力和学科思维上,并从德性育人、审美育人、健康育人、劳动育人等方面促进学生全面发展。

一、教育信息化2.0行动计划的要求

为深入贯彻落实党的十九大精神,加快教育现代化和教育强国建设,推进新时代教育信息化发展,培育创新驱动发展新引擎,结合国家"互联网+"、大数据、新一代人工智能等重大战略任务安排和《国家中长期教育改革和发展规划纲要(2010—2020年)》《国家教育事业发展"十三五"规划》《教育信息化十年发展规划(2011—2020年)》《教育信息化"十三五"规划》等文件要求,教育部制定了《教育信息化2.0行动计划》,提出"坚持育人为本"的基本原则,面向新时代和信息社会人才培养需要,以信息化引领构建以学习者为中心的全新教育生态,实现公平而有质量的教育,促进人的全面发展。根据"坚持育人为本"基本原则,小学信息技术学科全息育人在国家政策的支持下,不断转变教师传统的教育教学观念,树立以学习者为中心的"全息育人"教育思想,根据信息

技术学科育人导引，从学科认知、德性育人、审美育人、健康育人、劳动育人五方面实施全方位育人。

二、中国学生发展核心素养的要求

党的十八大提出，把立德树人作为教育的根本任务，培养德智体美全面发展的社会主义建设者和接班人。2014年，教育部发布《教育部关于全面深化课程改革落实立德树人根本任务的意见》，明确研究制订学生发展核心素养体系和学业质量标准，要根据学生的成长规律和社会对人才的需求，把对学生德智体美劳全面发展总体要求和社会主义核心价值观的有关内容具体化，深入回答"培养什么人、怎样培养人"的问题。2016年，"中国学生发展核心素养"课题组发布了《中国学生发展核心素养》总体框架，提出了要培养"全面发展的人"的目标，学生发展核心素养是指学生应具备的、能够适应终身发展和社会发展需要的必备品格和关键能力，是关于学生知识、技能、情感、态度、价值观等多方面要求的综合表现。

中国学生发展核心素养的提出充分体现了国家对人才战略与中华民族未来的深远思考，国家的发展需要人才，人类命运共同体也需要国家培养更多适应世界变革与发展趋势的人才。中国学生发展核心素养是落实立德树人根本任务最重要的举措，也是国家关于教育改革与课程改革的重要内容。信息技术学科核心素养包括"信息意识、计算思维、数字化学习与创新、信息社会责任"四个方面。从个性和共性的角度出发，具体课堂教学内容与教学目标分析以学科核心素养为主，在掌握学科知识的基础上，增强学生信息意识与社会责任感，培养学生全面发展，使学生具备适应终身发展和社会发展需要的必备品格和关键能力。

三、中国特色社会主义对培养全面发展的人的要求

在中国革命建设的各个阶段，党和国家领导人都坚持把马克思主义人才思想与中国实际相结合，形成了具有中国特色的人才培养理念。毛泽东提出以德才兼备、又红又专为中心的人才思想，其人才观具有鲜明中国特色和浓重的民族文化底蕴，结合了马克思主义的基本原理和中国革命建设的具体实践，是中国化的马克思主义人才理论与人才观。邓小平在总结革命和建设时期人才工作经验和教训的基础上，提出以尊重知识、尊重人才为中心的人才思想，为党和国家的人才工作提供了宝贵的理论财富。国家要发展，要实现现代化，要狠抓教育，人才储备要跟上国家发展步伐。江泽民在新世纪深刻认识到人才是高质量发展的保障，指出在激烈的国际竞争中，在深化改革开

放的时期,科技和经济要发展,人才是最关键、最根本的因素。要实现现代化,必须靠知识、靠人才。胡锦涛根据当时的党情国情,人才工作的实际需求,在继承历代领导人人才思想的基础上,继续实践和理论创新,创造性地阐述了人才在现代经济社会发展中的作用,形成以人为本的科学人才观。习近平在全国教育大会上发表了重要讲话,指出要努力构建德智体美劳全面培养的教育体系,形成更高水平的人才培养体系。要把立德树人融入思想道德教育、文化知识教育、社会实践教育各环节,贯穿基础教育、职业教育、高等教育各领域,学科体系、教学体系、教材体系、管理体系要围绕这个目标来设计,教师要围绕这个目标来教,学生要围绕这个目标来学。中国特色社会主义进入新时代,立德树人是发展中国特色社会主义教育事业的核心所在,是培养德智体美劳全面发展的社会主义建设者和接班人的本质要求。培养新时代具有中华文化底蕴、中国特色社会主义共同理想、国际视野的社会主义合格建设者和可靠接班人,对教育工作者来说是职责所系。在这样的社会时代背景下,教育重在强调每个人能处理好自我与社会的关系,养成现代公民所必须遵守和履行的道德准则和行为规范,增强社会责任感,提升创新精神和实践能力。小学信息技术学科从"全息"的角度出发,引导学生了解中华民族先进文化和文明成果,支持民族产业,形成正确的世界观、人生观、价值观,在实践操作中,培养学生主动参与劳动实践、积极探究和乐于创新的意识。

四、社会经济发展对信息技术人才的需求

21世纪,经济全球化拉近了国与国之间的距离,也增强了国与国之间的合作共赢、相互竞争的关系。互联网、大数据及人工智能与传统经济的融合,加快了国家经济的发展,计算机网络技术和科学技术成为国家经济增长的重要驱动之一。国家经济发展离不开技术的支撑,离不开技术的创新研发与应用的支撑,科技竞争成为国际竞争的主题,人才尤其是高精尖人才已经成为各国综合国力竞争的重要因素。世界各国在发展科技的同时,也越来越重视人才资源,人才的重要性愈发突出,得人才者,便拥有快速发展的优势,在竞争中取得先机。《义务教育信息科技课程标准(2022年版)》指出,义务教育信息科技课程性质为:课程具有基础性、实践性和综合性。信息科技课程旨在培养科学精神和科技伦理,提升自主可控意识,培育社会主义核心价值观,树立总体国家安全观,提升数字素养与技能。人才的培养要落实到每一位学科教师身上,教师应有良好的"育人"品质,作为小学信息技术学科教师,应转变旧的"学科教学"观念,树立"学科育人"的思想,在学生获得学科知识、学科能力、学科思维的基础上,进一步培养学生的国家意识、社会责任和个人修养,强化学生欣赏评价、操作实践、应用创新、创造

设计等方面的能力，实现"五育并举，融合育人"的教育理念。除了重点培养学科认知外，更要重点关注德性育人、审美育人、健康育人、劳动育人的培养，使学生在掌握学科知识的基础上具备相应的学科能力，负责任地参与信息活动，明辨是非、行为规范、遵纪守法，具备勤于动手、乐于探究、持之以恒的精神，进而实现个人价值，推动社会发展进步，成为有理想信念、敢于担当的人。

第二节　小学信息技术学科全息育人的内涵与特征

只有充分挖掘小学信息技术学科全息育人的内涵与特征，才能进一步为后期小学信息技术学科全息育人教学设计、教学实施以及评价等提供有力的支撑。

一、小学信息技术学科全息育人的内涵

"全息"一词，在物理学中是一种光学成像技术，能够反映物体所承载的各种信息和状态，具有全面性、多角度的特点。"育人"一词，在教育领域中被广泛使用，"育人"的内容和方式多种多样，对学生德、智、体、美、劳各个方面的教育都可看作是育人。

国内许多学者对"育人""全息育人"做了许多相关教学研究。2000年，吕梁高等专科学校的李雪萍教授在其发表的论文《努力创建高校德育工作的新格局——吕梁高专建立全息育人体系的一些做法》中谈到德育工作的育人体系和新格局时，就提出了全息育人策略，并提出了全员育人、全方位育人和全过程育人三种具体的实施方式。中国人民大学马克思主义学院的马福运教授在河南省教育科学"十一五"规划课题"以德治国背景下的德育系统性研究"中也对在学校内如何建立起上下联动、全员负责的全息育人德育管理系统做了研究和探索。在信息化时代，育人方式较传统相比，已发生了巨大变化。阜阳师范学院学生工作处的曲欣欣老师在其发表的论文《文化育人与网络育人的融合性探析》中从大学生思想政治教育方面谈到了文化育人与网络育人的深度融合，提出了以"微传播"彰显网络强大的包容文化，以"主体性"突出网络育人的文化责任。董玉琦和钱松岭两位教授在《信息社会学课程与教学——信息技术课程育人功能的落脚点》一文中指出，"信息社会"是信息技术学科落实"立德树人"根本任务的科学思考，是"以德为先""责任为本"的具体体现。北京师范大学中国基础教育质量监测协同创

新中心的罗海风、周达和刘坚三位专家针对学科"育识""育人"也进行了理论引领。

除此之外,也有学者在信息技术与学科融合方面做了关于"育人"的深入研究。从信息技术课程与德育工作相结合的角度,甘肃泾川县第二中学的何丹涛教师在研究中探讨了如何利用信息技术帮助青少年形成正确的价值观,并认为老师的示范作用与培养学生正确的网络道德意识是在信息技术课堂中渗透德育工作的关键。[①]小学阶段信息技术课程与德育相结合的相关研究也有不少,江苏省金坛区白塔小学的曹国庆老师就在其文章中提到,培养学生正确的信息意识和健康的伦理道德是信息技术教育工作者的责任,并认为可以通过教学内容、实践操作、机房管理、互联网的使用以及激励性评价等方面进行德育工作的渗透。[②]信息技术课程与体育工作相结合的工作重点,主要集中在利用信息技术课程帮助学生形成良好的时间观念、养成自主学习习惯、培养积极向上的心态以及锻炼自制力方面。信息技术课程与美育工作相结合的工作重点,主要集中在如何帮助学生体验美、感受美、鉴定美、传递美、创造美以及形成健康审美观等方面。广东省梅州市职业技术学校的梁志娟老师的研究表明,美育不仅存在于美术和音乐两门课程之中,信息技术课程也可以处处渗透美。[③]琴湖小学的李星老师也在其《将美育进行到底——例谈美育在信息技术课堂中的融合》中提到,可以通过慎重选择素材、详细规划活动和丰富的教学手段来进行美育的渗透。[④]信息技术课程与劳动技术教育工作相结合的工作重点,主要集中在利用信息技术课程培养学生的自主探索精神和实践动手能力,为国家培育新一代技术型人才方面。何春燕老师在2019年中小学素质教育创新研究大会上谈到,通过提供思维训练和任务驱动可以增强学生的自主探究精神,培养真正的实践能力。[⑤]罗建国等研究者提出,"全息育人"指的是培养对象在成长过程中所涉及时空的全部信息都能成为育人的信息源,发挥育人作用。[⑥]

通过以上研究我们可以看出,"全息育人"倡导的是"基于教育性教学,实施完整性育人"的教学理念,"全息"就是教育中的全部信息、整体信息,"全息育人"就是要通过教育性教学实现完整性育人。因此,"全息育人"的定义为:基于学生发展核心素养的视域,通过关键知识、关键问题、关键方法和关键环节,将德智体美劳"五育并举"的总

[①] 何丹涛.浅谈信息技术教学中德育的渗透[J].甘肃教育,2019(19):60.
[②] 曹国庆.将德育渗透到信息技术课堂中[J].教育教学论坛,2011(31):250-252.
[③] 梁志娟.鼠标点点,美育无限——中职信息技术课中的美育渗透[J].现代经济信息,2014(02):295-296.
[④] 李星.将美育进行到底——例谈美育在信息技术课堂中的融合[J].华夏教师,2017(02):56-57.
[⑤] 何春燕.初中信息技术学生自主探究性的学习能力培养[C]//教育部基础教育课程改革研究中心.2019年中小学素质教育创新研究大会论文集.教育部基础教育课程改革研究中心,2019:184-185.
[⑥] 罗建国,黄红霞,李倩倩.高校"全息育人模式"探索——以武昌理工学院为例[J].黄冈师范学院学报.2017,37(01):7.

要求有效落实于学科教学实践中,从而促进学生全面发展。针对信息技术学科而言,"小学信息技术学科全息育人"是指立足于小学信息技术学科教材,根据信息技术学科自身特点,抓住关键知识、关键问题、关键方法和关键环节,根据自身发展的需要,充分发挥教材的育人导向,对学生进行德、智、体、美、劳等方面全方位的、全过程的、综合性育人。

二、小学信息技术学科全息育人的特征

根据上述对"全息育人"教学理论与实践的研究以及对其内涵的解读,可以看出"全息育人"的终极目标是通过"教育性教学"实现"完整性育人"。在实现这一目标的过程中,需要"全员、全方位、全过程、完整性、综合性"等相互配合,将学科育人理念融入课堂教学实践活动,真正促成学生全面发展。"全息育人"具有以下特征。

(一)全员性

在通过"教育性教学"实现"完整性育人"过程中,小学信息技术学科全息育人的全员性表现为:参与信息技术学科的学习者和应用者,其主体是教师和学生,甚至包括与之相关的社会人。信息技术教师在树立"全息育人"目标基础上,践行课堂教学"全息育人"理念,通过信息技术学科教学提高全体学生的信息技术能力和信息化思维。

(二)全方位性

在小学阶段,全方位培养学生的综合能力非常重要。学生在掌握计算机基本理论的基础上,在具体操作或应用的过程中,应不断增强利用信息技术解决实际问题的能力;信息化时代,数字化学习环境无处不在,学生在适应数字化学习环境的同时应学会自主学习、知识分享,养成良好的学习习惯;在信息技术活动中,鼓励学生主动参与实践活动,并积极动手探究;网络社会,学生应增强自我防范意识,明辨是非,进一步培养自己的自制力;通过画图软件、Word 文档、PPT 演示文稿、编程软件的学习,注重增强学生的创新创造设计能力,培养学生高尚的道德情操和健康的审美情趣,达到全方位育人的目的。

(三)全过程性

在信息技术课程学习过程中,根据"全息育人"要点,将德、智、体、美、劳"五育并举"贯穿到学生在校学习生活的每一个过程中。课堂教学应将育人理念融入每一个教学环节,让学生在参与活动过程中,在学习知识、完成操作任务的同时,提升自身的信息素养。

(四)完整性、综合性

根据学生自身发展的需要,在教学中,挖掘信息技术学科课程的育人功能,发挥信息技术强大的学科融合性,弥补学生成长中的不足,保持德、智、体、美、劳"五育并举"的育人导向。

第三节　小学信息技术学科全息育人的价值

苏联著名教育实践家和教育理论家苏霍姆林斯基提出了"全面和谐发展的人,社会进步的积极参与者"的教育理念,这为广大教育工作者在进行教育改革时提供了重要的理论支撑,促进学生全面发展应落实到每一个学科教学小细节中,使学生的德、智、体、美、劳均衡地、全面地发展。小学信息技术学科的课程目标是从硬件与系统、图文声像、网络与信息交流以及算法与程序设计等学科知识层面出发,在课程教学中融入德性、审美、健康、劳动等内容,培养学生学科能力;让学生树立正确的国家意识,承担社会责任;培养学生欣赏评价和创造设计的能力,使学生拥有高尚的道德情操和健康的审美情趣,形成健康高尚的审美;关注学生的身体健康和心理健康,培养学生正确的劳动价值观。小学信息技术学科全息育人将全息育人理念融入小学信息技术学科教学中,促进学生信息技术学科素养形成,推动信息技术教师学科育人理念更新,优化信息技术学科课堂教学实践,最终使学校活动和社会需求相融合。

一、全息育人是培养信息技术学科核心素养的重要途径

21世纪,随着社会经济的发展,互联网、大数据、5G的出现,人类生活已离不开信息技术的使用。通过有效的信息技术手段可以使人们获取更多的知识与技能。信息技术学科核心素养由信息意识、计算思维、数字化学习与创新、信息社会责任四个核心要素组成。"信息素养"是信息全球化背景下人们需要具备的一种基本能力。它包括:能够判断什么时候需要信息,并且懂得如何去获取信息,如何去评价和有效利用信息。

小学信息技术学科全息育人旨在从学科认知、德性育人、审美育人、健康育人、劳动育人五方面全面培养学生的素养,教师以小学信息技术学科全息育人为导向,在教育教学中培养学生掌握网络社会生存的基本能力,理解当今社会是网络社会与现实社

会交织的社会，能正确选取信息设备获取信息，选取正确的软件对信息进行加工处理。面对纷繁复杂的网络信息，培养学生采用有效策略对信息来源的可靠性、内容的准确性、指向的目的性做出合理判断，对信息可能产生的影响进行预期分析，为解决问题提供参考。通过具体操作或应用过程，在实际体验中掌握利用信息技术解决实际问题的方法。能够认识到数字化学习环境的优势和局限，适应数字化学习环境，养成相应的学习习惯。掌握数字化学习系统、学习资源与学习工具的功能和用法，并用于开展自主学习、协同工作、知识分享与创新创造。除此之外，培养学生勤于动手、乐于探究、持之以恒的精神；操作实践中培养学生统筹规划、分步实施、总结归纳的能力，让学生在活动的准备、实践和总结环节体验成功，进而培养学生积极主动参与的意识。通过动手操作实践，初步掌握数字作品设计与制作的基本技能；学会运用信息技术，设计并制作有一定创意的数字作品等，促进学生信息技术学科素养形成。因此，可以说小学信息技术学科全息育人是培养学生学科核心素养的重要途径。

二、全息育人是培养信息技术学科核心素养的关键

在目前的小学信息技术课堂中，大部分教师都存在重操作技能、重知识传授，轻道德品质、审美情趣、身心健康、实践探究等情况。《义务教育信息科技课程标准（2022年版）》指出，义务教育信息科技课程性质为：课程具有基础性、实践性和综合性。信息科技课程旨在培养科学精神和科技伦理，提升自主可控意识，培育社会主义核心价值观，树立总体国家安全观，提升数字素养与技能。通过信息技术课程使小学阶段的学生能够操作、使用计算机，能够选用正确的软件对图片、文字、声音、视频进行加工处理，让学生掌握网络社会生存的基本能力，理解当今社会是网络社会与现实社会交织的社会。教育学生能正确选取信息设备获取信息，选取正确的软件对信息进行加工处理，能采用有效策略对信息来源的可靠性、内容的准确性、指向的目的性做出合理判断，对信息可能产生的影响进行预期分析，为解决问题提供参考。通过具体操作或应用过程，在实际体验中掌握利用信息技术解决实际问题的方法。培养学生良好的信息素养，把信息技术作为支持终身学习和合作学习的手段，为适应信息社会的学习、工作和生活打下必要的基础。

信息技术学科教师应优化课堂教学实践、整合学科知识、提炼课程，结合小学信息技术学科全息育人框架，立足教材，在有限的课堂教学时间内带领学生学习更多的知识，掌握更多的技能，在不断动手操作中提升信息技术基本能力。教师在培养学生兴趣、训练学生信息技术技能的同时，必然要对学生进行国家意识、社会责任、个人修养、

欣赏评价等方面的正确引导,帮助学生树立正确的世界观、人生观、价值观,引导学生爱党、爱国、爱人民、爱社会主义,优先选取国产软件,强化学生的民族认同感,激发学生强烈的民族自豪感和为国奋斗的信心与勇气。在信息技术活动中,渗透传统文化教育,使学生了解中华民族的文明成果和先进文化。支持民族产业,让学生感受先辈们为国家科学技术发展而进行的努力。

三、全息育人促进信息技术学科内涵式发展

在孔子的教育思想中,教师占有特殊的位置。韩愈在《师说》中提道:"师者,所以传道授业解惑也。"充分说明教师以身作则和高贵品质的必要性和重要性。苏霍姆林斯基提出"如果不能教育自己,也就不能教育别人"的教育思想,也充分体现了孔子所要求的"博学""学思结合""学行结合""学无常师""专业乐业"。随着时代的变迁,教育家们所倡导的教育思想提醒着每一位教师,应紧跟时代步伐进行终身学习,提升个人专业素养,更新个人教育理念,扩大个人知识储备量,培养新时代所需要的人才。当今社会,部分教师的思想意识随着应试教育而出现了偏差,"以人为本""全面发展"的育人观点变得不再那么重要,课堂教学中教师过多地强调传授学科知识,而忽视了"德、智、体、美、劳"全面发展的重要性。小学信息技术的学科特点更适合融入德育、美育等。教师在信息技术学科教学中,存在重视学科知识传授,忽视德性育人、审美育人等方面培养的情况。因此,信息技术教师需要更新学科育人理念,通过在学科教学过程中不断验证、反思,最终形成与信息技术学科课程配套的学科育人教学设计和学科全息育人典型案例集,促进教师对学科全息育人的深入理解,促进学生在学科认知、道德品质、审美情趣、身心健康、实践探究等方面得到提高。重点从信息技术学科思维、信息安全意识、信息道德意识、社会参与意识、信息欣赏评价、创造设计等方面融合开展课堂教学,从而达到教师、学生共同成长和发展的目的。

第二章 小学信息技术学科全息育人点

　　小学信息技术学科全息育人点的梳理经历了漫长的过程，以教育理论为支撑，寻求全息育人点的设计依据。小学信息技术学科全息育人教研团队将教育论中的马克思主义关于人的全面发展学说、中国特色社会主义全面发展教育理论、建构主义学习理论等相结合，并以《义务教育信息科技课程标准（2022年版）》为依据，从学科整体建构育人框架、单元育人点、活动育人点，从整体到局部，再从局部到精准的点，梳理出比较系统、全面的育人点。

第一节　小学信息技术学科全息育人点的设计依据

小学信息技术学科全息育人点的设计以马克思主义关于人的全面发展学说、中国特色社会主义全面发展教育理论、建构主义学习理论和课标要求等为依据。

一、小学信息技术学科全息育人点的理论依据

（一）马克思主义关于人的全面发展学说

1.马克思主义关于人的全面发展学说的基本思想与含义

马克思主义关于人的全面发展学说是马克思主义教育思想的重要组成部分。它的基本思想是：人的发展是与社会生产发展相一致的。旧式劳动分工造成人的片面发展，大工业机器生产要求人的全面发展，并为人的全面发展提供了物质基础；实现人的全面发展的根本途径是教育同生产劳动相结合。基于社会物质生产对人发展的影响，马克思主义预见现代社会化生产要求"人以一种全面的方式，作为一个完整的人，占有自己的全面的本质""均匀地发展全部的特性"。

2.马克思主义关于人的全面发展的内涵极为丰富，突出表现为三个方面

一是人生产物质的劳动能力的全面发展，即"个人生产力的全面的、普遍的发展""是各方面都有能力的人，即通晓整个生产系统的人"。

二是人的全面发展。"每一个人都无可争辩地有权全面发展自己的才能""任何人的职责、使命、任务就是全面地发展自己的一切能力"。

三是人的自由发展，包括"全部才能的自由发展""各种能力得到自由发展""个人独创地和自由地发展""个性的比较高度的发展"等。

总之，在马克思主义关于人的全面发展的思想中，人的全面发展既表现为人的劳动能力、人的体力和智力的全面发展，又表现为人的个性才能和志趣的全面发展，而且是这些方面广泛、充分、自由的发展。

(二)中国特色社会主义全面发展教育理论

人的全面发展是马克思主义的基本原理之一。进入新世纪以后,党和国家重新审视人类自身发展的环境和条件,对人的全面发展原理中国化问题进行深刻的反思。江泽民同志《在庆祝中国共产党成立八十周年大会上的讲话》辩证提出人的全面发展与社会的全面发展统一于人民根本利益的重要思想,不仅从理论上复归于人的全面发展学说的本来面貌,而且根据建设中国特色社会主义的实践,丰富和发展了马克思主义,为人们正确把握和全面落实党的教育方针,推进社会成员的全面发展奠定思想和理论基础。

所谓全面发展教育,是对含有各方面素质培养功能的整体教育的一种概括,是对为使受教育者得到多方面发展而实施培养的教育活动的总称,是由多种相互联系而又各具特点的教育所组成的。学界通常以德育、智育、体育、美育、劳动技术教育作为全面发展教育的构成主体。

德育,即品德教育的简称,是对人的品德给予多方面教化培养的各种教育活动的总称。它具有狭义和广义之分。狭义的德育仅指道德教育;广义的德育,除道德教育外,还包括涉及人成长和生活的其他品德内容,如思想教育、政治教育、法治教育、生命教育、人格教育、心理品质教育等。学校德育的根本使命在于,使人在社会生活规范和社会生活意义上形成和体现健康稳定的理念及言行操守,包括具有健康积极的人生态度和意义追求,具有自我更新、自主提升的能力,具有为国家富强和人民富裕而努力奋斗的献身精神,具有不断追求新知、实事求是、勇于创造的科学精神,成为具有良好社会公德、文明行为习惯的遵纪守法的好公民。

智育,即指向学生传授系统科学文化知识和技能,培养和发展学生学识素养和智慧才能的教育。其基本任务有:向学生系统传授科学文化基础知识,为学生各方面发展奠定良好的知识基础;培养和训练学生,使其获得基本技能;培养和发展学生的智力才能,增强学生各方面能力;培养学生良好的学习品质和热爱科学的精神。

体育,即向学生传授身体运动及保健知识,增强学生体质、发展学生身体素质和运动能力的教育。其基本任务有:指导学生锻炼身体,促进身体的正常发育和技能发展,增强学生体质,提高健康水平;使学生掌握运动的科学知识和基本技能,掌握运动的方法,增强身体运动能力;使学生掌握身心卫生保健知识,养成良好的身心卫生保健习惯;发展学生良好的品德。

美育,即培养学生正确的审美观点,发展学生感受美、鉴赏美和创造美的能力的教育。其基本任务有:培养学生正确的审美观点,使学生具有感受美、理解美以及鉴赏美的知识和能力;培养学生艺术活动的技能,发展学生体现美和创造美的能力;培养学生的美好心灵和行为,使学生在生活中体现内在美与外在美的统一。

劳动技术教育,即传授基本的生产技术知识和生产技能,培养正确劳动态度和劳动习惯的教育。劳动技术教育包括劳动教育和技术教育两个方面,前者主要是培养学生的劳动观点和劳动习惯,后者则是使学生掌握基本劳动知识和技能。劳动技术教育把这两个方面的内容统一起来,并在同一教育过程中实施。

(三)建构主义学习理论

建构主义源于儿童认知发展理论,由于个体的认知发展与学习过程密切相关,因此利用建构主义可以比较好地说明人类学习过程的认知规律,即能较好地说明学习如何发生、意义如何建构、概念如何形成以及理想的学习环境应包含哪些主要因素等。总之,在建构主义思想指导下可以形成一套新的、比较有效的认知学习理论,并在此基础上营造较理想的建构主义学习环境。与建构主义学习理论以及建构主义学习环境相适应的教学模式为"以学生为中心",在整个教学过程中由教师起组织者、指导者、帮助者和促进者的作用,利用情境、协作、会话等学习环境要素充分发挥学生的主动性、积极性和首创精神,最终达到使学生有效地实现对当前所学知识意义建构的目的。在这种模式中,学生是知识的主动建构者;教师是教学过程的组织者、指导者,意义建构的帮助者、促进者;教材所提供的知识不再是教师传授的内容,而是学生主动建构的对象;媒体也不再是帮助教师传授知识的手段、方法,而是用来创设情境、进行协作学习和会话交流的工具,即作为学生主动学习、协作式探索的认知工具。显然,在这种场合,教师、学生、教材和媒体等四要素与传统教学模式相比,有各自完全不同的作用,彼此之间有完全不同的关系。但是这些作用与关系也是非常清楚、非常明确的,因而成为教学活动进程的另外一种稳定结构形式,即建构主义学习环境下的教学模式。学生的知识不是由教师给的,而是由学生自己运用已有的知识经验积极主动建构的。在建构过程中,学生所处的社会历史文化大背景及个人性别、年龄、种族、知识小背景等起着重要作用。学习者的建构是多元的。具体到某一课程内容,学习者可以从不同的途径,以自己最合适的方式进行知识的主动建构,从而获得对这一课程内容的认识与理解。

二、小学信息技术学科全息育人点的课程依据

义务教育信息科技课程旨在培养学生的科学精神和科技伦理，提升自主可控意识，培育社会主义核心价值观，树立总体国家安全观，提升数字素养与技能。

（一）课程理念

1. 反映数字时代正确育人方向

坚持以习近平新时代中国特色社会主义思想为指导，全面贯彻党的教育方针，落实立德树人根本任务。发挥课程育人功能，帮助全体学生学会数字时代的知识积累与创新方法，引导学生在使用信息科技解决问题的过程中遵守道德规范和科技伦理，培育学生正确的世界观、人生观、价值观，促进学生在数字世界与现实世界中健康成长。

2. 构建逻辑关联的课程结构

以数据、算法、网络、信息处理、信息安全、人工智能为课程逻辑主线，按照义务教育阶段学生的认知发展规律，统筹安排各学段学习内容。小学低年级注重生活体验；小学中高年级初步学习基本概念和基本原理，并体验其应用；初中阶段深化原理认识，探索利用信息科技手段解决问题的过程和方法。

3. 遴选科学原理和实践应用并重的课程内容

面向数字时代经济、社会和文化发展要求，吸纳国内外信息科技的前沿成果，基于数字素养与技能培育要求，遴选课程内容。从信息科技实践应用出发，注重帮助学生理解基本概念和基本原理，引导学生认识信息科技对人类社会的贡献与挑战，提升学生知识迁移能力和学科思维水平，体现"科"与"技"并重。

4. 倡导真实性学习

创新教学方式，以真实问题或项目驱动，引导学生经历原理运用过程、计算思维过程和数字化工具应用过程，建构知识，提升问题解决能力。注重创设真实情境，引入多元化数字资源，提高学生的学习参与度。支持学生在数字化学习环境下进行自我规划、自我管理和自我评价，鼓励"做中学""用中学""创中学"，凸显学生的主体性。

5. 强化素养导向的多元评价

注重评价育人，强化素养立意。坚持过程性评价与终结性评价相结合，加强学习结果的评估和应用，服务教育教学质量管理。坚持基本知识考核与实践应用考核相结合，综合运用纸笔测试、上机实践、作品创作等方法，全面考查学生学习状况。坚持自评和他评相结合，增强学生自主学习能力。

(二)课程目标

信息科技课程目标要围绕核心素养,体现课程性质,反映课程理念。

1.核心素养内涵

核心素养是课程育人价值的集中体现,是学生通过课程学习逐步形成的正确价值观、必备品格和关键能力。

信息科技课程要培养的核心素养,主要包括信息意识、计算思维、数字化学习与创新、信息社会责任。这四个方面互相支持,互相渗透,共同促进学生数字素养与技能的提升。

(1)信息意识

信息意识是指个体对信息的敏感度和对信息价值的判断力。具备信息意识的学生,具有一定的信息感知力,熟悉信息及其呈现与传递方式,善于利用信息科技交流和分享信息、开展协同创新;能根据解决问题的需要,评估数据来源,辨别数据的可靠性和时效性,具有较强的数据安全意识;具有寻找有效数字平台与资源解决问题的意愿,能合理利用信息真诚友善地进行表达;崇尚科学精神、原创精神,具有将创新理念融入自身学习、生活的意识;具有自主动手解决问题、掌握核心技术的意识;能有意识地保护个人及他人隐私,依据法律法规合理应用信息,具有尊法学法守法用法意识。

(2)计算思维

计算思维是指个体运用计算机科学领域的思想方法,在问题解决过程中涉及的抽象、分解、建模、算法设计等思维活动。具备计算思维的学生,能对问题进行抽象、分解、建模,并通过设计算法形成解决方案;能尝试模拟、仿真、验证解决问题的过程,反思、优化解决问题的方案,并将其迁移运用于解决其他问题。

(3)数字化学习与创新

数字化学习与创新是指个体在日常学习和生活中通过选用合适的数字设备、平台和资源,有效地管理学习过程与学习资源,开展探究性学习,创造性地解决问题。具备数字化学习与创新的学生,能认识到原始创新对国家可持续发展的重要性,养成利用信息科技开展数字化学习与交流的行为习惯;能根据学习需求,利用信息科技获取、加工、管理、评价、交流学习资源,开展自主学习和合作探究;在日常学习与生活中,具有创新创造活力,能积极主动运用信息科技高效地解决问题,并进行创新活动。

(4)信息社会责任

信息社会责任是指个体在信息社会中的文化修养、道德规范和行为自律等方面应承担的责任。具备信息社会责任的学生,能理解信息科技给人们学习、生活和工作带来的各种影响,具有自我保护意识和能力;乐于帮助他人开展信息活动,负责任地共享信息和资源,尊重他人的知识产权。能理解网络空间是人们活动空间的有机组成部分,遵照网络法律法规和伦理道德规范使用互联网;能认识到网络空间秩序的重要性,知道自主可控技术对国家安全的重要意义。自觉遵守信息科技领域的价值观念、道德责任和行为准则,形成良好的信息道德品质,不断增强信息社会责任感。

2.总目标

通过课程学习,达成以下目标。

(1)树立正确价值观,形成信息意识

认识到数据对社会发展的作用和价值,自觉辨别数据真伪,判断和评估所获取信息的价值,增强信息交流的主动性和友善性,树立正确的信息价值观。根据解决问题的需要,有意识地寻求恰当方式检索、选择所需信息。掌握和运用信息科技手段表达、交流与支持自己的观点,根据信息价值合理分配注意力,提高学习信息科技的兴趣;增强数据安全意识,认识到原始创新对国家可持续发展的重要性。

(2)初步具备解决问题的能力,发展计算思维

知道数据编码的作用与意义,掌握信息处理的基本过程与方法,体验过程与控制的场景,验证解决问题的过程,初步具备应用信息科技解决问题的能力。了解算法在解决问题过程中的作用,领会算法的价值。能采用计算机科学领域的思想方法界定问题、分析问题、组织数据、制订问题解决方案,并对其进行反思和优化,使用简单算法,利用计算机实现问题的自动化求解。能有意识地总结解决问题的方法,并将其迁移到其他问题求解中。

(3)提高数字化合作与探究的能力,发扬创新精神

围绕学习任务,利用数字设备与团队成员合作解决学习问题,协同完成学习任务,逐步形成应用信息科技进行合作的意识。适应数字化学习环境,针对问题设计探究路径,通过网络检索、数据分析、模拟验证、可视化呈现等方式开展探究活动,得出探究结果。利用信息科技平台,开展协同创新,在数字化学习环境中发挥自主学习能力,主动探索新知识与新技能,采用新颖的视角思考和分析问题,设计和创作具有个性化的作品。

(4)遵守信息社会法律法规,践行信息社会责任

领悟网络空间命运共同体对信息社会发展的重要意义,具备自觉维护国家信息安全、网络安全的意识,认识到自主可控技术对国家安全的重要性。采用一定的策略与方法保护个人隐私,尊重他人知识产权,安全使用数字设备,认识信息科技应用的影

响。正确应对人工智能对社会的影响,认识到人工智能对伦理与安全的挑战。能遵循信息科技领域的伦理道德规范,明确科技活动中应遵循的价值观念、道德责任和行为准则。按照法律法规与信息伦理道德进行自我约束,积极维护信息社会秩序,养成在信息社会中学习、生活的良好习惯,能安全、自信、积极主动地融入信息社会。

3.学段目标

信息科技课程学段目标是总目标在各学段的具体化,旨在指导教师在遵循学生身心发展阶段特征的基础上进行教学。义务教育阶段分为四个学段,"六三"学制按"2223"划分,小学阶段的学段目标如表2-1至表2-4所示。

表2-1 信息意识学段目标

学段	目标
第一学段 (1—2年级)	1.在日常生活中,具有主动使用数字设备的兴趣与意识。知道数字设备使用的基本规范。合理安排数字设备的使用时间,养成数字设备使用的好习惯。 2.体验文字、图符、语音等多种输入方式的表达与交流效果,有意识地使用数字设备处理文字、图片和声音。 3.知道信息有真实与虚假之分。能选用恰当的数字化方式表达个人见闻和想法,乐于与他人分享信息。
第二学段 (3—4年级)	1.了解数据的作用与价值。列举数字设备对社会发展和人们生活的影响。 2.知道数据编码的作用与意义,理解数据编码是保持信息社会组织与秩序的科学基础。 3.在网络应用过程中,合理使用数字身份,知道数字身份对个人日常学习与生活的作用和意义,规范地进行网络信息交流。
第三学段 (5—6年级)	1.体验物理世界与数字世界深度融合的环境。感受应用信息科技获取与处理信息的优势。 2.根据学习与生活需要,有意识地选用信息技术工具处理信息。崇尚科学精神、原创精神,具有将创新理念融入自身学习、生活的意识。 3.针对简单问题,确定解决问题的需求和数据源,主动获取、筛选、分析数据,解决问题。

表2-2 计算思维学段目标

学段	目标
第一学段 (1—2年级)	1.在教师指导下,体验使用数字设备解决问题的过程。知道信息的多种表示方式。 2.对于给定的简单任务,能识别任务实施的主要步骤,用图符的方式进行表达。 3.在实际应用中,能按照操作流程使用数字设备,并能说出操作步骤。
第二学段 (3—4年级)	1.能根据需要选用合适的数字设备解决问题,并简单地说明理由。能基于对事物的理解,按照一定的规则表达与交流信息。体验信息存储和传输过程中所必需的编码及解码步骤。 2.在简单问题的解决过程中,有意识地把问题划分为多个可解决的小问题,通过解决各个小问题,实现整体问题解决。 3.依据问题解决的需要,组织与分析数据,用可视化方式呈现数据之间的关系,支撑所形成的观点。

续表

学段	目标
第三学段 （5—6年级）	1.通过生活中的实例，了解算法的特征和效率。能用自然语言、流程图等方式描述算法。知道解决同一问题可能会有多种方法，认识到采用不同方法解决同一问题时可能存在时间效率上的差别。 2.对于给定的任务，能将其分解为一系列的实施步骤，使用顺序、分支、循环三种基本控制结构简单描述实施过程，通过编程验证该过程。 3.在问题解决过程中，能将问题分解为可处理的子问题，了解反馈对系统优化的作用。

表2-3 数字化学习与创新学段目标

学段	目标
第一学段 （1—2年级）	1.在教师指导下，尝试使用数字设备及数字资源开展学习活动，丰富学习手段，改进学习方法。 2.通过对数字设备的合理使用，了解数字设备的使用过程和方法，激发对信息科技的好奇心和学习兴趣，产生对信息科技的求知欲。 3.能利用数字设备，通过文字、图片、音频、视频等方式记录自己在学习与生活中发生的事情，将记录结果分类、保存，需要时进行提取。能创建简单的数字作品。
第二学段 （3—4年级）	1.利用在线平台和数字设备获取学习资源，开展合作学习，认识到在线平台对学习的影响。 2.比较线上线下学习方式的异同。依据学习需要，在教师指导下，有效地管理个人在线学习资源。 3.借助信息科技进行简单的多媒体作品创作、展示、交流，尝试开展数字化创新活动，感受应用信息科技表达观点、创作作品、合作创新、分享传播的优势。
第三学段 （5—6年级）	1.通过学习身边的算法，体会算法的特征，有意识地将其应用于数字化学习过程中，适应在线学习环境。 2.能利用在线平台和工具寻找生活中的过程与控制场景。能设计用计算机实现过程与控制的方案，并在实验系统中通过编程等手段加以验证。 3.在学习作品创作过程中，利用恰当的数字设备规划方案、描述创作步骤。在反思与交流过程中，对学习作品进行完善和迭代。

表2-4 信息社会责任学段目标

学段	目标
第一学段 （1—2年级）	1.自觉保护个人隐私，能在家长和教师的帮助下确定信息真伪。 2.在浏览他人数字作品时，能友善地发表评论。在分享他人数字作品时标注来源，尊重数字作品所有者的权益。 3.在公共场合文明使用数字设备，自觉维护社会公共秩序。
第二学段 （3—4年级）	1.认识到数字身份的唯一性与信用价值，增强保护个人隐私的意识，提升自我管理能力，形成在线社会生存的安全观。 2.了解威胁数据安全的因素，能在学习、生活中采用常见的防护措施保护数据。 3.用社会公认的行为规范进行网络交流，遵守相关的法律法规。
第三学段 （5—6年级）	1.了解算法的优势及对知识产权保护的作用，认识到算法对解决生活和学习中的问题的重要性。 2.认识到自主可控技术对保障网络安全和数据安全的重要性。

(三)课程内容

依据核心素养和学段目标,按照学生的认知特征和信息科技课程的知识体系,围绕数据、算法、网络、信息处理、信息安全、人工智能六条逻辑主线,设计义务教育全学段内容模块,组织课程内容,体现循序渐进和螺旋式发展。

(1)数据:数据来源的可靠性—数据的组织与呈现—数据对现代社会的重要意义。

(2)算法:问题的步骤分解—算法的描述、执行与效率—解决问题的策略或方法。

(3)网络:网络搜索与辅助协作学习—数字化成果分享—万物互联的途径、原理和意义。

(4)信息处理:文字、图片、音频和视频等信息处理—使用编码建立数据间内在联系的原则与方法—基于物联网生成、处理数据的流程和特点。

(5)信息安全:文明礼仪、行为规范、依法依规、个人隐私保护—规避风险原则、安全观—防范措施、风险评估。

(6)人工智能:应用系统体验—机器计算与人工计算的异同—伦理与安全挑战。

如图2-1所示,具体学习内容由内容模块和跨学科主题两部分组成。"六三"学制第一学段包括"信息交流与分享""信息隐私与安全""数字设备体验",第二学段包括"在线学习与生活""数据与编码""数据编码探秘",第三学段包括"身边的算法""过程与控制""小型系统模拟"。

3—6年级单独开设课程,其他年级相关内容融入语文、道德与法治、数学、科学、综合实践活动等课程。

学段	内容模块	跨学科主题	
第三学段 (5—6年级)	过程与控制 身边的算法	小型系统模拟	小型扩音系统 小型开关系统 解密玩具汉诺塔 游戏博弈中的策略
第二学段 (3—4年级)	数据与编码 在线学习与生活	数据编码探秘	用编码描述秩序 用数据讲故事 自我管理小管家 在线学习小能手
第一学段 (1—2年级)	信息隐私与安全 信息交流与分享	数字设备体验	信息安全小卫士 信息管理小助手 用符号表达情感 向伙伴推荐数字设备

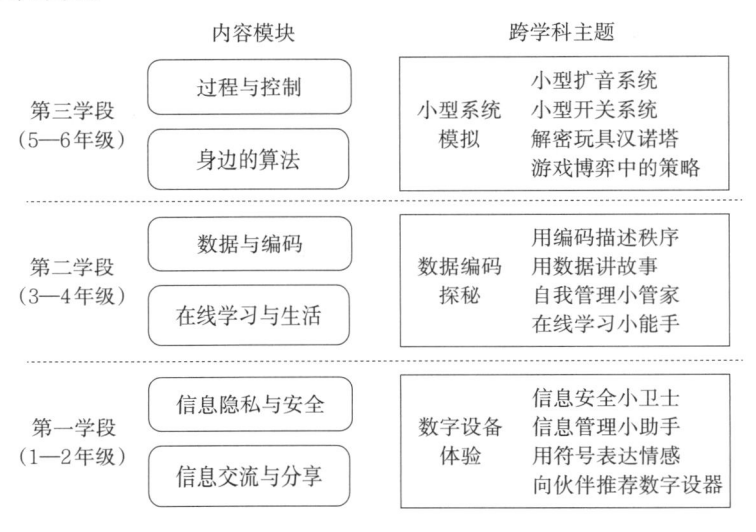

图2-1 信息科技内容模块与跨学科主题

第一学段(1—2年级)

1.信息交流与分享

信息科技的发展创造了全新的数字化环境。它在改变人们信息交流与分享方式的同时,也改变着人们的思维方式。本模块帮助学生认识信息交流与分享内容、方式、方法的丰富性、便捷性和独特性,并了解与之相适应的行为规范。

通过本模块的学习,学生能在日常学习与生活中借助数字设备与数字资源完成简单交流活动,辅助学习,提升效率;能在成人帮助下,通过数字设备交流、分享个人感受,发表想法,初步产生学习和使用信息科技的兴趣;在信息交流与分享的过程中知道基本的礼仪与规范,能健康、文明地使用数字设备。

2.信息隐私与安全

在信息社会中,信息隐私与安全对于个人生活、社会稳定和国家安全都是至关重要的。本模块针对学生学习和生活中的信息隐私与安全问题,阐明保障个人信息安全的重要意义,让学生养成保护个人信息和安全使用数字设备的好习惯,认识到健康、负责任地使用数字设备的重要性。

通过本模块的学习,学生能了解信息隐私与安全常识,初步体验使用信息科技手段保管个人信息的优势,认识到信息隐私与安全的重要性;能在日常学习与生活中健康、安全地使用数字设备;能懂得在网络空间与他人交流和分享信息时,需要遵守信息行为规范,逐步形成安全、负责任地使用信息科技的态度和价值观。

3.跨学科主题　数字设备体验

(1)向伙伴推荐数字设备。

在学校、家庭、公园、场馆等学习与生活场景中,学生有机会接触到各种不同的数字设备,如触控屏幕、智能手机、计算机、投影仪等。教师可采用模拟推介会的方式,激发学生积极主动发现与尝试各种数字设备的好奇心,引导学生接触、尝试、熟悉数字设备。学生在体验与比较之后,能用自己的语言向同伴推荐自己喜欢或新发现的数字设备,在交流分享中了解更多数字设备的用途。本主题综合运用信息科技、语文、道德与法治等知识,提升学生的信息意识和数字化学习与创新能力。

(2)用符号表达情感。

学生在与同伴进行交流时,既可以面对面地进行语言交流,也可以通过数字设备发送文字、图片、语音等。本主题引导学生用符号表达情感,如"点赞""笑脸""五星好评"等。让学生根据当时想表达的情绪,选择合适的一个或一组表情符号、图形符号等进行情感表征。本主题综合运用信息科技、语文、艺术等知识,让学生感受表达真实情感的不同方式,创造性地完成跨学科主题学习活动。

(3)信息管理小助手。

从生活中书桌表面的整理,到数字设备中图片、音频、视频等文件的整理,学生通过本主题学习活动形成新的意识与习惯。学生知道数字设备中的文件有些可以根据时间、地点以及格式类型进行自动分类,但这些自动分类的方式不能满足所有需求。学生能有意识地对文件进行合理分类、妥善保存、快速提取,成为信息管理的主动参与者。本主题综合运用信息科技、数学、语文、道德与法治等知识,提升学生的信息意识。

(4)信息安全小卫士。

学生在使用数字设备进行开机或登录平台时,逐步了解数字设备的权限功能。学生通过对密码的初步了解,认识到有些重要信息需要进行保护,不能轻易将密码告诉他人。有条件的学校,通过使用智能可穿戴设备(如智能手环、智能衣物、智能纽扣)、智能电子设备等,开阔学生视野,使学生理解位置信息定位的价值与信息安全的重要性。学生通过扮演信息安全小卫士,体验"我的数字设备我做主"等学习活动,加深对信息安全与个人隐私保护的体会。本主题综合运用信息科技、道德与法治、语文等知识,提升学生的网络安全意识。

第二学段(3—4年级)

1.在线学习与生活

伴随高质量网络的飞速发展,以及大数据、云计算、人工智能的逐步普及,在线行为已经成为人们学习、生活、工作不可分割的一部分。本模块针对在线社会对人类的重要作用,阐明科技是推动在线社会发展的有效助力,培养学生利用在线方式解决问题的能力,逐步帮助学生适应在线社会的学习、生活方式,了解在线行为的安全准则。

通过本模块的学习,学生能认识到在线社会存在的意义与积极影响,能利用在线方式解决学习与生活中遇到的问题,体验信息对解决问题的帮助,初步了解在线社会的伦理规范、行为准则、道德观念和价值取向,树立正确的安全观。

本模块包括"在线生活""在线学习""在线安全"三部分内容。

2.数据与编码

信息社会每时每刻都产生大量的数据,人们期待能依靠数据(包括大数据))提高生产效率,改善生活质量。因此,数据学与数据科学越来越受到关注。本模块针对数据(包括大数据)这种信息社会中的新型生产要素,强调数据在信息社会中的重要作用,阐明数据编码让信息得以有效利用的意义,培养学生利用信息科技解决问题的能力。本模块是信息科技课程后续学习的基础。

通过本模块的学习,学生能认识数据在信息社会中的重要作用,针对简单问题分析数据来源,应用数据解决简单的信息问题;掌握数据编码的基础知识,根据需要运用不同的编码对信息进行表达,认识数据编码的价值与意义;关注数据安全,在社会公认的信息伦理道德规范下开展活动。在本模块中,编码的目的是作为唯一标识,之后的模块中还会介绍用于其他目的的编码。

本模块包括"数字与编码""数据与数据安全""数据的组织与呈现"三部分内容。

3.跨学科主题 数据编码探秘

(1)在线学习小能手。

开展在线学习过程中,学生能运用文字或图示描述问题与任务,在线分派任务、交流观点、协作编辑、发布成果。通过在线学习的活动,学生能体验在线进行信息搜索、信息整合、信息加工的过程,体验线上线下学习的不同方式,初步总结自己在线学习经验,并能与同伴分享在线学习体会。本主题综合运用信息科技、语文、数学、科学等知识,实现不同课程学习主题与在线学习方式的融合。

(2)自我管理小管家。

随着身边的数字设备不断增多,学生开始在不同活动中选用不同类型的数字设备。在跨学科主题学习活动中,学生能用数据可视化的方式展示数字设备的使用时间,思考不同类型数字设备的用途;学会主动采用数字设备中自我管理的相关功能,如设置提醒闹钟、开启定时锁屏功能、自定义使用规范等;认识到需要加强对自己数字身份的保护与管理,提升自我管理的能力。本主题综合运用信息科技、数学、道德与法治等知识,提升学生的信息社会责任。

(3)用数据讲故事。

通过生活中的场景,学生尝试发现背后的数据。例如,人们对气温的直观感受是冷热变化,若用数据表示则是具体的温度数值。学生可以寻找更多真实情境,观察、记录其中的相关数据,借助数据进行预测和分析,并尝试用数据讲故事。本主题综合运用信息科技、数学、语文、科学、艺术等知识,提升学生的科学思维能力,以及表达与交流能力。

(4)用编码描述秩序。

我们所处的世界,不仅数据无处不在,编码也是如此。常见的公民身份号码就是在一套编码规则下产生的,还有座位号、条形码、二维码等,都离不开编码。在跨学科主题学习活动中,学生从编码的视角看待学习与生活中的事物,寻找给事物编码的其他实例。例如,小组合作尝试制订一个简单的编码规则,用可视化的方式解释该编码规则及作用。本主题综合运用信息科技、数学、科学、语文等知识,让学生体会数据与编码在真实情境中的应用,进一步理解编码对世界秩序的影响。

第三学段(5—6年级)

1.身边的算法

算法是计算思维的核心要素之一,也是人工智能得以普遍应用的三大支柱(数据、算法和算力)之一。本模块以身边的算法为载体,使学生了解利用算法求解简单问题的基本方式,培养学生初步运用算法思维的习惯,并通过实践形成设计与分析简单算法的能力。

通过本模块的学习,学生能熟悉一些常用的算法描述风格与方式,理解算法执行的流程;能利用自然语言、流程图等方式,描述求解简单问题的算法,并对算法的正确性与执行效率进行讨论和辨析。

本模块包括"算法的描述""算法的执行""算法的效率"三部分内容。

2.过程与控制

生活中广泛存在着"输入—计算—输出"的计算模式,从外界获得的输入经过计算产生输出,进而作用于外界再影响输入,从而形成反馈系统。理解系统实现过程与控制的原理,对于理解生活中广泛存在的过程与控制系统至关重要。本模块通过学习生活中的过程与控制系统,帮助学生了解过程与控制的特征及实现方式,理解利用计算机解决问题的手段,进一步认识过程与控制系统自身的特点和规律。

通过本模块的学习,学生能认识到过程与控制广泛存在于日常生活中,知道其中的反馈、环路、优化等概念,针对简单的过程与控制系统,能通过编程进行验证。

本模块包括"系统与模块""反馈与优化""逻辑与运算"三部分内容。

3.跨学科主题 小型系统模拟

(1)游戏博弈中的策略。

生活中有各种各样的游戏,如"剪刀、石头、布",在游戏背后都有相应的规则,规则本身也可以用算法表示。游戏博弈过程中的输赢比拼,可以采用顺序、分支、循环等基本控制结构进行算法表示。例如,多人轮流在一堆火柴棒中进行取火柴棒的博弈游戏,每人每次可以取走1—3根火柴棒,看哪位同学取到最后一根。学生可以根据游戏规则,进行算法的策略设计。本主题融合了信息科技、数学等知识,提升学生的计算思维。

(2)解密玩具汉诺塔。

生活中有很多玩具来自古老的问题,如益智玩具汉诺塔。汉诺塔一共有三根银针,在其中一根银针上有从上到下、由小到大的若干金片,要求把所有金片全部移到另一根银针上,并且金片仍然按照从上到下、由小到大的顺序排列。规定在三根银针之间移动金片时一次只能移动一个金片,并且小金片上不能放大金片。通过将抽象问题具体化的游戏,学生可以在其中感受算法的魅力,并迁移到其他生活场景的类似问题中。本主题综合运用信息科技、数学等知识,提升学生的计算思维。

(3)小型开关系统。

过程与控制系统在生活中很常见。例如,洗漱过程中,随着热水的消耗和冷水的注入,热水器里的水温度降低,当温度降低到一定程度时热水器会自动启动加热功能,这个过程就体现了通过反馈实现的过程与控制。同样地,生活中存在各种由开关控制的装置。在本主题学习活动中,学生可以通过小组合作,搭建一个简易的小型开关系统,可以通过实物实现,也可以模拟连接组建。例如,学生可以通过小组分工协作,根据生活场景所需,将声控开关系统进行迭代设计。本主题综合运用信息科技、数学、科学等知识,提升学生的综合实践能力。

(4)小型扩音系统。

过程与控制系统可以实现对连续量的处理。例如,生活中水龙头拧紧的程度可以持续变化地控制水流的大小。学生可以尝试观察生活场景中的多种设备,采用相关模块硬件设备或在线上空间中模拟实现一个小型扩音系统。该系统可以连续地根据真实情境的需求,控制音量的大小。本主题综合运用信息科技、数学、科学等知识,提升学生运用过程与控制的系统方法发现问题、解决问题的能力。

第二节　小学信息技术学科全息育人框架

本书作者团队通过文献学习、行动研究、总结反思等方法,结合《义务教育信息科技课程标准(2022年版)》梳理小学信息技术学科全息育人点的维度,围绕学科认知、德性育人、审美育人、健康育人、劳动育人五大方面进行深入挖掘,编制小学信息技术学科全息育人框架。以下就框架内容做详细解读。

一、学科认知

学科认知即对本学科的基本认识,小学信息技术学科全息育人导引梳理按学科知识、学科能力和学科思维三个方面进行。

1. 学科知识

强调了解或掌握信息技术的基本概念、原理、思想,以及常用工具、手段、技术的基本操作与应用。主要包括"计算机硬件与系统、图文声像的信息加工与表达、网络与信息交流、算法与程序设计"四个专题。其中,"计算机硬件与系统"专题是操作、使用计算机的基础,信息技术课程的入门;"图文声像的信息加工与表达"专题,侧重信息的创造过程及利用过程;"网络与信息交流"专题,旨在让学生掌握网络社会生存的基本能力,理解当今社会是网络社会与现实社会交织的社会;"算法与程序设计"专题,侧重在基本概念的基础上,基于程序结构体验和感悟算法思想。

2. 学科能力

强调通过具体操作或应用过程,学生在实际操作中掌握利用信息技术解决实际问题的方法,具备较强的信息意识。通过学习,学生能根据解决问题的需要,自觉、主动地寻求恰当的方式获取与处理信息;能敏锐感觉到信息的变化,获取相关信息,采用有效策略对信息来源的可靠性、内容的准确性、指向的目的性做出合理判断,对信息可能产生的影响进行预期分析,为解决问题提供参考。具备数字化学习能力,能够认识到数字化学习环境的优势和局限,适应数字化学习环境,养成相应的学习习惯;掌握数字化学习系统、学习资源与学习工具的功能和用法,并用于开展自主学习、协同工作、知识分享与创新创造。

3. 学科思维

学科思维主要包括计算思维和数据思维。具备计算思维的学生能够在信息活动中采用计算机可以处理的方式界定问题、抽象特征、建立结构模型、合理组织数据;通过判断、分析与综合各种信息资源,运用合理的算法形成解决问题的方案;总结利用计算机解决问题的过程与方法,并迁移到与之相关的其他问题解决中。数据思维是一种量化的思维方式,通过量化的数据来反映事实。数据思维能够帮助人们发现问题、分析问题、解决问题和跟踪问题。在应用信息技术过程中,形成积极的技术观和价值观,对信息道德、信息伦理、信息文化产生感悟与内化,养成利用信息技术促进学习和改善生活的意识和态度,积极、负责、安全、健康地使用信息技术。

二、德性育人

小学信息技术学科全息育人中的德性育人包括国家意识、社会责任、个人修养三个板块。旨在帮助学生树立信息社会正确的世界观、人生观、价值观。

1.国家意识

教育引导学生爱党爱国爱人民爱社会主义,优先选取国产软件,强化学生的民族认同感,激发学生强烈的民族自豪感和为国奋斗的信心与勇气。知道文化既是民族的又是世界的。正确对待文化多样性,支持民族产业,让学生感受先辈们为国家科学技术发展而进行的奋斗。在信息技术活动中,渗透传统文化教育,使学生了解中华民族的文明成果和先进文化。

2.社会责任

严格遵守国家相关法律法规,如《中华人民共和国计算机信息系统安全保护条例》《计算机信息网络国际联网安全保护管理办法》《计算机病毒防治管理办法》《信息网络传播权保护条例》《通信网络安全防护管理办法》等信息安全法律法规。遵守《计算机教室使用规则》《电子设备使用规则》《全国青少年网络文明公约》。积极主动学习,负责任地参与社会信息活动。理性对待信息环境下的新生事物。

3.个人修养

在信息的采集、加工、存储、传播和利用等环节中,形成正确的信念、价值观和习惯。包括个人身份、账号、密码等信息的保密,他人、集体、国家等信息的保密和安全备份等。养成对信息进行鉴别的习惯,能够适当运用技术手段筛选、抵御不良信息。了解病毒的危害及传播途径,树立防治病毒意识。自觉规范自身行为。学生在信息技术活动中,应增强自我防范意识,明辨是非,教师应丰富学生的精神生活,培养学生的自制力。

三、审美育人

小学信息技术学科全息育人中的审美育人包括欣赏评价、创造设计两个板块。培养学生对美的鉴赏力和创造力。

1.欣赏评价

能够运用美术关于线、面、空间造型、色彩、明暗等知识对信息技术活动中设计的文档、表格、图形、影像进行有效的评价。能够运用音乐的音律、节奏等知识对信息技术活动中的声音、影像进行有效的评价。能够运用数学思维对程序设计进行有效的评价等。

(1)文本、表格的整洁、协调美。指从整体视觉到文字的字体、颜色、大小、结构布局等角度感受、评价作品的整洁、协调美。

(2)图像的色彩、构图美。指从图片的构图艺术、色彩饱和度、光线明暗等角度感受、评价作品的色彩、构图美。

(3)声音、影像的节奏美、流畅美。指从声音的韵律、节奏,影像的自然、流畅、构图等方面感受、评价作品的节奏美、流畅美。

(4)程序设计语言的简洁美、逻辑美。注重程序设计的去冗余、高效、数字逻辑性,感受程序设计语言的简洁美、逻辑美。

(5)技术之美。理解和尊重文化艺术的多样性。感受到信息技术与社会生活的融合带来的便利、文化艺术多样性等。深刻感受到计算机解决生活实际问题的独特魅力,感受到技术规则运用的美感。

2.创造设计

培养学生高尚的道德情操和健康的审美情趣,形成健康高尚的审美。能利用信息工具进行美的创造、情感表达和艺术创作。运用美术、音乐、数学、语言等知识为创造美服务,通过信息技术活动进行创作,收获实用与富有艺术性的新事物。

四、健康育人

小学信息技术学科全息育人中的健康育人包括身体健康、心理健康和课堂生态。信息技术学科学习要避免影响学生的身心健康,帮助学生树立积极高尚的品格意志,促进学生健全人格的形成。

1.身体健康

信息技术课程活动时,坐(头、颈、肩、臂)姿固定,手、眼等长期处于固定和紧张状态,影响身体健康,需要合理安排时间,避免长时间进行信息技术活动。

2.心理健康

养成自信、自爱、乐观的心态,自觉抵制诱惑,能经受网络可能带来的压力与挫折。节制欲望,不沉迷于游戏、网络,能够正确认知自己,控制自己的行为,有效管控自己的信息活动。

3.课堂生态

包括真诚的师生交流与课堂上和谐的人际关系。师生相互尊重,真诚相待,交流顺畅。教师懂得欣赏学生,学生乐于与教师交流。培养学生的合作能力及和谐的人际关系,能进行真诚的师生交流。

五、劳动育人

小学信息技术学科全息育人中的劳动育人包括劳动价值观、操作实践、应用创新三个板块。旨在培养学生热爱劳动、勤于实践、勇于创新的品质。

1. 劳动价值观

具有勤于动手、乐于探究、持之以恒的劳动品质。即学生通过劳动实践,体验成功与挫折,培养学生乐观坚韧的品质。

2. 操作实践

能根据活动任务,制定合理的操作步骤,并按计划行动,通过实践完成任务。每次活动任务完成后,引导学生归纳总结,形成方法。

3. 应用创新

在信息技术实践活动中掌握技能、锻炼思维,学会运用信息技术工具将创意转化成成果。

根据以上五大育人维度,将小学信息技术学科全息育人框架细分为一级维度和二级维度,并对二级维度进行简要描述,如表2-5所示。

表2-5　小学信息技术学科全息育人框架

育人维度	一级维度	二级维度	描述
学科认知	1.学科知识	1.1 计算机硬件与系统	是操作、使用计算机的基础,信息技术课程的入门。
		1.2 图文声像的信息加工与表达	侧重信息的创造过程及利用过程。
		1.3 网络与信息交流	让学生掌握网络社会生存的基本能力,理解当今社会是网络社会与现实社会交织的社会。
		1.4 算法与程序设计	侧重在基本概念的基础上,基于程序结构体验和感悟算法思想。
	2.学科能力	2.1 信息获取与处理	具备信息意识,能够根据解决问题的需要,自觉、主动地寻求恰当的方式获取与处理信息。
		2.2 技术应用与解决问题	通过具体操作或应用过程,在实际体验中掌握利用信息技术解决实际问题的方法。
		2.3 数字化学习与应用能力	具备数字化学习能力,养成数字化应用习惯,开展自主学习、协同工作、知识分享与创新创造。
	3.学科思维	3.1 计算思维	运用计算机科学思想方法解决问题的思维活动,包括界定问题、抽象特征、建立结构模型、合理组织数据、形成解决方案等步骤。
		3.2 数据思维	是一种量化思维方式,通过量化数据反映事实,帮助人们发现问题、分析问题、解决问题和跟踪问题。

续表

育人维度	一级维度	二级维度	描述
德性育人	1.国家意识	1.1国家认同	教育引导学生爱党爱国爱人民爱社会主义,优先选取国产软件,强化学生的民族认同感,激发学生强烈的民族自豪感和为国奋斗的信心与勇气。 知道文化既是民族的又是世界的,正确对待文化多样性。 形成正确的信息社会的世界观、人生观、价值观。
		1.2家国情怀	支持民族产业,让学生感受先辈们为国家科学技术发展而进行的奋斗。 在信息技术活动中,渗透传统文化教育,使学生了解中华民族的文明成果和先进文化。
	2.社会责任	2.1法律法规	严格遵守国家相关法律法规,如《中华人民共和国计算机信息系统安全保护条例》《计算机信息网络国际联网安全保护管理办法》《计算机病毒防治管理办法》《信息网络传播权保护条例》《通信网络安全防护管理办法》等。
		2.2规则意识	遵守《计算机教室使用规则》《电子设备使用规则》《全国青少年网络文明公约》等。
		2.3参与意识	积极主动学习,负责任地参与社会信息活动。 理性对待信息环境下的新生事物。
	3.个人修养	3.1信息道德	在信息的采集、加工、存储、传播和利用等环节中,形成正确的信念、价值观和习惯。在信息技术活动中,具备责任意识和诚信品质。自觉遵守信息道德规范、伦理准则。
		3.2信息安全	包括个人身份、账号、密码等信息的保密,他人、集体、国家等信息的保密和安全备份等。 养成对信息进行鉴别的习惯,能够适当运用技术手段筛选、抵御不良信息。 了解病毒的危害及传播途径,树立防治病毒意识。
		3.3行为自律	自觉规范自身行为。 学生在信息技术活动中,应增强自我防范意识,明辨是非,教师应丰富学生的精神生活,培养学生的自制力。
	1.欣赏评价	1.1图文协调	从整体视觉到文字的字体、颜色、大小、结构布局等角度感受、评价作品的整洁、协调美。 从图片的构图艺术、色彩饱和度、光线明暗等角度感受、评价作品的色彩、构图美。
		1.2声像流畅	从声音的韵律、节奏、影像的自然、流畅、构图等方面感受、评价作品的节奏美、流畅美。
		1.3程序简洁	注重程序设计的去冗余、高效、数字逻辑性,感受程序设计语言的简洁美、逻辑美。

续表

育人维度	一级维度	二级维度	描述
审美育人	1.欣赏评价	1.4.技术之美	感受到信息技术与社会生活的融合带来的便利、文化艺术多样性等。 深刻感受到计算机解决生活实际问题的独特魅力,感受到技术规则运用的美感。
	2.创造设计	2.1健康审美	培养学生高尚的道德情操和健康的审美情趣,形成健康高尚的审美。
		2.2创意表达	能利用信息工具进行美的创造、情感表达和艺术创作。
健康育人	1.身体健康	1.1正确姿势	使用各种信息设备时,采用正确的操作姿势。
		1.2科学用眼	注意用眼卫生,控制使用时间,能够用远眺、做眼保健操等方式保护眼睛。
		1.3合理分配时间	合理安排时间,避免长时间使用电子设备。
	2.心理健康	2.1节制欲望	能抵制诱惑,不沉迷于游戏、网络等,培养自制力,有效管控自己的信息活动行为。
		2.2乐观自信	充满自信,能经受网络、虚拟时空等带来的负面影响,以积极乐观的心态参与信息技术活动。
		2.3自我认识	能正确认知自身情况,以良好的心态参与信息展示、交流,积极参与信息化社会活动。
	3.课堂生态	3.1真诚的师生交流	师生相互尊重,真诚相待,交流顺畅。教师懂得欣赏学生,学生乐于与教师交流。
		3.2和谐的人际关系	培养学生的合作能力及和谐的人际关系,能进行真诚的师生交流。
劳动育人	1.劳动价值观	1.1勤于动手	具有动手实践操作验证理论知识的想法和观念。
		1.2乐于探究	乐于参与实践活动,并积极探究。
		1.3持之以恒	培养学生遇到挫折不轻易放弃的品质,遇到困难,能够合理寻求解决方案。
	2.操作实践	2.1统筹规划	能根据活动任务,制定合理的行动步骤,并按计划进行实践活动。
		2.2分步实施	开展实践活动,能规划自己的行动步骤,并一步步实施,注重过程性与完整性。
		2.3总结归纳	每次学生动手实践完毕,引导学生学会归纳总结,以便为下次的实践活动积累经验。
	3.应用创新	3.1创新意识	通过亲身参与实践活动的准备、实践和总结环节,培养学生的创新意识。
		3.2创意物化	通过动手操作实践,初步掌握数字作品设计与制作的基本技能;学会运用信息技术,设计并制作有一定创意的数字作品。

第三节　小学信息技术学科全息育人点导引

小学信息技术学科全息育人点导引是以马克思主义关于人的全面发展学说、中国特色社会主义全面发展教育理论、建构主义学习理论为依据，根据《义务教育信息科技课程标准（2022年版）》、中小学信息技术学科核心素养等的要求，结合教材实际从学科认知、德性育人、审美育人、健康育人、劳动育人五个方面形成的育人点框架。全国小学信息技术教材版本较多，但课程设计依据都是统一的，我们做研究时，依托小学《信息技术》[西南大学出版社（原西南师范大学出版社）（2016年版），以下简称"西大版"]进行了大量的探讨。时至今日，虽然该版教材有多次修订，但主体部分仍保持不变。因此，本节育人点导引的形成，仍以此版教材为载体展开梳理，希望对广大致力于小学信息技术学科全息育人研究的同行有所启发。

一、小学信息技术学科单元育人点导引

小学信息技术学科单元育人点导引的梳理具有全局观，从概览全书、分年级、分册次，再到单元规划，以单元整体计划为基础，形成完整的单元育人点。

(一)西大版小学《信息技术》三年级单元育人点导引

表2-6　西大版小学《信息技术》三年级上册单元育人点导引

单元	类别	内容
一单元：走进信息王国	学科认知	1.认识信息技术及常见信息技术相关的产品。 2.了解电脑的基本组成及其作用。 3.了解电脑桌面及使用方法。 4.激发学生学习信息技术学科的兴趣。
	德性育人	1.社会责任—参与意识：积极的学习态度，对信息技术有浓厚的兴趣。 2.社会责任—规则意识：遵守《计算机教室使用规则》，爱护计算机等公共设备。 3.个人修养—行为自律：在使用信息技术相关产品设备时，理性面对各类信息，树立明辨是非、增强自我防范以及为自己行为负责的公民意识。
	审美育人	创造设计—健康审美：拥有健康的审美意识，欣赏电脑桌面的简洁美，设计并分享美观的桌面。
	健康育人	1.身体健康—正确姿势：使用各种信息设备时，采用正确的操作姿势。 2.身体健康—科学用眼：注意用眼卫生，控制使用时间。 3.身体健康—合理分配时间：避免长时间使用电子设备。 4.心理健康—乐观自信：自信、自爱、坚忍、乐观。
	劳动育人	1.劳动价值观—乐于探究：乐于参与信息技术设备认识、使用及电脑桌面的操作等实践活动。 2.劳动价值观—勤于动手：在认识信息技术设备中，勤于动手体验，加深认识。

续表

一单元：走进信息王国	教学设计提示	1.在更换桌面背景的活动中，搜集各种背景图片(美、丑、健康、不良等各取一二)，引导学生判断分析，选取合适的图片作为背景，培养学生健康的审美意识、明辨是非的能力及合理分配时间的意识。 2.在畅想未来信息技术会给我们的生活带来哪些改变的活动中，可以引导学生大胆畅想、发表看法，培养学生积极的学习态度。 3.更换桌面背景后，下课时，引导学生将背景还原，培养学生爱护计算机等公共设备、对自己行为负责的公民意识。 4.收集能够体现信息产品流畅美、自然美的介绍信息技术发展前沿的科技资料宣传片、科幻视频片段、信息技术设备图片、视频。 5.在使用信息技术产品时要注意正确坐姿、用眼卫生和用电安全。 6.在认识电脑组成部分的活动中，可采取学生自主学习或分组搜集资料等形式，培养学生乐于探究、积极参与的实践意识。
二单元：多彩的世界	学科认知	1.认识金山画王。 2.掌握"倒色"工具的使用方法。 3.学会选择背景图片和角色。 4.学习"画笔"工具的使用方法，会用"画笔"工具书写文字。 5.掌握"文本框"输入文字的方法。 6.了解"仙女袋"的功能和使用方法。 7.学会角色的调整方式(平移、翻转、缩放、旋转、羽化、确定、删除)。 8.能够使用工具进行简单的画图。
	德性育人	1.个人修养—信息安全：文件存储规范，养成鉴别信息的习惯，主动抵御不良信息。 2.个人修养—行为自律：提高明辨是非的能力。 3.社会责任—参与意识：积极的学习态度。
	审美育人	1.欣赏评价—图文协调：图像的色彩、构图美。 2.创造设计—创意表达：生活中创造美，有艺术表达的意识和创意表现的兴趣。
	健康育人	1.身体健康—正确姿势：使用各种信息设备时，采用正确的操作姿势。 2.心理健康—乐观自信：自信、自爱、坚忍、乐观。
	劳动育人	1.劳动价值观—勤于动手：具有动手实践操作验证理论知识的想法和观念。 2.操作实践—统筹规划：制订计划。 3.劳动价值观—持之以恒：抗挫折能力。
	教学设计提示	1.保存作品到指定的地方，养成信息储存安全意识。 2.在涂鸦中，不做恶作剧，形成正确的信念；不传播不健康的图像，形成正确的价值观；自觉地通过自己的判断规范自身信息行为。 3.在使用金山画王绘画和作品欣赏过程中，体会图像的色彩美和结构美等，进而增强图像创作的美感。 4.通过作品欣赏、教师演示，引导学生发现大自然之美，激发学生创作设计意识、兴趣。 5.师生间的作品评价环节中，教师示范和指导学生使用激励性的语言，引导学生进行正面评价，形成积极乐观的品质。 6.在图像绘画、创作中，及时纠正学生的坐姿，确保身体健康。 7.在画图之前要让学生根据步骤设计画图构思，选择工具，能有序地完成画作。

续表

三单元：巧手绘未来	学科认知	1.认识Windows画图工具。 2.认识并能使用绘画工具中的常用工具进行绘画。 3.掌握主题画创作的思路并能灵活运用各种工具完成创作。 4.通过让学生欣赏绘画作品，激发学生学习画图的兴趣。 5.通过让学生进行学习探究和实践操作，培养学生实践探索及合作精神，调动学生学习积极性。
	德性育人	1.个人修养——信息道德：具有道德自律能力。 2.社会责任——参与意识：积极的学习态度。尊重中华民族的文明成果和先进文化。
	审美育人	1.欣赏评价：图形的色彩美。 2.创造设计：生活中创造美，有艺术的表达意识，创意表现的兴趣，健康的审美意识。
	健康育人	1.心理健康——自我认识：正确地认识和评价自我。 2.课堂生态——和谐的人际关系：培养学生的合作能力及和谐的人际关系，能进行真诚的师生交流。
	劳动育人	1.劳动价值观——勤于动手、乐于探究。 2.劳动价值观——持之以恒：寻求合理解决方案的能力。
	教学设计提示	1.通过使用PPT介绍重庆的桥，让学生感受重庆桥的多样和在经济发展中的作用，了解劳动人民的智慧和先进的造桥技术。 2.有积极主动的学习态度，能正确使用画图软件进行学习。 3.引导学生积极参与绘制活动，学会分析，并用工具按照自己的构想绘制作品。结合生活实际创造性地表达美。 4.在绘制的过程中感受画图软件带来的线条美、色彩美、结构美和协调美。形成健康的审美意识。 5.通过赏析评价作品，让学生正确认识和评估自己及同学的作品。 6.指导学生安静观看微课，认真聆听操作要点。 7.学生小组内交流互评作品，提出意见和建议，培养学生的合作能力及和谐的人际关系。 8.以"我的家乡"或"我的校园"为主题进行创作，勤于动手，乐于探究，亲身体验。

表2-7 西大版小学《信息技术》三年级下册单元育人点导引

四单元：指法入门	学科认知	1.键盘分区。 2.基准键位，指法分配。
	德性育人	社会责任——规则意识：树立规则意识，遵守《计算机教室使用规则》，有社会公德。
	审美育人	—
	健康育人	1.身体健康——正确姿势：坐姿端正，采用正确的操作姿势。 2.身体健康——科学用眼：控制用眼时间，能够用远眺、眼保健操等方式保护眼睛。
	劳动育人	劳动价值观——勤于动手：具有动手实践操作验证理论知识的想法和观念。

续表

四单元： 指法入门	教学设计 提示	1.指出重击键盘、拍击键盘等属于不道德的行为,要求学生爱护公物、遵守规则、有公德心。 2.给出使用计算机的正确坐姿和击键的正确姿势图谱,让学生观察并明确正确的身体姿态。 3.每间隔一定时间(如10分钟),提示学生眼离屏幕休息几分钟,课堂上可以用看看窗外、闭眼休息等方式让眼睛休息。课外还可以进行远眺、做眼保健操等。 4.认识键盘的几个分区,让学生给键盘做分区,告诉学生能帮助自己使用和记忆就是好的分区方法。 5.根据键盘按键的分布,在练习中培养学生手脑配合、灵活操作的能力,左、右手分工是第一步,每个手指的分工是进一步的目标。随着计算机AI的发展,语音录入、手写输入技术已经非常成熟,因此练习键盘的目标不仅仅是文字的录入,更应该从训练思维的角度展开教学(教师可以做思维训练的思考和尝试)。
五单元： 英文输入	学科认知	1.英文和标点的录入。 2.上档键、大小写字母锁定键、大小写字母的录入。
	德性育人	1.社会责任—规则意识:树立规则意识,遵守《计算机教室使用规则》,有社会公德。 2.社会责任—参与意识:积极主动学习,同伴互助,负责任地参与社会信息活动。
	审美育人	欣赏评价—图文协调:从整体视觉到文字的字体、颜色、大小、结构布局等角度感受、评价作品的整洁、协调美。
	健康育人	1.身体健康—正确姿势:坐姿端正,采用正确的操作姿势。 2.身体健康—合理分配时间:合理安排时间,避免长时间使用电子设备。
	劳动育人	1.劳动价值观—持之以恒:培养学生遇到挫折不轻易放弃的品质。 2.操作实践—分步实施:开展实践活动,能规划自己的行动步骤,并一步步实施,注重过程性与完整性。
	教学设计 提示	1.继续强调爱护公物、社会公德的教育(如使用计算机前洗手、不乱扔垃圾等)。 2.热爱学习,在学习中寻找乐趣,同伴间比一比谁是打字能手等。 3.英文录入中的大小写规律、分词、分段,以及调整文字格式等美感的体验。 4.继续纠正学生的坐姿与操作姿势。 5.告知学生长时间使用计算机等电子设备对身体的不良影响,如损伤眼睛、造成肩颈疾病等。 6.长时间的键盘练习活动,往往会让学生失去耐心,可以设计如定时练习、速度练习、游戏激励等活动,保持学生持久的学习兴趣。
六单元： 汉字输入	学科认知	1.打开、切换输入法。 2.拼音输入法。 3.输入法全角、半角、中文、英文状态切换。 4.拼音输入法录入汉字、符号。
	德性育人	1.国家意识—家国情怀:在信息技术活动中,渗透优秀传统文化教育,使学生了解中华民族的文明成果和先进文化。 2.社会责任—参与意识:积极主动学习,同伴互助,负责任地参与社会信息活动。

续表

六单元：汉字输入	审美育人	欣赏评价—图文协调：从整体视觉到文字的字体、颜色、大小、结构布局等角度感受、评价作品的整洁、协调美。
	健康育人	1.身体健康—正确姿势：坐姿端正，采用正确的操作姿势。 2.心理健康—节制欲望：能抵制诱惑，不沉溺于游戏等，培养自制力，有效地管控自己的信息活动行为。
	劳动育人	1.劳动价值观—持之以恒：培养学生遇到挫折不轻易放弃的品质。 2.操作实践—总结归纳：每次学生动手实践完毕，引导学生学会归纳总结，以便为下次的实践活动积累经验。
	教学设计提示	1.引入中国古诗词、传统节日、名人简介等文字作为汉字录入的文本，渗透传统文化教育。 2.通过学生间、小组间的文字录入竞赛，培养学生的参与意识和责任意识。 3.设置简单的文字段落格式，培养学生对整齐美、协调美的意识。 4.检查、抽查学生是否保持正确坐姿、正确打字姿势。 5.有些学生对电脑操作的兴趣特别高，容易沉溺其中，要提示学生无论是学习，还是游戏都必须节制，合理分配时间，并在过程中注意休息，保护身心健康。 6.在学习搜狗拼音输入法录入汉字时，引导学生发现规律，会单字输入、词汇输入、全拼输入、声母输入、声韵结合输入等。
七单元：及时交流	学科认知	1.网络聊天交流的工具。 2.QQ账号的申请、登录。 3.QQ添加好友。 4.QQ好友聊天，文字、符号、图片、语音、视频交流。 5.QQ文件互传、微云、邮箱。 6.创建、加入QQ群。 7.管理QQ空间、群相册等。
	德性育人	1.社会责任—法律法规：严格遵守国家相关法律法规，如《信息网络传播权保护条例》。 2.社会责任—规则意识：遵守《全国青少年网络文明公约》。 3.个人修养—信息道德：在信息技术活动中，具备责任意识和诚信品质。自觉遵守信息道德规范、伦理准则。 4.个人修养—信息安全：包括个人身份、账号、密码等信息的保密等。
	审美育人	—
	健康育人	1.心理健康—节制欲望：能抵制诱惑，不沉迷于游戏、网络等，培养自制力，有效管控自己的信息活动行为。 2.心理健康—乐观自信：充满自信，能经受网络、虚拟时空等带来的负面影响，以积极乐观的心态参与信息技术活动。
	劳动育人	1.劳动价值观—勤于动手：具有动手实践操作验证理论知识的想法和观念。 2.劳动价值观—乐于探究：乐于参与实践活动，并积极探究。

续表

七单元：及时交流	教学设计提示	1.微视频传播《信息网络传播权保护条例》《全国青少年网络文明公约》。 2.展示QQ聊天中的各种陷阱，警示学生保护好自己的账号和密码安全。 3.展示网络聊天中的欺骗、虚假信息，警示学生不信谣、不传谣，培养学生诚信负责的品质。 4.网络空间充满诱惑，帮助学生形成积极乐观的心态，强调自制力的培养，严格按教师的要求进行体验，不盲目"畅游"网络世界。 5.教师对互联网世界出现的新事物，要及时给学生阐明缘由、利害，帮助学生正确认识未知事物。 6.对账号申请、密码维护、QQ交友、图文混发、视频聊天、QQ空间等进行积极探索，掌握技能的同时发现其学习的本质(如账号密码的认识，网络信息传播的形式，个人空间的意义等)。

(二)西大版小学《信息技术》四年级单元育人点导引

表2-8　西大版小学《信息技术》四年级上册单元育人点导引

一单元：我的电脑我做主	学科认知	1.认识资源管理器的作用。 2.理解路径的概念，能找到指定路径的资源。 3.规划、创建文件夹。 4.对文件或文件夹进行重命名。 5.合理分类、整理资源。 6.学会用剪切、复制、粘贴的方法移动或复制文件或文件夹。
	德性育人	1.社会责任—规则意识：提高明辨是非的能力，遵守《计算机教室使用规则》，未经许可不得删除或更改系统、他人信息。 2.社会责任—参与意识：积极主动负责任地规划、管理文件夹。 3.个人修养—行为自律：自觉规范自身行为，节约网络资源，不重复建立无效文件或文件夹。
	审美育人	创造设计—健康审美：感受资源管理器分类整理文件的清晰、整洁美。
	健康育人	身体健康—正确姿势、科学用眼、合理分配时间。
	劳动育人	1.劳动价值观—勤于动手、乐于探索。 2.操作实践—统筹规划、引导学生根据实践任务制定合理的行动步骤，有全局观意识，能注重过程性与完整性。
	教学设计提示	1.展示文件篡改、删除带来的危害的视频、图文等，帮助学生树立遵守社会公德、保护虚拟资源的意识。 2.学生通过分类整理文件或文件夹的实际操作，感受资源管理器分类整理文件的清晰、整洁美。 3.在指导学生建立文件夹等操作过程中，提醒学生遵守《计算机教室使用规则》，未经许可不得删除或更改系统、他人信息。 4.教师对比展示整理和未整理的文件夹截图，讲解文件及文件夹整理的必要性，帮助学生认识并感受资源管理器分类整理文件的清晰、整洁美。

续表

一单元：我的电脑我做主	教学设计提示	5.在课堂教学中遇到学生操作姿势不规范时及时提醒，帮助学生养成良好的习惯。 6.在展示评价学生整理后的文件夹时，鼓励学生大胆阐述自己的分类依据，并引导其他学生认真聆听、友善评价，营造宽松的课堂环境、建立真诚的师生关系。 7.在整理文件夹活动中，引导学生先思考、规划，再动手，培养学生乐于动手、勤于动手、主动参与的意识，并养成全局思考的习惯。
二单元：美好的童年时光	学科认知	1.认识身边的数码设备，熟悉其主要用途。 2.能使用数码设备拍摄照片或视频、录制声音等。 3.能将采集的照片、视频、声音等资源上传并保存到本地和云空间。 4.能在网络空间创建电子相册，并学会编辑图片文章。
	德性育人	1.个人修养—信息安全：在拍摄、录制分享中，保护个人、他人、集体、国家隐私和机密，树立信息社会安全意识。 2.个人修养—行为自律：在拍摄、录制中，不带恶意、断章取义、曲解，善于展示生活中的真、善、美。 3.社会责任—参与意识：积极的学习态度，能正确地利用学习资源进行学习。
	审美育人	1.欣赏评价—图文协调：拍摄中，能从构图艺术、色彩、光线等角度去发现和感受作品的美。 2.创造设计—创意表达：能用数码设备的镜头、麦克风记录生活中的重要瞬间。能利用信息工具进行美的创造，分享生活中的美好。
	健康育人	身体健康—正确姿势：使用各种信息设备时，采取正确的操作姿势。
	劳动育人	1.劳动价值观—乐于探究：在数码设备的使用中，乐于探究，勇于体验。 2.劳动价值观—统筹规则：在使用数码设备的过程中，有合理的计划，并按计划有目的、有步骤地进行实践活动。
	教学设计提示	1.在《生活的瞬间》《温馨时刻》《甜美的歌声》这几课中，要引导学生树立信息社会责任意识和信息社会道德意识。拍摄或录制前要订制好计划，拍(录)什么？怎么拍(录)？鼓励学生多观察，多发现身边的"美"事。教学时，可以分成学习小组，共同制订，协同完成。 2.在《我的电子相册》中，分享照片、视频或声音时，要提醒学生注意合理把握分享的"度"，不该分享的，坚决不乱分享。对于他人分享的，要带着客观的态度、善意的心态参加评论。 3.可以结合实例，从技术层面引导学生表达镜头中的"美"。 4.通过改变拍摄角度、位置等方式，鼓励学生在拍摄时大胆创意。通过艺术加工，展示自己眼中的"美"。 5.在本单元教学中，鼓励学生走出课堂参加实践，营造宽松的学习氛围。让学生在数字设备的使用中体验生活、健康身心。 6.在接触数字设备时，鼓励学生乐于探究，勇于体验。 7.在教学中，多让学生参加实践，并加强个别辅导。 8.强调学习的计划性，强调数字设备使用中的思维培养。在拍摄、录制、分享等活动中，引导学生事前做好充分的计划，活动中按计划有目的、有步骤地进行实践活动。实践后，及时总结经验。
三单元：我是小小编辑员	学科认知	1.了解常用的文本编辑器，认识word，能在word中录入文本并保存。 2.学习插入图片和艺术字，掌握设置文字和段落格式，能设置图片和艺术字格式。 3.能插入和美化表格。 4.在word中插入文本框、艺术字、图片、图形等，能设计、制作、美化新年贺卡。 5.认识QQ网络日志，能创建图文并茂的QQ网络日志。

续表

三单元：我是小小编辑员	德性育人	1.个人修养—信息安全：隐私保护。 2.个人修养—行为自律：提高明辨是非的能力。 3.社会责任—法律法规：严格遵守国家相关法律法规。 4.社会责任—参与意识：积极的学习态度，尊重中华民族的文明成果和先进文化。
	审美育人	1.欣赏评价—图文协调：文本、表格的整洁、协调美，图像的色彩、构图美。 2.创造设计—健康审美、创意表达：有健康的审美意识，艺术表达的意识，创意表现的兴趣。
	健康育人	1.身体健康—正确姿势、科学用眼、合理分配时间。 2.心理健康—节制欲望、乐观自信：能抵制诱惑，有自制力；自信、自爱、坚忍、乐观，资源共建、共享。
	劳动育人	1.劳动价值观—勤于动手，乐于探究：有参与意识、抗挫折能力。 2.劳动价值观—统筹规划：具有全局观，制订计划。
	教学设计提示	1.录入文字时，要尊重事实，不要编辑不切实际的、虚假的、负面的信息。 2.搜集引用的"张家界"等图片，不能涉及不健康的信息，编辑、美化过程中要尊重民族文明、文化特点。 3.设计的新年贺卡、创建的网络日志要正能量，避免庸俗化，能明辨是非。 4.文稿编辑、贺卡制作等，从整体视觉到文字的字体、颜色、大小、结构布局等角度审视作品设计的美感。从照片的构图艺术、色彩饱和度、光线明暗等角度感受、评价图像的美感。 5.在设计贺卡、撰写网络日志等活动中，培养学生艺术创造的兴趣，形成健康的审美意识，通过运用美术等艺术表现形式为作品创作服务。 6.教导学生操作电脑的同时要保持正确的坐姿，养成良好的用眼习惯。 7.作品创作的过程时间一般比较长，为了身体健康，要合理分配时间。使用电脑要养成自制、自信、坚忍、乐观的态度。 8.在文稿格式美化、贺卡创作、日志撰写过程中引导学生树立全局观，形成大局意识。培养学生勤于动手动脑和主动探究的精神。

表2-9 西大版小学《信息技术》四年级下册单元育人点导引

四单元：我是小管家	学科认知	1.认识数据处理软件，了解Excel的主要作用。 2.熟悉Excel窗口，掌握Excel中单元格的命名方法。 3.能打开、退出Excel，录入指定表格的内容。 4.能插入工作表行和列，合并单元格。 5.能灵活运用设置字体颜色大小、设置框线颜色等方法合理美化表格。 6.能运用Excel中的自动求和功能，计算出指定单元格的数据之和。 7.能利用所掌握的Excel求和的知识，设计一张自己本学期各单元检测成绩统计表。 8.能将电子表内数据转化成统计图。 9.能根据数据内容选取合适的统计图样式。 10.能美化统计图。
	德性育人	1.国家意识—国家认同：通过了解国内外数据处理软件，教育引导学生优先选取国产软件，强化学生的民族认同感。 2.社会责任—参与意识：积极的学习态度，用所学知识解决现实生活中的问题。 3.个人修养—信息道德：形成正确的信息社会的世界观、人生观、价值观。

续表

四单元：我是小管家	审美育人	1.创造设计—健康审美：感受Excel等软件整理数据的清晰、整洁美。 2.欣赏评价—图文协调：文本、表格的整洁、协调美。从整体视觉到文字的字体、颜色、大小、结构布局等角度感受、评价作品设计的美感。
	健康育人	身体健康—科学用眼：注意用眼卫生，控制使用时间，能够用远眺、做眼保健操等方式保护眼睛。
	劳动育人	1.劳动价值观—勤于动手：具有动手实践操作验证理论知识的想法和观念。乐于探索，树立经过积极探索、亲身体验，从而获得知识经验的意识。 2.操作实践—总结归纳：通过学习Excel中"Σ自动求和"的运用，总结归纳公式的使用方法，为下次的实践活动积累经验。
	教学设计提示	1.在介绍国内外数据处理软件时，引导学生优先选取国产软件，强化学生的民族认同感、激发学生的爱国热情。 2.在学习制作和美化电子表格的时候，可以根据学生实际情况，将电子表格内容换成与学生家庭、学习、生活密切相关的内容，引导学生用所学知识解决现实生活中的问题。 3.教师通过经过电子表格整理和未整理的两组数据，美化和未美化的电子表格进行对比，帮助学生认识、感受用电子表格整理数据的清晰、整洁美。 4.在课堂教学中遇到学生操作姿势不规范时及时提醒；同时，通过用《某校学生各年级近视学生统计表》等内容替换课堂练习内容，让学生了解容易发生近视的年龄，注意用眼卫生，帮助学生养成良好的习惯。 5.在学生练习时，鼓励学生大胆动手，培养学生验证理论知识的意识。 6.通过学习Excel中"Σ自动求和"的使用方法，引导学生总结归纳公式的使用方法。
五单元：我是学校一员	学科认知	1.了解演示文稿的用途。 2.理解规划演示文稿的四个基本步骤、应用"主题+提纲"的方式。 3.能依照教材提供的规划表格有序填写内容，围绕主题进行提纲的拟写和修改。 4.能将给定的素材按照需要创建分类文件夹，并按需要移动、复制素材文件。 5.能根据需要将素材按文件类型和资料内容进行分类整理。 6.学会建立和保存幻灯片。 7.掌握添加幻灯片的方法，会在幻灯片中插入文本框、图片、声音、视频等。 8.能在幻灯片中插入自选图形。 9.学会调整幻灯片在演示文稿中的顺序；能进行文字、图片格式修改，学会对齐图片。
	德性育人	1.国家意识—国家认同：通过认识了解国内外演示文稿制作软件，了解民族软件产业的努力和崛起，强化学生的民族认同感。 2.社会责任—参与意识：积极主动、负责任地规划、管理文件夹。 3.个人修养—信息道德：在信息的采集、加工和利用过程中，形成正确的价值观和习惯。自觉遵守信息道德规范、伦理准则。
	审美育人	1.欣赏评价—图文协调：文本、表格的整洁、协调美。从整体视觉到文字的字体、颜色、大小、结构布局等角度感受、评价作品设计的美感。 2.创造设计—健康审美：通过分类整理素材，感受资源管理器分类管理文件的清晰、整洁美。

续表

五单元：我是学校一员	健康育人	1.身体健康—科学用眼：注意用眼卫生，控制使用时间，能够用远眺、做眼保健操等方式保护眼睛。 2.心理健康—自我认识：能正确认知自身情况，以良好的心态参与信息展示、交流，积极参与信息化社会活动。
	劳动育人	1.劳动价值观—勤于动手：具有动手实践操作验证理论知识的想法和观念。乐于探索，树立经过积极探索、亲身体验，从而获得知识经验的意识。 2.操作实践—统筹规划：通过学习制作完整PPT作品的步骤，培养学生能根据实践任务，制定合理的行动步骤，并按计划进行实践活动的能力。
	教学设计提示	1.在介绍国内外演示文稿制作软件时，让学生了解民族软件产业的努力和崛起，强化学生的民族认同感、激发学生的爱国热情。 2.在学习制作和美化演示文稿时，可以根据学生实际情况，将制作主题替换为与学生家庭、学习、生活密切相关的内容，引导学生用所学知识解决现实生活中的问题。 3.在学生搜集和使用图文资料丰富演示文稿时，引导学生注意版权、公共道德，引导学生自觉遵守信息道德规范、伦理准则，形成正确的价值观和习惯。 4.通过欣赏评价优秀PPT范例和学生的PPT作业，培养学生高尚的道德情操和健康的审美情趣，形成健康高尚的审美。 5.在制作PPT时，引导学生注重文本、图片的整洁、协调美。从整体视觉到文字的字体、颜色、大小、结构布局等角度审视作品设计的美感。 6.在课堂教学中遇到学生操作姿势、用眼姿势不规范时及时提醒。 7.在制作和展示中，引导学生正确认知自身情况，以良好的心态参与信息展示、交流，积极参与信息化社会活动。 8.在学生练习时，鼓励学生大胆动手，培养学生通过实践验证理论知识的意识。 9.通过学习制作完整PPT作品的步骤，培养学生能根据实践任务，制定合理的行动步骤，并按计划进行实践活动的能力。
六单元：信息的传递	学科认知	1.了解电子邮箱、电子邮件、电子邮箱地址。 2.能在相关网站注册电子邮箱。 3.能登录自己申请好的邮箱。 4.能在邮箱中写信，并注意书信格式。 5.学会发送邮件。 6.能应用电子邮箱发送信息和文件。 7.能创建邮箱通讯录管理联系人。
	德性育人	1.社会责任—法律法规：严格遵守国家相关法律法规。 2.社会责任—规则意识：遵守各项上网守则、公约。 3.个人修养—信息道德：具备责任意识和诚信品质。自觉遵守信息道德规范、伦理准则。 4.个人修养—信息安全：养成对信息进行鉴别的习惯，能够适当运用技术手段筛选、抵制不良信息。了解病毒的危害及传播途径，树立防治病毒意识。 5.个人修养—行为自律：自觉规范自身行为。在信息技术活动中，增强自我防范意识，明辨是非。
	审美育人	欣赏评价—图文协调：文本具有整洁、协调美。

续表

六单元：信息的传递	健康育人	1.身体健康—正确姿势：使用各种信息设备时，采用正确的操作姿势。 2.心理健康—节制欲望：能抵制诱惑，不沉迷于游戏、网络等，培养自制力，有效管控自己的信息活动行为。
	劳动育人	1.劳动价值观—持之以恒：培养学生遇到挫折不轻易放弃的品质，遇到困难，能够合理寻求解决方案。 2.操作实践—分步实施：开展实践活动，能规划自己的行动步骤，并一步步实施，注重过程性与完整性。
	教学设计提示	1.在使用网络时，强化学生的规则意识，培养学生严格遵守国家相关法律法规，遵守各项上网守则、公约，遵守信息道德规范、伦理准则的意识。 2.帮助学生养成运用技术手段筛选、抵御不良信息，对信息进行鉴别的习惯。通过让学生了解病毒的危害及传播途径，帮其树立防治病毒意识，增强自我防范意识。 3.在课堂教学中遇到学生操作姿势、用眼姿势不规范的时候及时提醒。 4.在使用网络过程中，引导学生抵制诱惑，不沉迷于游戏、网络等，培养自制力，有效管控自己的信息活动行为。 5.在打开网页、申请邮箱教学环节中，碰到网络拥堵时，培养学生遇到挫折不轻易放弃的品质，遇到困难，能够合理寻求解决方案。 6.通过学习申请邮箱、发送邮件的步骤，培养学生能根据实践任务，规划自己的行动步骤，并一步步实施，注重过程性与完整性的能力。

（三）西大版小学《信息技术》五年级单元育人点导引

表2-10　西大版小学《信息技术》五年级上册单元育人点导引

一单元：网上"寻"宝——走进网络世界	学科认知	1.了解互联网在生活中的应用。 2.掌握利用浏览器浏览网页的方法。 3.掌握搜索引擎搜索、浏览、下载中华民族相关的文字、图片、音频、视频等资料的方法。 4.认识网上课堂。 5.掌握多种网上课堂学习途径和方法。
	德性育人	1.国家意识—国家认同：教育引导学生爱党爱国爱人民爱社会主义，优先选取国产软件，强化学生的民族认同感，激发学生强烈的民族自豪感和为国奋斗的信心与勇气。正确对待文化多样性。形成正确的信息社会的世界观、人生观、价值观。 2.国家意识—家国情怀：在信息技术活动中，渗透优秀传统文化教育，使学生了解中华民族的文明成果和先进文化。 3.社会责任—法律法规：严格遵守国家相关法律法规。 4.社会责任—参与意识：理性对待信息环境下的新生事物。 5.个人修养—信息道德：自觉遵守信息道德规范、伦理准则。 6.个人修养—信息安全：个人身份、账号、密码等信息的保密。养成对信息进行鉴别的习惯，能够适当运用技术手段筛选、抵御不良信息。了解病毒的危害及传播途径，树立防治病毒意识。 7.个人修养—行为自律：在信息技术活动中，增强自我防范意识，明辨是非。丰富学生的精神生活，培养学生的自制力。

续表

单元	育人维度	内容
一单元：网上"寻"宝——走进网络世界	审美育人	1.欣赏评价—程序简洁：注重程序设计的去冗余、高效、数字逻辑性，感受程序设计语言的简洁美、逻辑美，规范地整理、分类文件夹。 2.创造设计—健康审美：培养学生高尚的道德情操和健康的审美情趣，形成健康高尚的审美。 3.创造设计—创意表达：能利用信息工具进行美的创造、情感表达和艺术创作。
	健康育人	1.身体健康—科学用眼：注意用眼卫生，控制使用时间，能够用远眺、做眼保健操等方式保护眼睛。 2.身体健康—合理分配时间：合理安排时间，避免长时间使用电子设备。 3.心理健康—节制欲望：能抵制诱惑，不沉迷于游戏、网络等，培养自制力，有效管控自己的信息活动行为。 4.心理健康—乐观自信：充满自信，能经受网络、虚拟时空等带来的负面影响，以积极乐观的心态参与信息技术活动。 5.课堂生态—真诚的师生交流：师生相互尊重，真诚相待，交流顺畅。教师懂得欣赏学生，学生乐于与教师交流。
	劳动育人	1.劳动价值观—勤于动手：具有动手实践操作验证理论知识的想法和观念。 2.劳动价值观—乐于探究：乐于参与实践活动，并积极探究。 3.操作实践—总结归纳：每次学生动手实践完毕，引导学生学会归纳总结，以便为下次的实践活动积累经验。 4.应用创新—创意物化：通过动手操作实践，初步掌握数字作品设计与制作的基本技能；学会运用信息技术，设计并制作有一定创意的数字作品。
	教学设计提示	1.认识目前流行的各类浏览器，如：360浏览器、QQ浏览器、谷歌浏览器等。优先选取国产浏览器，强化学生的民族认同感，激发学生强烈的民族自豪感和为国奋斗的信心与勇气。 2.能利用百度搜索引擎、360搜索引擎等国产搜索引擎搜索自己需要的学习资源与内容。同时提醒学生个人身份、账号、密码等信息的安全。在浏览网页信息过程中，养成对信息进行鉴别的习惯，能够适当运用技术手段筛选、抵御不良信息。知道如何从各大门户网站如央视网、人民网、网易、新浪网、搜狐网等获取信息。了解病毒的危害及传播途径，树立防治病毒意识。不随意点击广告、小窗口等。 3.在搜索56个民族传统节日、传统文化、传统服饰、传统音乐、传统舞蹈等活动中，渗透优秀传统文化教育，使学生了解中华民族的文明成果和先进文化。 4.围绕《全国青少年网络文明公约》，通过问卷、问答、知识竞赛等形式加深理解，做文明网络人。抵御不良诱惑，不信谣、不传谣。严格遵守国家相关法律法规。做文明网络人，树立守法意识，不盗用他人专利成果，尊重知识产权。学生分组登录教材提供的学习网站或身边常见的云课堂，如腾讯课堂、网易云课堂、网易公开课、慕课、百度传课、沪江网校等。提醒学生不随便看收费课程(理性的价值判断)，如有特殊需要告知父母，征求父母支持与同意，在父母的帮助下购买相应课程。可使用免费账号，如腾讯课堂可用QQ账号，同时注意抵御不良信息、谨慎结交网友，建议在家长的陪同下上网学习。

续表

单元		
一单元：网上"寻"宝——走进网络世界	教学设计提示	5.感受电脑空间简洁美、逻辑美，规范地整理、分类文件夹。引导学生对下载的资源进行分类整理。按图文声像分类整理或按时间先后整理或按事件整理等。 6.科学用眼，合理分配时间，避免长时间上网。在家长或老师的指导陪同下上网，上网时间每次不超过1小时、每天不超过3小时。 7.学生在上网浏览过程中，能抵制诱惑，不沉迷于游戏、网络等，培养自制力，有效管控自己的信息活动行为。 8.课堂以学生自主学习为主，多给学生探索的时间，使课堂氛围宽松愉快。教师懂得欣赏学生，学生乐于与教师交流。 9.充满自信，能经受网络、虚拟时空等带来的负面影响，以积极乐观的心态参与信息技术活动。不浏览不健康网站，主动关闭小广告、弹出的干扰窗口等。 10.搜索56个民族相关资料，鼓励学生勤于动手，乐于参与实践活动，并积极探究，设计并制作文档或演示文稿等电子作品。 11.学生学会归纳总结，整理网上下载的图文声像资料，设计并制作有主题的文档或演示文稿，学会运用信息技术，设计并制作有一定创意的数字作品，并与同伴分享交流。
二单元：网络藏"宝"——云盘存储	学科认知	1.掌握云盘的基本使用方法。 2.理解云盘与本地存储的异同。 3.掌握云盘文件上传与下载的方法。 4.掌握云盘文件的基本管理方法。 5.掌握文件压缩和解压缩的方法。 5.掌握加密压缩文件的方法，保护文件安全。
	德性育人	1.社会责任—法律法规：严格遵守国家相关法律法规，如《中华人民共和国网络安全法》等。 2.社会责任—规则意识：遵守《全国青少年网络文明公约》等。 3.个人修养—信息道德：自觉遵守信息道德规范、伦理准则。 4.个人修养—信息安全：注意个人身份、账号、密码等信息的保密。能够适当运用技术手段筛选、抵御不良信息。
	审美育人	欣赏评价—程序简洁：注重程序设计的去冗余、高效、数字逻辑性，感受程序设计语言的简洁美、逻辑美。
	健康育人	1.身体健康—科学用眼：注意用眼卫生，控制使用时间，能够用远眺、做眼保健操等方式保护眼睛。 2.心理健康—节制欲望：能抵制诱惑，不沉迷于游戏、网络等，培养自制力，有效管控自己的信息活动行为。 3.心理健康—乐观自信：充满自信，能经受网络、虚拟时空等带来的负面影响，以积极乐观的心态参与信息技术活动。
	劳动育人	1.劳动价值观—勤于动手：具有动手实践操作验证理论知识的想法和观念。 2.操作实践—分步实施：开展实践活动，能规划自己的行动步骤，并一步步实施，注重过程性与完整性。

续表

二单元：网络藏"宝"——云盘存储	教学设计提示	1.认识供应商提供的各种免费云盘(以国产云盘为例)，如：腾讯云盘、360云盘、百度云盘等，了解云盘的作用。使用云盘的时候注意：上传在云盘的个人隐私照片有时候会因为相关设置而公开到网络里。要注意不公开他人隐私。不盗用他人专利成果，尊重知识产权保护等。不下载盗版素材。 2.使学生掌握给压缩文件加密的方法，并在教学过程中渗透信息安全知识，培养学生保护自我隐私的意识。云盘并不是百分之百的安全，为安全起见，重要资料备份。 3.严格遵守《中华人民共和国网络安全法》《全国青少年网络文明公约》等。注意个人身份、账号、密码等信息的保密，能够适当运用技术手段(病毒扫描)筛选、抵御不良信息，不传播不健康信息。 4.能上传文件到云盘指定位置，能下载文件到本地文件夹，并进行分类整理。注意文件命名清晰、简洁，去冗余、有逻辑。注意界面简洁美、逻辑美。 5.科学用眼，合理分配时间，避免长时间上网。不沉迷于网络，培养自制力，有效管控自己的信息活动行为。课堂以学生自主学习为主，多给学生探索的时间，使课堂氛围宽松愉快。不浏览、不转发、不分享不健康的网络信息，能经受网络、虚拟时空等带来的负面影响，以积极乐观的心态参与信息技术活动。 6.通过规划云盘文件活动，培养学生积极主动参与的意识。能规划自己的行动步骤，并一步步实施，注重过程性与完整性。

表2-11　西大版小学《信息技术》五年级下册单元育人点导引

三单元：沟通无限——网上即时交流	学科认知	1.了解QQ等即时通信软件。掌握与好友聊天、传输文件的方法。 2.掌握QQ群的建立方法，学会QQ群管理。能够分享和下载群文件。 3.掌握微信的基本操作：添加好友、与好友聊天、查看和分享朋友圈、微信"扫一扫"等。
	德性育人	1.社会责任—参与意识：积极主动学习，负责任地参与社会信息活动。 2.个人修养—信息道德：在信息的采集、加工、存储、传播和利用等环节中，形成正确的信念、价值观和习惯。在信息技术活动中，具备责任意识和诚信品质。自觉遵守信息道德规范、伦理准则。 3.个人修养—信息安全：个人身份、账号、密码等信息的保密，他人、集体、国家等信息的保密和安全备份等。
	审美育人	1.欣赏评价—图文协调：从整体视觉到文字的字体、颜色、大小、结构布局等角度感受、评价作品的整洁、协调美。 2.创造设计—健康审美：培养学生高尚的道德情操和健康的审美情趣，形成健康高尚的审美。 3.创造设计—创意表达：能利用信息工具进行美的创造、情感表达和艺术创作。
	健康育人	1.身体健康—合理分配时间：合理安排时间，避免长时间使用电子设备。 2.心理健康—节制欲望：能抵制诱惑，不沉迷于游戏、网络等，培养自制力，有效管控自己的信息活动行为。 3.心理健康—乐观自信：充满自信，能经受网络、虚拟时空等带来的负面影响，以积极乐观的心态参与信息技术活动。 4.心理健康—自我认识：能正确认知自身情况，以良好的心态参与信息展示、交流，积极参与信息化社会活动。

续表

三单元：沟通无限——网上即时交流	劳动育人	1.劳动价值观—乐于探究：乐于参与实践活动，并积极探究。 2.操作实践—分步实施：开展实践活动，能规划自己的行动步骤，并一步步实施，注重过程性与完整性。
	教学设计提示	1.通过谈话或情境引入的方式，让学生理解当今社会是网络社会与现实社会交织的社会，需要掌握网络社会生存的基本技能，能负责任地参与社会信息活动。 2.在开始网络沟通之前，要引导学生学会保护隐私，自觉遵守网络道德，形成正确的信念、价值观和习惯。 3.引导学生完善个人信息，如头像、昵称等的设置，注意保护自己和他人的肖像权和隐私。自觉遵守信息道德规范、伦理准则。 4.在拓展活动过程中，如尝试设置输入文字的格式时，培养学生的审美意识，如：从文字的字体、颜色、大小、结构布局等角度感受整洁、协调美。 5.引导学生进行网络互动交流。在发布信息或图片的过程中，培养学生高尚的道德情操和健康的审美情趣，形成健康高尚的审美。 6.在课后总结时，引导学生合理安排时间，正确面对虚拟世界的诱惑，抵御虚拟时空可能带来的压力与挫折。 7.在掌握QQ/微信等沟通交流工具的功能和生活中的应用的同时，学会正确使用智能手机，不沉迷。 8.在网络互动沟通过程中，引导学生参与实践活动，并积极探究。 9.让学生在网络互动交流过程中，分享学习心得，体验学习乐趣。培养学生根据具体任务，制定合理的行动步骤，并按计划进行实践活动的能力。
四单元：我来秀一秀——QQ空间、微博的使用	学科认知	1.掌握QQ空间中日志和照片的管理方法。 2.学会点赞(欣赏)、评论好友分享的内容，装扮QQ空间。 3.了解微博在生活中的应用。学会申请微博账号。 4.学会微博的发布与管理。
	德性育人	1.社会责任—参与意识：积极主动学习，负责任地参与社会信息活动。 2.个人修养—信息道德：在信息的采集、加工、存储、传播和利用等环节中，形成正确的信念、价值观和习惯。在信息技术活动中，具备责任意识和诚信品质。自觉遵守信息道德规范、伦理准则。 3.个人修养—信息安全：养成对信息进行鉴别的习惯，能够适当运用技术手段筛选、抵御不良信息。 4.个人修养—行为自律：在信息技术活动中，增强自我防范意识，明辨是非。丰富学生的精神生活，培养学生的自制力。
	审美育人	1.欣赏评价—图文协调：从整体视觉到文字的字体、颜色、大小、结构布局等角度感受、评价作品的整洁、协调美。 2.创造设计—健康审美：培养学生高尚的道德情操和健康的审美情趣，形成健康高尚的审美。 3.创造设计—创意表达：能利用信息工具进行美的创造、情感表达和艺术创作。

续表

四单元：我来秀一秀——QQ空间、微博的使用	健康育人	1.身体健康—合理分配时间：合理安排时间，避免长时间使用电子设备。 2.心理健康—节制欲望：能抵制诱惑，不沉迷于游戏、网络等，培养自制力，有效管控自己的信息活动行为。 3.心理健康—乐观自信：充满自信，能经受网络、虚拟时空等带来的负面影响，以积极乐观的心态参与信息技术活动。 4.心理健康—自我认识：能正确认知自身情况，以良好的心态参与信息展示、交流，积极参与信息化社会活动。
	劳动育人	1.劳动价值观—乐于探究：乐于参与实践活动，并积极探究。 2.操作实践—分步实施：开展实践活动，能规划自己的行动步骤，并一步步实施，注重过程性与完整性。
	教学设计提示	1.在发表日志和分享照片时，提醒学生注意隐私保护，可设置访问权限(仅好友或家人可见)。尊重他人隐私，未经他人允许不将他人照片、日志公开。 2.引导学生浏览好友QQ空间，学会点赞和评价好友QQ空间。在赏析评价好友QQ空间过程中正确认识和评估自己及同学的QQ空间。 3.学生尝试装扮自己的QQ空间。 4.学生在分享优秀QQ空间或微博作品过程中，学会欣赏评价，如空间结构布局美、协调美、色彩美。培养学生高尚的道德情操和健康的审美情趣，形成健康高尚的审美。 5.评价与转发微博，传播正能量，分享优秀作品。能利用信息工具进行美的创造、情感表达和艺术创作。 6.合理安排时间，不长时间浏览电脑或智能手机等，不沉迷于电子产品。 7.能正确认知自身情况，以良好的心态参与信息展示、交流，积极参与信息化社会活动。 8.使用QQ空间需要学生有能够登录的QQ号，鉴于很多小学生无法在课堂上登录QQ，建议将学生分成小组一起体验。 9.学生成功登录QQ空间或微博，发布感受，分享学习心得，体验学习乐趣。

(四)西大版小学《信息技术》六年级单元育人点导引

表2-12　西大版小学《信息技术》六年级上册单元育人点导引

一单元：小小摄影师	学科认知	1.会用三分法、"S"形、对角线、三角形等四种构图法拍摄照片。 2.会用美图秀秀，实现对照片的智能优化，或通过编辑裁剪、加特效、文字和边框等方法美化图片。 3.能用数据线、网络等方式传输、储存和分享图片。 4.认识图片处理软件Photoshop，了解Photoshop的基本功能和作用。掌握图片裁剪，调整色阶、曲线改变图片明暗的方法，使用工具去除图片上的瑕疵。

续表

一单元：小小摄影师	德性育人	1.个人修养—信息安全：注意保护自己和他人的肖像权和隐私，尊重他人知识产权，未经允许不得使用有版权的图片。 2.个人修养—信息道德：不传播黄色、淫秽、暴力等不健康图片，自觉遵守信息道德规范、伦理准则。 3.个人修养—行为自律：不用图片处理软件恶搞图片，提高明辨是非的能力，丰富自己的精神生活，自觉规范自身行为。
	审美育人	1.欣赏评价—图文协调：从图片的构图艺术、色彩饱和度、光线明暗等角度感受、评价作品的色彩、构图美。 2.创造设计—健康审美：培养学生高尚的道德情操和健康的审美情趣，形成健康高尚的审美。 3.创造设计—创意表达：能利用信息工具进行美的创造、情感表达和艺术创作。
	健康育人	1.身体健康—正确姿势：使用手机或相机拍摄时，采用正确的操作姿势。 2.心理健康—自我认识：能正确认知自身情况，以良好的心态参与信息展示、交流，大胆地点评他人作品，积极参与课堂活动。
	劳动育人	1.劳动价值观—勤于动手：具有动手实践操作验证理论知识的想法和观念。 2.劳动价值观—乐于探究：乐于参与实践活动，并积极探究。 3.操作实践—分步实施：开展实践活动，能规划自己的行动步骤，并一步步实施，注重过程性与完整性。 4.应用创新—创意物化：通过动手操作实践，初步掌握数字作品设计与制作的基本技能；学会运用信息技术，设计并制作有一定创意的数字作品。
	教学设计提示	1.未经允许不得拍摄和发布涉及国家秘密的照片。 2.引用的图片资源，未经授权不得做商用，如要临时使用必须注明出处，遵守知识产权相关法律法规。有关人物肖像的图片，不得随意使用，更不能随意展示他人隐私照片，遵守相关法律法规。 3.在图片处理时，引用的图片要健康，不下载、使用、传播黄色、淫秽、暴力等不健康图片，教育学生要信守道德。 4.在处理图片时，提倡创意作品，但必须明辨是非，不恶搞图片，抵制低俗等非正能量创作，规范自身行为。 5.让学生欣赏的图片首先要精美，从构图、色彩、拍摄的意义等方面感受图片的美。 6.在拍摄教学中，首先指导学生进行画面构图，其次选择适合的角度，调整成像的色彩饱和度、光线明暗等，拍摄具有美感的照片。 7.使用图片处理软件时，展示图片前后对比图，明确构图方法、图片明暗、去除瑕疵等对美化图片的作用。帮助学生创作艺术性更丰富的图片。 8.拍摄的姿势要正确，要注意人身安全，不去危险的地方拍照；手执拍照设备要稳，避免掉落损坏设备。 9.拍摄或处理好的作品，要懂欣赏，不要妄自菲薄，乐于接受他人意见，与同伴之间的交流要客观公正。 10.在引入环节，要激发学生的兴趣，鼓励学生积极参与练习活动，并通过活动验证自己的想法。 11.在练习过程中，要根据教师和同伴的经验，归纳行动步骤，按一定的规律进行实操。 12.保存好自己每次的作品，前后对比作品，从中体会到成果的变化。

续表

二单元：校园小拍客	学科认知	1.学会用手机、平板电脑、数码相机等摄影设备进行摄影、摄像。 2.能利用格式工厂等视频转换软件对拍摄的视频进行格式转换。 3.能利用影音制作等视频处理软件对视频进行拆分、合并以及添加声音等简单的剪辑操作。 4.能将剪辑后的影片进行发布与分享。
	德性育人	1.社会责任—法律法规：拍摄中涉及他人的利益时，注意保护他人的肖像权和隐私，拍摄前应征得他人的同意。 2.个人修养—信息道德：在拍摄、加工、存储过程中，有正确的价值观。不恶意剪辑、不恶意传播。 3.个人修养—行为自律：拍摄、剪辑时，提高明辨是非的能力，丰富自己的精神生活，自觉规范自身行为。
	审美育人	1.创造设计—健康审美：拍摄视频时，可以参照以前的知识，合理构图、用光等，让拍摄的视频画面更美观，主题突出。通过用数码设备进行视频的实时记录，感受数码设备带来的快捷、高效之美。 2.创造设计—创意表达：在视频的剪辑过程中，使零散的视频素材通过有目的的剪辑，表达出主题鲜明的美感，鼓励创造性地使用镜头增强表达效果。
	健康育人	1.身体健康—正确姿势：在拍摄视频和剪辑视频过程中，注意正确的操作姿势。 2.心理健康—乐观自信：在视频的拍摄和剪辑中，以客观、乐观的心态去面对。作品内容、主题积极向上。
	劳动育人	1.劳动价值观—勤于动手：具有动手实践操作验证理论知识的想法和观念。 2.劳动价值观—乐于探究：乐于参与实践活动，并积极探究。 3.操作实践—分步实施：开展实践活动，能规划自己的行动步骤，并一步步实施，注重过程性与完整性。 4.应用创新—创意物化：通过动手操作实践，学会运用信息技术，设计并制作有一定创意的数字作品。
	教学设计提示	1.拍摄前，教师要充分强调拍摄的注意事项。特别是需要拍摄他人利益范围内的内容时，拍摄前要征得被拍摄者的同意，不乱拍。 2.镜头是眼睛的另一种表达方式，拍摄前要有一个良好的心态和价值观。多拍摄健康、积极向上的内容。 3.在利用数码设备进行拍摄时，感受到数码设备能够快速、准确地记录信息所带来的美感和快感。 4.拍摄时，教师可以选取一部分典型作品进行构图、用光、角度等知识讲解。让学生不断探寻作品呈现的美。 5.在教学视频的剪辑加工时，教师可先讲解剪辑的目的和意义，再讲解具体的方法。鼓励学生有目的、有意识地使用素材，从而达到有主题效果的剪辑。 6.拍摄视频时，要注意正确的姿势，同时注意拍摄过程中的安全。 7.在视频剪辑中，需要长时间用眼，要提醒学生注意用眼卫生。 8.拍摄视频有时候需要往复多次，有时候还需要多人协作或带一些其他设备。要提醒学生不怕麻烦，善于合作。在拍摄之前要做好统筹工作。 9.鼓励学生综合运用所学知识，包括但不限于拍摄知识，统筹规划，寻求他人帮助等，进行作品的创造。

续表

三单元：精彩的校园生活	学科认知	1.知道一个影视作品的结构。 2.能合理规划、制作一个影视作品。 3.能合理、客观地对其他同学制作的影视作品进行评价。 4.掌握将影视作品在网上分享的方法。
	德性育人	1.社会责任—规则意识：策划影视作品时，必须树立健康的主题思想，确保作品文明。负责任地应用信息技术手段(如视频剪辑)。 2.个人修养—信息道德：在视频的拍摄、剪辑、存储、分享等环节中，必须遵守正确的价值观和原则。自觉遵守信息道德规范。
	审美育人	1.欣赏评价—技术之美：在进行视频剪辑时，计算机能将各个分散的视频片段按照不同的意图组织成一个有主题的作品，让学生深刻感受到计算机解决生活实际问题的独特魅力。本单元用影音制作软件对视频进行剪辑，这种视频剪辑的方法、思路也适用于其他大部分视频剪辑软件。通过知识迁移，让学生感受到技术规则通用的美感。 2.创造设计—创意表达：能用影音制作软件进行美的创造、情感表达和艺术创作。
	健康育人	1.身体健康—正确姿势：在视频的剪辑过程中，姿势要正确。 2.身体健康—科学用眼：本单元有大量的内容需要用眼，特别是在电脑前长时间用眼时，一定要合理安排好时间，做好统筹安排。 3.心理健康—自我认识：在影片的设计、剪辑中，应以良好的心态参与视频的剪辑与交流等发布工作。
	劳动育人	1.劳动价值观—积极动手、乐于探究、持之以恒：在作品设计、剪辑、分享中，应积极动手实践，积极探究，遇到困难不轻言放弃，持之以恒。 2.操作实践—统筹规划：在制作视频作品前必须进行规划和设计。确定主题，收集必要的素材，思考如何设计，需要使用哪些音乐或文字，素材组织的顺序，诸如此类问题都需要提前做好思考与准备。
	教学设计提示	1.在设计影视作品时，应着重强调健康的主题思想，作品内容、字幕、语言、画面等要文明。 2.在欣赏同学的影视作品时，要客观、公正，根据评价表要点进行评价。 3.在剪辑影视作品时，让学生发现计算机能够快速、高效地完成预设任务，感受到技术带来的高效便捷之美。 4.在镜头的组接中，让学生在主题、目标的指引下，尽可能选择更具美感的镜头，从而感受到作品的艺术美感。 5.本单元需要学生在电脑前做大量的操作。因此，在教学过程中，教师要适时提醒学生注意正确的操作姿势，适度用眼，养成好的操作习惯。 6.在影片的设计、剪辑中，要强调树立良好的心态，以良好的心态参与影片的剪辑与交流等发布工作。 7.在设计一个影视作品时，要统筹规划。不怕困难，勇于实践，持之以恒。

表2-13　西大版小学《信息技术》六年级下册单元育人点导引

四单元：创意设计	学科认知	1.认识XMind思维导图软件,了解XMind的作用。 2.会用XMind思维导图软件设计创意设计方案。 3.了解绘制结构图的方法。能够用已有知识完成结构图的制作。 4.能够利用WPS等演示文稿制作软件,梳理、汇总、生成创意设计视频。
	德性育人	1.社会责任—法律法规:学习《中华人民共和国专利法》。知道专利的价值,创新发明前可以浏览该项目已有专利情况。创新发明不能与现有专利雷同或重合。 2.个人修养—行为自律:创意来源于观察、发现和思考,应具备独立思考能力,不能照抄照搬他人已有的方案。
	审美育人	1.欣赏评价—技术之美:在绘制结构示意图时,能用信息技术手段将思考的内容具体化、形象直观化,便于理解。感受信息技术解决实际问题之美。 2.创造设计—创意表达:创意经过严谨的思维设计、结构图绘制、预期效果模拟等环节后,最终形成预期效果展示视频,增强创意展示表达效果,感受完成设计作品后的明悟之美。
	健康育人	身体健康—正确姿势:操作计算机时,采用正确的操作姿势。
	劳动育人	1.劳动价值观—勤于动手:鼓励学生将自己头脑中的"金点子"用自己的知识和双手形象地展示出来。 2.应用创新—创意物化:通过动手操作实践,初步掌握用计算机进行设计与制作的基本技能,勇于将自己的创意物化出来。
	教学设计提示	1.本单元教学重点为创意设计,在讲解之前,教师可拓宽学生的视野,先让学生学习《中华人民共和国专利法》。知道专利的价值,知道一些好的创新发明可以形成有价值的专利产品。在进行创新发明前可以浏览该项目已有专利情况。创新发明不能与现有专利雷同或重合。 2.创意来源于观察、发现和思考,应具备独立思考能力,不能照抄照搬他人已有的方案。 3.在绘制结构示意图时,鼓励学生用已有的信息技术知识和信息技术手段将思考的内容具体、形象直观地展示出来。在绘制结构图的过程中,教师应对个别学生予以适当的技术指导,让学生感受信息技术解决实际问题之美。 4.一个创意经过严谨的思维设计、结构图绘制、预期效果模拟等环节后,最终形成一个预期效果展示视频。在制作创意视频时,教师要重点指导关于时间与内容的搭配,明确哪些部分需要更多展示时间,哪些部分可以适当减少,尽可能做到最优配比。在必要的地方还可以鼓励学生配上适当的音乐或语音注释来增强效果。制作完成后,形成一个完整的动态视频。在交流分享中感受完成设计作品后的明悟之美。 5.操作计算机时,教师应提醒学生采用正确的操作姿势。 6.创意只有形象、直观地展示或演示出来,才能让更多人理解、接受。在制作时,遇到不爱动手操作的同学,教师应鼓励其敢于动手实践,勤于操作,将自己的创意物化出来。
五单元：听话的小猫	学科认知	1.知道Scratch的作用。 2.掌握Scratch中添加、删除角色的方法。 3.能使用Scratch程序进行图形的绘制。 4.掌握Scratch中角色互动的方法,并能编写出一个简单的互动对话程序。 5.能使用"控制、事件"等指令,融合前期知识,制作一个互动撞球小游戏。

续表

五单元：听话的小猫	德性育人	个人修养—行为自律：计算机程序的编写是为了提高生产、生活效率，而非因私欲给生产、生活带来麻烦。程序编写的出发点应是解决现有问题或提升原有工作效率。在程序编写时应自觉规范自身行为。
	审美育人	1.欣赏评价—技术之美：掌握用Scratch程序编写解决一系列复杂问题的方法。 2.创造设计—健康审美：程序设计、制作过程中，注意画面布局，角色选取应尽可能与主题协调一致，美观大方。
	健康育人	1.身体健康—正确姿势：操作计算机时，采用正确的操作姿势。 2.心理健康—自我认识：编程需要大量的知识储备。在制订编程目标时，应从小目标着手，切忌规划过于宏大，以至于无法完成。
	劳动育人	劳动价值观—乐于探究：能在编程过程中，不断调试，不断修改，积极探究。
	教学设计提示	1.使学生明白计算机程序的编写是为了提高生产、生活效率，而非因私欲给生产、生活带来麻烦。程序编写的出发点应是解决现有问题或提升原有工作效率。在程序编写时应自觉规范自身行为。教师在进行程序教学前就可以对学生进行程序思想的总体教育。应明确的是所有程序都具有相同目标，任何程序都一样，Scratch只是程序编写软件中的一种。 2.在《有趣的动画舞台》一课中，通过延伸拓展，让学生在认识更多程序的过程中感受计算机程序能够将一系列复杂的事情快速处理的美感。同时分析那些在排行榜上排名靠前的程序，除了程序编写得很好以外，其界面、角色等也很美观。 3.当学生集中精力投入程序的认识、体验或编写中时，时间会过得非常快，教师在教学中要提醒学生注意正确操作姿势以及合理用眼等。 4.编程需要大量的知识储备。在制订编程目标时，教师要强调从小目标着手，切忌规划过于宏大，以至于无法完成。 5.在编程过程中，特别是遇到不能完成预设目标时，教师提醒学生可以通过反复调试和修改，找出问题所在，并进行完善。面对困难，不应轻易放弃。
六单元：网络信息安全与防护	学科认知	1.了解什么是计算机病毒及其危害，被计算机病毒感染后的常见症状。 2.初步掌握使用杀毒软件进行查杀病毒的方法。 3.初步学会运用计算机安全辅助软件。 4.能制作网络文明公约H5页面，通过与同学、朋友分享，共同树立信息安全、文明上网意识。
	德性育人	1.社会责任—法律法规：严格遵守国家相关法律法规，如《中华人民共和国计算机信息系统安全保护条例》《计算机信息网络国际联网安全保护管理办法》《计算机病毒防治管理办法》等。 2.社会责任—规则意识：网络虽是无形的组织，但每个参与者都是具体而真实的个体，应自觉遵守《全国青少年网络文明公约》等规定，维护健康的网络环境。 3.个人修养—信息安全：要树立信息安全与防范意识，养成对信息进行鉴别的习惯，能够适当运用技术手段筛选、抵御不良信息。在网络活动中应加强对信息的保护，防止信息被非法盗用。

续表

六单元：网络信息安全与防护	审美育人	1.欣赏评价—技术之美：制作图文并茂的H5网络文明公约宣传页面，宣传信息安全保护与防范知识，体会技术便利快捷之美。 2.创造设计—健康审美：制作H5宣传页面，作品设计与主题融合，体现一定的品质感和美感。
	健康育人	1.身体健康—正确姿势：操作计算机时，采用正确的操作姿势。 2.心理健康—节制欲望：提高自制力，在网络环境中抵制各种诱惑，有效管控自己的信息活动行为。
	劳动育人	1.应用创新—创意物化：通过动手操作实践，初步掌握使用安全软件、制作H5动态网页的方法，运用信息技术，制作出一定创意的H5作品，宣传网络信息安全。 2.劳动价值观—勤于动手：具有动手实践操作验证理论知识的想法和观念。通过实际操作安全类软件，掌握查杀病毒的方法。
	教学设计提示	1.在"让我们的信息更安全"教学中，教师应特别注意两个地方：一是强调树立网络安全意识，如不乱"蹭"WI-FI，输入密码时注意遮挡等。二是学会用安全类软件，掌握至少一种安全类软件的使用方法。 2.教师在进行"做文明上网的小公民"教学时，提醒学生要严格遵守国家相关法律法规，如《中华人民共和国计算机信息系统安全保护条例》《计算机信息网络国际联网安全保护管理办法》《计算机病毒防治管理办法》等。并将自己的想法和做法制作成H5页面，与同学分享、交流，增强网络信息安全意识。 3.在"做文明上网的小公民"教学中，制作H5页面时，提示学生灵活选用模板，使页面内容能充分反映宣传主题，应注意字体大小、颜色、图片、装饰物件的灵活运用，使作品呈现出一定的美感。将枯燥的信息安全保护与防范意识用多样的、生动的方式进行宣传，体会技术便利快捷之美。 4.通过动手操作实践，初步掌握使用安全软件、制作H5动态网页的方法。在教学中，要充分鼓励学生勤于动手，积极动脑，善于发现和分析。在实践操作中不断修正和完善自己的认识，增强自身信息安全防范意识。

二、小学信息技术学科活动育人点导引

根据小学信息技术学科单元育人点导引的梳理结果，设计单元教学计划，以单元目标为指引，将育人点因时制宜地分布到每个活动中，以此形成精准的课时活动育人点。

(一)西大版小学《信息技术》三年级活动育人点导引

表2-14　西大版小学《信息技术》三年级上册活动育人点导引

一单元：走进信息王国 活动1：探索我的一天	学科认知	1.知道信息技术与我们的生活息息相关。 2.能说出生活中常用的2—3件信息技术产品及用途。 3.能用收集到的信息技术产品,表演生活中应用信息技术设备的场景。 4.激发学生对信息技术的兴趣。
	德性育人	1.社会责任—参与意识：积极的学习态度,对信息技术有浓厚的兴趣。 2.个人修养—行为自律：在使用信息技术相关产品设备时,理性面对各类信息,树立明辨是非、增强自我防范以及为自身行为负责的公民意识。
	审美育人	—
	健康育人	1.身体健康—正确姿势：使用信息技术设备时,采用正确的操作姿势。 2.身体健康—科学用眼：注意用眼卫生,控制使用时间。 3.身体健康—合理分配时间：避免长时间使用电子设备。 4.心理健康—乐观自信：自信、自爱、坚忍、乐观。
	劳动育人	1.劳动价值观—乐于探究：乐于认识各类信息,乐于认识常见信息技术相关产品、设备。 2.劳动价值观—勤于动手：在认识信息技术设备时,勤于动手体验,加深认识。
	教学设计提示	1.在畅想未来信息技术会给我们的生活带来哪些改变的活动中,可以引导学生大胆畅想、发表看法,同时提醒学生要理性面对各类信息,树立明辨是非、增强自我防范以及对自身行为负责的公民意识。 2.在使用信息技术产品时应保持正确的姿势,定期休息以减轻疲劳。 3.在认识信息技术相关产品或设备过程中,教师可准备一些常见设备,鼓励学生积极参与。激发兴趣,加深对设备功能和操作方式的了解。
活动2：认识电脑家族	学科认知	1.理解并说出电脑基本硬件的名称。 2.认识计算机的输入、输出设备。 3.了解计算机的发展史。
	德性育人	1.社会责任—参与意识：积极的学习态度,对信息技术有浓厚的兴趣。 2.社会责任—规则意识：遵守《计算机教室使用规则》,爱护计算机等公共设备。
	审美育人	—
	健康育人	1.身体健康—正确姿势：使用信息技术设备时,采用正确的操作姿势。 2.身体健康—科学用眼：注意用眼卫生,控制使用时间。 3.身体健康—合理分配时间：避免长时间使用电子设备。 4.心理健康—乐观自信：自信、自爱、坚忍、乐观。
	劳动育人	1.劳动价值观—乐于探究：乐于认识电脑的基本硬件。 2.劳动价值观—勤于动手：在认识信息技术设备时,勤于动手体验,加深认识。
	教学设计提示	1.在认识电脑基本硬件名称过程中,体会随着时代的发展,硬件的外观、功能发生的巨大变化,增强对信息技术未来的憧憬与向往,增强学习兴趣。 2.在认识电脑基本硬件时,提醒学生要注意正确的姿势、用眼卫生和用电安全。 3.在认识电脑组成部分的活动中,可采取学生自主学习或分组体验等形式,培养学生乐于探究、积极参与的实践意识。

续表

活动3：漂亮的桌面	学科认知	1.个性化设置电脑桌面背景。 2.了解桌面图标,更改桌面图标的大小和排序。
	德性育人	1.社会责任—参与意识:积极的学习态度,对信息技术有浓厚的兴趣。 2.社会责任—规则意识:遵守《计算机教室使用规则》,爱护计算机等公共设备。
	审美育人	创造设计—健康审美:健康的审美意识,欣赏电脑桌面的简洁美,设计并分享美观的桌面。
	健康育人	1.身体健康—正确姿势:使用信息技术设备时,采用正确的操作姿势。 2.身体健康—科学用眼:注意用眼卫生,控制使用时间。 3.身体健康—合理分配时间:避免长时间使用电子设备。 4.心理健康—乐观自信:自信、自爱、坚忍、乐观。
	劳动育人	1.劳动价值观—乐于探究:以更换不同的背景为目的,乐于探究桌面背景的更换方法。 2.劳动价值观—勤于动手:在电脑桌面操作时,勤于动手体验,加深认识。
	教学设计提示	1.在更换桌面背景的活动中,搜集各种背景图片(美、丑、健康、不良等各取一二),引导学生判断分析,选取合适的图片作为背景,培养学生健康的审美意识、明辨是非的能力及合理分配时间的意识。 2.更换桌面背景后,下课时,引导学生将背景还原,培养学生爱护计算机等公共设备、对自己行为负责的公民意识。 3.在桌面背景更换时,尽量选择一些主题健康、内容简洁、适合电脑桌面用的图片作为背景。培养学生健康的审美意识。 4.在操作电脑时要注意正确的姿势和用眼卫生以及用电安全。 5.在电脑桌面更换和桌面图标使用的活动中,可采取学生自主学习和分组实践相结合的形式,培养学生乐于探究、积极参与的实践意识。
二单元：多彩的世界 活动1：美丽的大自然	学科认知	1.初步认识金山画王,并初步了解金山画王的作用。 2.学习并掌握"倒色"工具的使用方法。 3.培养学生在学习过程中发现问题的能力。
	德性育人	个人修养—信息安全:将作品保存在指定的地方。
	审美育人	创造设计—创意表达:创意表现的兴趣,合理使用色彩搭配,让作品更漂亮。
	健康育人	身体健康—科学用眼:注意用眼卫生,控制使用时间。
	劳动育人	劳动价值观—勤于动手、乐于探究、持之以恒。
	教学设计提示	1.学习微课《美丽的大自然》。 2.强调在使用"倒色"工具时注意"区域倒色"和"完全倒色"的区别。 3.学生在使用"倒色"工具时合理使用色彩,让作品的色彩搭配更合理。 4.保存作品到指定的地方。

续表

活动2：森林里的动物王国	学科认知	1.了解并掌握选择背景图片和角色的方法。 2.学会角色的调整方式(平移、翻转、缩放、旋转、羽化、确定、删除)。
	德性育人	个人修养—行为自律：提高明辨是非的能力。引导学生树立爱护环境、保护动物的意识。
	审美育人	创造设计—创意表达：有艺术表达的意识。
	健康育人	1.身体健康—科学用眼：注意用眼卫生，控制使用时间。 2.心理健康—自我认识：评价同学作品时要善于发现他人优点，进而培养学生正确的价值观。
	劳动育人	劳动价值观—勤于动手、乐于探究、持之以恒。
	教学设计提示	1.课前将微课《森林里的动物王国》发送到学生机的桌面上。 2.教师可根据学生学习情况进行操作演示。引导学生发现大自然的美，热爱大自然，热爱生活。 3.学生完成作品后相邻的同学相互观摩。 4.学生完成作品后教师要评价学生作品，评价过程中尽量使用激励性质的语言，学生互相评价时教师应引导学生进行正面评价。
活动3：我是小画家	学科认知	1.初步了解"画笔"工具的使用方法。学会利用"画笔"工具书写文字的方法。 2.了解"文本框"输入文字的方法。 3.了解"仙女袋"的功能和使用方法。
	德性育人	社会责任—参与意识：积极的学习态度，理性的价值判断能力。
	审美育人	创造设计—创意表达：有艺术表达的意识。
	健康育人	1.身体健康—科学用眼：注意用眼卫生，控制使用时间。 2.心理健康—自我认识：正确认识和评估自我。
	劳动育人	劳动价值观—勤于动手、乐于探究、持之以恒。
	教学设计提示	1.使用微课《我是小画家》激发学生学习兴趣。 2.通过布置任务，学习绘制"美丽的彩虹"，通过积极参与绘制，感受金山画王软件中线条和色彩组合带来的结构美和协调美。 3.在赏析评价学生作品过程中引导学生正确认识和评估自己及同学的作品。
活动4：小小设计师	学科认知	1.设计的步骤。 2.使用工具画图。过程中，强调画面协调。
	德性育人	社会责任—参与意识：积极的学习态度。
	审美育人	创造设计—创意表达：生活中创造美。
	健康育人	身体健康—科学用眼：注意用眼卫生，控制使用时间。
	劳动育人	劳动价值观—勤于动手、乐于探究、持之以恒。

续表

活动4：小小设计师	教学设计提示	1.使用微课《小小设计师》。 2.在画图之前要让学生根据步骤设计画图构思，选择合适的工具，使自己能有序地完成画作。 3.在绘制的过程中，结合自己对生活的理解，合理分配创作时间，综合运用所学知识创造美、欣赏美和分享美。 4.在赏析评价作品过程中引导学生正确认识和评估自己及同学的作品。
三单元：巧手绘未来 活动1：我的书包	学科认知	1.认识Windows画图。 2.打开画图软件，打开指定图片文件。 3.使用"颜色填充"设置前景色和背景色。 4.保存文件。
	德性育人	1.个人修养—信息道德：具有道德自律能力。 2.社会责任—参与意识：积极的学习态度。
	审美育人	1.欣赏评价—图文协调：图形的色彩美。 2.创造设计—创意表达：能利用信息工具进行美的创造、情感表达和艺术创作。
	健康育人	心理健康—自我认识：正确地认识和评价自我。
	劳动育人	劳动价值观—勤于动手、乐于探究、持之以恒。
	教学设计提示	1.指导学生安静观看微课《我的书包》，要求认真聆听操作要点。 2.课前准备各式各样的书包图片，供学生填色时使用。 3.在填色前介绍图片色彩搭配的简单规则，如何使图片看起来更漂亮的知识。在使用填充工具进行颜色填充时，知道单击左键填充和单击右键的区别。 4.在赏析评价作品过程中正确认识和评估自己及同学的作品。
活动2：漂亮的房子	学科认知	1.认识画图形状工具，使用形状工具绘图。 2.调整形状大小。 3.选择线条粗细。
	德性育人	1.个人修养—信息道德：具有道德自律能力。 2.社会责任—参与意识：积极的学习态度。
	审美育人	1.欣赏评价—图文协调：图形的构图美。 2.创造设计—创意表达：能利用信息工具进行美的创造、情感表达和艺术创作。
	健康育人	心理健康—自我认识：正确地认识和评价自我。
	劳动育人	劳动价值观—勤于动手、乐于探究、持之以恒。
	教学设计提示	1.指导学生安静观看微课《漂亮的房子》，要求认真聆听操作要点。 2.引导学生积极参与"漂亮的房子"的绘制活动，学会分析示例图是由哪些图形组成的，并用工具按照自己的构图绘制作品。 3.教师通过示范重点讲解控制柄在不同位置下的作用，指导学生观察鼠标指针状态。 4.在赏析评价作品过程中正确认识和评估自己及同学的作品。

续表

活动3：家乡的桥	学科认知	1.了解家乡的桥。 2.用铅笔、橡皮擦、刷子、放大镜等工具构思如何画出家乡的桥。 3.设置前景色和背景色。
	德性育人	社会责任—国家意识：尊重中华民族的文明成果和先进文化。
	审美育人	创造设计—健康审美、创意表达：健康的审美意识。在生活中创造美。
	健康育人	心理健康—自我认识：正确地认识和评价自我。
	劳动育人	劳动价值观—勤于动手、乐于探究、持之以恒。
	教学设计提示	1.使用PPT介绍重庆的桥，让学生感受重庆的桥的多样和在经济发展中的作用，了解到劳动人民的智慧和先进的造桥技术。 2.通过微课《家乡的桥》学习如何绘制简单的桥，结合生活中的桥创造性地使用画图工具画桥面和桥架。如画出桥面中心的虚线。 3.在绘制的过程中感受画图软件带来的线条美、色彩美、结构美和协调美。 4.在赏析评价作品过程中正确认识和评估自己及同学的作品。
活动4：铺地板砖	学科认知	1.复制、粘贴、裁剪、旋转工具的使用。 2.绘画思维培养。
	德性育人	—
	审美育人	创造设计—创意表达：在生活中创造美。
	健康育人	1.心理健康—自我认识：正确地认识和评价自我。 2.课堂生态—和谐的人际关系：培养学生的合作能力及和谐的人际关系，能进行真诚的师生交流。
	劳动育人	劳动价值观—勤于动手、乐于探究、持之以恒。
	教学设计提示	1.通过PPT课件了解图案的重复美、对称美，激发学生的学习兴趣。 2.通过对微课《铺地板砖》的学习，了解制作地板砖的方法，引导学生合作交流设计自己喜爱的地板砖。 3.学生在教师和同学的帮助下共同动手绘制地板砖。 4.学生小组内交流并从审美方面互评作品，提出意见和建议。 5.在赏析评价作品过程中正确认识和评估自己及同学的作品。感受作品的线条美、色彩美、结构美和协调美。
活动5：我的创作	学科认知	1.主题画创作思路。 2.画图工具的综合运用。
	德性育人	社会责任—参与意识：积极的学习态度。
	审美育人	创造设计—创意表达：在生活中创造美。
	健康育人	1.心理健康—自我认识：正确地认识和评价自我。 2.课堂生态—真诚的师生交流：师生相互尊重，真诚相待，交流顺畅。教师懂得欣赏学生，学生乐于与教师交流。
	劳动育人	劳动价值观—勤于动手、乐于探究、持之以恒。

续表

活动5：我的创作	教学设计提示	1.完成本课的学习任务，确定绘画主题，落实图画构思和文字内容及使用的工具。 2.观看微课《我的创作》，学习创作作品的方法，为实际绘制做准备。 3.选择生活中熟悉的题材，如以"我的家乡"或"我的校园"为主题进行创作，倡导爱家乡、爱校园，树立环保意识。 4.学生积极参与作品的绘制过程，引导学生发现美、分享美。 5.在赏析评价作品过程中正确认识和评估自己及同学的作品。培养学生创造美、欣赏美和分享美的能力。

表2-15 西大版小学《信息技术》三年级下册活动育人点导引

四单元：指法入门 活动1：电脑键盘的秘密	学科认知	1.了解键盘分区。 2.掌握 Caps Lock 键、Num Lock 键的作用及使用方法。
	德性育人	社会责任—规则意识：树立规则意识，遵守《计算机教室使用规则》，有社会公德。
	审美育人	—
	健康育人	身体健康—正确姿势：坐姿端正，采用正确的操作姿势。
	劳动育人	—
	教学设计提示	1.对键盘的分区进行自主探究，了解键盘分区，知道需爱护键盘，遵守《计算机教室使用规则》。 2.上半身应保持颈部直立，使头部获得支撑，两肩自然下垂，上臂贴近身体，手肘弯曲呈90度，操作键盘或鼠标，尽量使手腕保持水平姿势，手掌中线与前臂中线应保持一直线。下半身腰部挺直，膝盖自然弯曲呈90度，并维持双脚着地的坐姿。
活动2：两个小凸包	学科认知	1.知道哪两个键是定位键、哪八个键是基准键，并能利用定位键正确摆放手指于基准键位。 2.能用相应的手指正确击打基准键。
	德性育人	1.社会责任—参与意识：通过指法练习，熟悉基准键位。 2.社会责任—规则意识：养成良好的键盘操作习惯，爱惜键盘，树立爱惜公物的意识。
	审美育人	欣赏评价—程序简洁：牢记定位键和基准键，感受键盘的布局美。
	健康育人	1.身体健康—正确姿势：使用键盘时，采用正确的操作姿势。 2.身体健康—科学用眼：注意用眼卫生，控制使用时间。 3.心理健康—乐观自信：自信、自爱、坚忍、乐观。
	劳动育人	劳动价值观—勤于动手：通过金山打字通，勤于练习基准键位，做到眼、手、键三者一致。
	教学设计提示	1.认识定位键，如有同学未能识别定位键的奥秘，同学之间应相互帮助。 2.知道定位键与基准键之间的关系，学习基准键有利于学生加强指法训练。明确指法规则。 3.了解左右食指分别控制的区域和手指移动的方向，感受键盘的布局美。 4.通过游戏吸引学生的注意力，同时让学生明白本节课主要学习定位键、食指键和基准键。 5.强调坐姿及注意事项有利于培养学生良好的学习习惯。 6.将知识化为实践，并巩固。

续表

活动3：指法攻略	学科认知	指法分配。
	德性育人	社会责任—规则意识：树立规则意识，遵守《计算机教室使用规则》，有社会公德。
	审美育人	—
	健康育人	身体健康—正确姿势：坐姿端正，采用正确的操作姿势。
	劳动育人	劳动价值观—持之以恒：培养学生遇到挫折不轻易放弃的品质。
	教学设计提示	1.继续加强爱护公物、社会公德的教育（如使用计算机前洗手、不乱扔垃圾等）。 2.热爱学习，在学习中寻找乐趣，同伴间比一比谁的指法更正确等。 3.纠正学生的坐姿与操作姿势。 4.告知学生长时间使用计算机等电子设备对身体的不良影响，如损伤眼睛、造成肩颈疾病等。 5.长时间的键盘练习活动，往往会让学生失去耐心，可以设计如定时练习、速度练习、游戏激励等活动，保持学生持久的学习兴趣。
五单元：英文输入 活动1：单词输入	学科认知	1.认识英文打字界面。 2.提高学生对键盘的准确认识和使用。 3.提高学生的打字速度和准确性。
	德性育人	社会责任—规则意识：树立规则意识，遵守《计算机教室使用规则》，有社会公德。
	审美育人	—
	健康育人	身体健康—正确姿势：坐姿端正，采用正确的操作姿势。
	劳动育人	劳动价值观—持之以恒：培养学生遇到挫折不轻易放弃的品质。
	教学设计提示	1.继续加强爱护公物、社会公德的教育（如使用计算机前洗手、不乱扔垃圾等）。 2.热爱学习，在学习中寻找乐趣，同伴间比一比谁是打字能手等。 3.纠正学生的坐姿与操作姿势。 4.告知学生长时间使用计算机等电子设备对身体的不良影响，如损伤眼睛、造成肩颈疾病等。 5.长时间的键盘练习活动，往往会让学生失去耐心，可以设计如定时练习、速度练习、游戏激励等活动，保持学生持久的学习兴趣。
活动2：语句输入	学科认知	1.能正确地进行大小写输入。 2.提高学生的打字速度和准确性。
	德性育人	社会责任—规则意识：树立规则意识，遵守《计算机教室使用规则》，有社会公德。
	审美育人	—
	健康育人	身体健康—正确姿势：坐姿端正，采用正确的操作姿势。
	劳动育人	劳动价值观—持之以恒：培养学生遇到挫折不轻易放弃的品质。
	教学设计提示	1.继续加强爱护公物、社会公德的教育（如使用计算机前洗手、不乱扔垃圾等）。 2.热爱学习，在学习中寻找乐趣，同伴间比一比谁是打字能手等。 3.纠正学生的坐姿与操作姿势。 4.告知学生长时间使用计算机等电子设备对身体的不良影响，如损伤眼睛、造成肩颈疾病等。 5.长时间的键盘练习活动，往往会让学生失去耐心，可以设计如定时练习、速度练习、游戏激励等活动，保持学生持久的学习兴趣。

续表

活动3：文章输入	学科认知	1.英文和标点的录入。 2.上档键、大小写字母锁定键、大小字母的录入。
	德性育人	社会责任—规则意识：树立规则意识，遵守《计算机教室使用规则》，有社会公德。
	审美育人	—
	健康育人	1.身体健康—正确姿势：坐姿端正，采用正确的操作姿势。 2.身体健康—合理分配时间：合理安排时间，避免长时间使用电子设备。
	劳动育人	操作实践—分步实施：开展实践活动，能规划自己的行动步骤，并一步步实施，注重过程性与完整性。
	教学设计提示	1.通过教师的语言描述，与学生共同回顾旧知，并通过语言激励，激发学生的学习兴趣。引领学生积极参与学习，对本课充满兴趣。 2.继续加强爱护公物、社会公德的教育（如使用计算机前洗手、不乱扔垃圾等）。 3.热爱学习，在学习中寻找乐趣，同伴间比一比谁是打字能手等。 4.继续纠正学生的坐姿与操作姿势。 5.告知学生长时间使用计算机等电子设备对身体的不良影响，如损伤眼睛、造成肩颈疾病等。 6.长时间的键盘练习活动，往往会让学生失去耐心，可以设计如定时练习、速度练习、游戏激励等活动，保持学生持久的学习兴趣。
活动4：比比谁最棒	学科认知	1.英文和标点的录入。 2.上档键、大小写字母锁定键、大小字母录入。
	德性育人	社会责任—参与意识：积极主动学习，同伴互助，负责任地参与社会信息活动。
	审美育人	欣赏评价—图文协调：从整体视觉到文字的字体、颜色、大小、结构布局等角度感受、评价作品的整洁、协调美。
	健康育人	身体健康—合理分配时间：合理安排时间，避免长时间使用电子设备。
	劳动育人	操作实践—分步实施：开展实践活动，能规划自己的行动步骤，并一步步实施，注重过程性与完整性。
	教学设计提示	1.微课讲解，提高学生的学习兴趣，指导学生负责任地参加信息活动。 2.展示学生的作品，从整体视觉到文字的字体、颜色、大小、结构布局等角度感受、评价作品的整洁、协调美。 3.测速练习中，学生往往忘记了时间，处于高度兴奋和紧张状态，提醒学生每间隔一段时间应进行休息、远眺等。 4.使学生有竞争意识，激发学生学习兴趣。同时指导学生规划实践活动。
六单元：汉字输入 活动1：我和同学的姓名	学科认知	1.能说出两种以上拼音输入法的名称。 2.掌握打开、切换输入法的方法。 3.能根据所输入内容，正确设置输入法状态栏。 4.能从选字框中正确选取汉字。
	德性育人	社会责任—规则意识：树立规则意识，遵守《计算机教室使用规则》，有社会公德。

续表

活动	育人维度	内容
活动1：我和同学的姓名	审美育人	—
	健康育人	身体健康—正确姿势：坐姿端正，采用正确的操作姿势。
	劳动育人	劳动价值观—持之以恒：培养学生遇到挫折不轻易放弃的品质。
	教学设计提示	1. 耐心倾听的习惯。 2. 热爱学习，在学习中寻找乐趣。 3. 同学互助。 4. 纠正学生的坐姿与操作姿势。 5. 告知学生长时间使用计算机等电子设备对身体的不良影响，如损伤眼睛、造成肩颈疾病等。
活动2：我的好词佳句	学科认知	1. 能说出三种常用拼词法的名称。 2. 能根据所输入的词语，选择合适的拼词法。
	德性育人	社会责任—规则意识：树立规则意识，遵守《计算机教室使用规则》，有社会公德。
	审美育人	—
	健康育人	1. 身体健康—正确坐姿：坐姿端正，采用正确的操作姿势。 2. 身体健康—合理分配时间：合理安排时间，避免长时间使用电脑。
	劳动育人	—
	教学设计提示	1. 用轻松的比赛来巩固、检验学习效果，让学生以积极的心态展示、提高自我。维持学生学习兴趣。 2. 纠正学生的坐姿与操作姿势。 3. 告知学生长时间使用计算机等电子设备对身体的不良影响，如损伤眼睛、造成肩颈疾病等。
活动3：我的日记	学科认知	1. 会切换输入状态。 2. 掌握输入法全角、半角，中文、英文状态切换方法。 3. 用拼音输入法录入汉字、符号。
	德性育人	国家意识—家国情怀：在信息技术活动中，渗透传统文化教育，使学生了解中华民族的文明成果和优秀文化。
	审美育人	—
	健康育人	心理健康—节制欲望：能抵制诱惑，不沉迷于游戏、网络等，培养自制力，有效管控自己的信息活动行为。
	劳动育人	操作实践—总结归纳：每次学生动手实践完毕，引导学生学会归纳总结，以便为下次的实践活动积累经验。
	教学设计提示	1. 选择包含中国传统文化、民族文化的内容写日记。 2. 学生完成日记后，通过文字输入游戏的形式进行练习，培养学生对游戏的控制力。 3. 观察对比状态条中的各项内容，培养学生观察分析和思考的意识。

续表

七单元：及时交流 活动1：申请账号	学科认知	1.知道QQ是网络社交工具,一款及时通信软件。 2.掌握QQ账号的申请、登录方法。
	德性育人	个人修养—信息安全:包括个人身份、账号、密码等信息的保密等。
	审美育人	—
	健康育人	心理健康—节制欲望:能抵制诱惑,不沉迷于游戏、网络等,培养自制力,有效管控自己的信息活动行为。
	劳动育人	劳动价值观—勤于动手:具有动手实践操作验证理论知识的想法和观念。
	教学设计提示	1.加强个人修养的教育,主要通过信息被泄露的新闻,警示学生保护自身和他人的信息安全。 2.在老师指导下完成既定任务,控制自己的信息活动,避免沉迷于聊天、游戏。 3.开导学生,培养学生能吃苦,不畏难,善于探究的精神。
活动2：穿越时空的祝福	学科认知	1.学会QQ添加好友。 2.能用QQ与好友聊天,学会文字、符号、图片、语音、视频交流。 3.学会使用QQ进行文件互传,会使用微云、邮箱。
	德性育人	个人修养—信息道德:在信息技术活动中,具备责任意识和诚信品质。自觉遵守信息道德规范、伦理准则。
	审美育人	—
	健康育人	心理健康—乐观自信:充满自信,能经受网络、虚拟时空等带来的负面影响,以积极乐观的心态参与信息技术活动。
	劳动育人	劳动价值观—乐于探究:乐于参与实践活动,并积极探究。
	教学设计提示	1.强调在聊天中,文明使用文字、符号、图片、语音、视频交流。 2.不信谣、不传谣,遵守网络信息传播道德规范。 3.正确辨识网络信息,屏蔽不健康、不文明、负面的信息。养成乐观自信的心态。 4.对未知的事物有好奇心,乐于参与探索实践。
活动3：我们来交流	学科认知	1.学会加入QQ群。包括查找QQ群,输入验证码。 2.学会修改群昵称。 3.学会群内发言。
	德性育人	社会责任—规则意识:注意交流的文明,树立规则意识,遵守《计算机教室使用规则》,有社会公德。
	审美育人	—
	健康育人	心理健康—乐观自信:充满自信,能经受起网络、虚拟时空等带来的负面影响,以积极乐观的心态参与信息技术活动。
	劳动育人	—
	教学设计提示	1.强调交流时要遵守《中小学生日常行为规范》,说话要文明有礼貌。 2.热爱集体,在群里说话和在教室说话一样,都要遵守《中小学生日常行为规范》。 3.展示一些图片和新闻,帮助学生辨别虚拟时空的一些负面、不健康的内容,培养学生正确的人生观。

(二)西大版小学《信息技术》四年级活动育人点导引

表2-16　西大版小学《信息技术》四年级上册活动育人点导引

一单元： 我的电脑 我做主 活动1： 认识资源 管理器	学科认知	1.认识资源管理器的作用。 2.理解路径的概念，能找到指定路径的资源。
	德性育人	社会责任—规则意识：未经许可不得删除或更改系统、他人信息。
	审美育人	欣赏评价—程序简洁：了解文件夹整理技巧，分类整理、清晰、明了。
	健康育人	—
	劳动育人	操作实践—统筹规划、分步实施：具有全局观，开展实践活动，能规划自己的行动步骤，并一步步实施，注重过程性与完整性。
	教学设计 提示	1.使用微课《认识资源管理器》。 2.出示篡改后的文件，删除带来危害的视频、图文等，帮助学生树立遵守社会公德、保护虚拟资源的意识。 3.出示未经整理的桌面图片，让学生发现是杂乱无章的，讲解文件及文件夹整理的必要性，从而培养学生的审美意识。
活动2： 在电脑上 安个家	学科认知	1.规划、创建文件夹。 2.对文件或文件夹进行重命名。
	德性育人	个人修养—信息道德：具有道德自律能力，合理规划文件夹。
	审美育人	—
	健康育人	—
	劳动育人	劳动价值观—勤于动手：在信息技术学习活动中，培养具有动手实践操作验证理论知识的想法和观念。
	教学设计 提示	1.使用微课《在电脑上安个家》。 2.教师通过两张整理和未整理的文件夹截图进行对比，帮助学生认识简洁美。
活动3： 整理文件 和文件夹	学科认知	1.合理分类、整理资源。 2.学会用剪切、复制、粘贴的方法移动或复制文件或文件夹。
	德性育人	社会责任—参与意识：积极的学习态度。学习他人好的经验与成果。
	审美育人	欣赏评价—程序简洁：经过整理，对比前后清晰可见，使得查看更方便、明了。
	健康育人	1.身体健康—正确姿势、科学用眼、合理分配时间。 2.课堂生态—真诚的师生交流、和谐的人际关系。
	劳动育人	1.劳动价值观—勤于动手：树立经过积极探索、亲身体验，从而获得知识经验的意识。 2.应用创新—创新意识：通过亲身参与实践活动的准备、实践和总结环节，培养学生的创新意识。
	教学设计 提示	1.使用微课《整理文件和文件夹》。 2.学生通过分类整理文件或文件夹的实际操作，形成规则意识，并运用于生活中。 3.在课堂教学中遇到学生操作姿势不规范时应及时提醒，使学生养成良好的习惯。

续表

二单元: 美好的 童年时光 活动1: 寻找身边的 数码设备	学科认知	1.数码设备的操作与连接。 2.互相协作,完成对身边数码设备的数据收集与统计,并互相交流。
	德性育人	—
	审美育人	—
	健康育人	身体健康—正确姿势:使用信息设备时,采用正确的操作姿势。
	劳动育人	劳动价值观—乐于探究:在用数码相机拍摄过程中,乐于探究,勇于体验。
	教学设计 提示	1.在本单元教学时,尽可能多地走出课堂,多实践操作,营造宽松的学习氛围。让学生在具体的拍摄、录制中学习知识。 2.本单元教学,需要用到很多数码设备,面对不同的设备,要鼓励学生乐于探究,勇于体验。
活动2: 生活的 瞬间	学科认知	1.学会用手机拍照。 2.学会使用360手机助手传送手机图片到电脑的方法。
	德性育人	社会责任—规则意识:在拍摄、分享中树立隐私保护意识。 个人修养—信息道德:在拍摄照片或视频时,不乱拍,多展示生活中的真、善、美。
	审美育人	1.欣赏评价—图文协调:在拍摄时,能从构图艺术、色彩饱和度、光线明暗等角度感受、评价作品的美。 2.创造设计—创意表达:能用数码设备的镜头展示自己"眼"中的美。
	健康育人	心理健康—节制欲望:合理使用数码产品,不沉迷于数码设备。积极参与信息活动。
	劳动育人	劳动价值观—勤于动手:敢于用数码设备发现并记录身边的美。
	教学设计 提示	1.在拍摄、录制、分享等活动中,要引导学生事前做好充分的计划,活动中按计划有目的、有步骤地进行实践活动。 2.在《生活的瞬间》《温馨时刻》这两课中,教师可以结合具体的实例给学生讲解构图、色彩、光线应用等基本知识。从技术层面引导学生去展现和表达镜头中的"美"。
活动3: 温馨时刻	学科认知	1.学会用手机录制视频。 2.掌握手机影片传送到电脑的方法。
	德性育人	社会责任—参与意识:积极的学习态度,能正确地利用线上学习资源进行学习。
	审美育人	欣赏评价—图文协调:尊重被拍者的个性化展示,合理构图。
	健康育人	—
	劳动育人	操作实践—统筹规划:利用数码设备进行记录前,有合理的计划,并按计划有目的、有步骤地进行实践活动。
	教学设计 提示	1.在《生活的瞬间》《温馨时刻》《甜美的歌声》这几课中,要引导学生树立隐私保护意识和信息道德意识。拍摄或录制前要制订好计划,拍(录)什么?怎么拍(录)?鼓励学生多观察,多发现身边的"美"事。教学时,可以分成学习小组,共同制订计划,协同完成。 2.通过改变拍摄角度、位置、增添环境物件等方式,鼓励学生对拍摄事物进行合理的"加工"。通过这些艺术的创造,充分展示生活中的"美"。

续表

三单元：我是小小编辑员 活动1：自我介绍	学科认知	1.了解常用的文本编辑器。 2.能在word中录入自我介绍的内容。 3.学会保存文档。
	德性育人	1.个人修养—信息道德：不传播负面信息。 2.社会责任—参与意识：积极的学习态度。
	审美育人	欣赏评价—图文协调：文本具有整洁、协调美。
	健康育人	1.身体健康—正确姿势：正确的操作姿势。 2.心理健康—自我认识：能正确认知自身情况，以良好的心态参与信息展示、交流，积极参与信息化社会活动。 3.课堂生态—和谐的人际关系：能与他人分享交流。
	劳动育人	—
活动1：自我介绍	教学设计提示	1.使用微课《自我介绍》。 2.提醒学生要输入积极正面的自我介绍内容。 3.鼓励学生积极参与课堂学习，大胆介绍自己。 4.提醒学生注意文本内容的协调。 5.教育学生注意使用正确的坐姿、指法。
活动2：美化文章	学科认知	1.认识和设置文本格式。 2.插入艺术字和图片，设置文本格式。
	德性育人	社会责任—参与意识：积极的学习态度，学习他人优秀的经验与成果。
	审美育人	欣赏评价—图文协调：文本、表格的整洁、协调美。图像的色彩、构图美。通过美化文章，不仅让学生学会对文章中文字的字体、颜色、大小、图片等局部的美化，还要建立起对文章整体结构布局意识。
	健康育人	—
	劳动育人	—
	教学设计提示	1.使用微课《美化文章》。 2.准备编排优美的报纸杂志让学生欣赏，强调文章美化的必要性。教师引导学生合理美化文章。
活动3：设计课程表	学科认知	1.认识文本编辑器和课程表。 2.用文本编辑器设计并美化课程表。
	德性育人	社会责任—参与意识：积极的学习态度，学习他人好的经验与成果。
	审美育人	1.创造设计—健康审美：健康的审美意识。 2.欣赏评价—图文协调：文本、表格的整洁、协调美。
	健康育人	1.身体健康—正确姿势、科学用眼、合理分配时间。 2.心理健康—乐观自信、自我认识。
	劳动育人	—
	教学设计提示	1.使用微课《设计课程表》。 2.通过美化课表树立健康的审美意识和欣赏评价意识。 3.在交流环节真诚与人交流，形成和谐的人际关系。 4.在课堂教学中遇到学生操作姿势不规范时及时提醒，形成良好的习惯。

续表

活动4：设计新年贺卡	学科认知	1.认识和设计新年贺卡。 2.学生互助协作，在文本编辑器中插入图片、自定义图形、文本框等。 3.通过对前三者进行"格式设置"，设计和美化贺卡。
	德性育人	社会责任—参与意识：积极乐观的心态，善待身边美好的人与事；拥有感恩的心。
	审美育人	1.欣赏评价—图文协调：文本、表格的整洁、协调美。 2.创造设计—健康审美、创意表达：健康的审美意识，创意表现的兴趣。
	健康育人	心理健康—自我认识：正确认识和评估自己的作品，资源共建共享。
	劳动育人	1.操作实践—统筹规划：能根据活动任务，制定合理的行动步骤，并按计划进行实践活动。 2.劳动价值观—乐于探究：乐于参与实践活动，并积极探究。
	教学设计提示	导入时选用设计美观的贺卡作品；学生通过观赏、讨论发现美观的贺卡应从哪些方面去做；学生评价作品时，鼓励其畅所欲言，发表自己的见解，教师应及时正向引导。
活动5：撰写网络日记	学科认知	1.认识和创建QQ日志。 2.创建日志并上传图片以完善QQ日志，使之图文并茂。
	德性育人	1.个人修养—信息安全：自己的身份、别人的隐私等不能随意公开。 2.个人修养—信息道德：不信谣、不传谣，不传播黄色、淫秘、负面信息。
	审美育人	1.欣赏评价—图文协调：文本、表格的整洁、协调美。图像的色彩、构图美。 2.创造设计—创意表达：有艺术表达的意识，创意表现的兴趣。
	健康育人	1.身体健康—正确姿势、科学用眼、合理分配时间。 2.心理健康—自我认识：资源共建、共享，能以良好的心态参与信息展示、交流，积极参与信息化社会活动。
	劳动育人	—
	教学设计提示	1.设置阅读权限时，先让学生明白四个权限的含义，再设置。 2.在活动展示环节中，首先让学生学习《全国青少年网络文明公约》，注意留言文明，充满正能量。 3.学生操作不规范时，提醒学生，培养良好的习惯。

表2-17 西大版小学《信息技术》四年级下册活动育人点导引

四单元：我是小管家 活动1：管家小帮手	学科认知	1.认识数据处理软件，了解Excel的主要作用。 2.熟悉Excel窗口，掌握Excel中单元格的命名方法。 3.能够打开、退出Excel，录入指定表格的内容。
	德性育人	国家意识—国家认同：通过认识和了解国内外数据处理软件，教育引导学生优先选取国产软件，强化学生的民族认同感。

续表

四单元：我是小管家 活动1：管家小帮手	审美育人	创造设计—健康审美：感受Excel等软件整理数据的清晰、整洁美。
	健康育人	—
	劳动育人	劳动价值观—勤于动手：具有动手实践操作验证理论知识的想法和观念。
	教学设计提示	1.通过认识和了解国内外数据处理软件，教育引导学生优先选取国产软件，强化学生的民族认同感。 2.在欣赏作品的时候，引导学生感受Excel等软件整理数据的清晰、整洁美。
活动2：美化表格	学科认知	会插入行和列、合并单元格、添加框线、数据居中、字体等格式设置。
	德性育人	—
	审美育人	欣赏评价—图文协调：文本、表格的整洁、协调美。从整体视觉到文字的字体、颜色、大小、结构布局等角度感受、评价作品设计的美感。
	健康育人	—
	劳动育人	劳动价值观—勤于动手、乐于探究、持之以恒。
	教学设计提示	通过展示表格设计模板，让学生感知表格的布局、框线、颜色，数据的字体、颜色等的设计感。从审美的角度对电子表格的学习产生认识。在选择模板过程中，进行个别探究，培养学生的实践创新意识。
活动3：帮妈妈管家	学科认知	1.知道信息技术与我们的生活息息相关。 2.使用Excel中"Σ自动求和"功能解决实际问题。 3.激发学生对信息技术的兴趣。
	德性育人	社会责任—参与意识：积极的学习态度，用所学知识解决现实生活中的问题。
	审美育人	欣赏评价—程序简洁：感受Excel自动求和等公式运算的简洁美。
	健康育人	身体健康—科学用眼：注意用眼卫生，控制使用时间，能够用远眺、做眼保健操等方式保护眼睛。
	劳动育人	操作实践—总结归纳：通过学习Excel中"Σ自动求和"功能的用法，总结归纳公式的使用方法，为下次的实践活动积累经验。
	教学设计提示	通过将学生用于求和计算的表格替换为《某校学生各年级近视学生统计表》《家庭费用支出表》等让学生在进行数据计算、统计的同时了解近视易发生的年龄段，感知家人对自己学习、生活经费的开支比例。
活动4：统计图	学科认知	1.能对统计表进行数据分析。 2.用统计表生成统计图。根据自己的喜好选用适当的统计图（条形图、折线图、饼图）。 3.激发学生对信息技术的兴趣。能把数字信息用专用语言表达出来。
	德性育人	社会责任—参与意识：积极的学习态度，理性的价值判断能力，形成正确的信息社会的世界观、人生观、价值观。

续表

活动4：统计图	审美育人	欣赏评价—图文协调：文本、表格的整洁、协调美；从整体视觉到文字的字体、颜色、大小、结构布局等角度感受、评价作品设计的美感。图像的色彩、构图美，从图片的构图艺术、色彩饱和度、光线明暗等角度感受、评价作品的美感。
	健康育人	身体健康—正确姿势、科学用眼。
	劳动育人	劳动价值观—勤于动手、乐于探究、持之以恒。
	教学设计提示	1.对统计表进行数据分析，用语言表达出统计表的信息，对学生进行德育教育。 2.对统计表进行美化，给人以美的享受。
五单元：我是学校一员 活动1：规划演示文稿	学科认知	1.了解演示文稿的用途，了解规划演示文稿的四个基本步骤，应用"主题+提纲"的方式尝试规划设计自己想展示的图片、文字、音视频等，正确表达自己的意愿。 2.能依照教材提供的规划表格进行有序填写，掌握围绕主题进行提纲的拟写和修改任务。
	德性育人	1.国家意识—国家认同：通过认识和了解国内外演示文稿制作软件，了解民族软件产业的努力和崛起，强化学生的民族认同感。 2.社会责任—参与意识：积极主动、负责任地规划、管理文件夹。
	审美育人	创造设计—健康审美：通过分类整理素材，感受资源管理器分类管理文件的清晰、整洁美。
	健康育人	心理健康—自我认识：能正确认知自身情况，以良好的心态参与信息展示、交流，积极参与信息化社会活动。
	劳动育人	操作实践—统筹规划：通过了解制作PPT作品的完整步骤，培养学生能根据实践任务，制定合理的行动步骤，并按计划进行实践活动的能力。
	教学设计提示	1.练习时，鼓励学生大胆动手，培养其验证理论知识的意识。 2.通过了解制作PPT作品的完整步骤，培养学生能根据实践任务，制定合理的行动步骤，并按计划进行实践活动的能力。
活动2：分类整理素材	学科认知	1.了解素材的类型并能说出资料有序分类的方法。 2.能按照需要创建分类文件夹，并按需要移动、复制素材文件。 3.能根据需要将素材按文件类型和资料内容进行分类整理。
	德性育人	社会责任—参与意识：有积极主动的学习态度，积极参与社会实践活动，能正确使用信息工具进行分类。
	审美育人	欣赏评价—健康审美：能欣赏各类素材有序分类后的整洁与美观。
	健康育人	1.身体健康—科学用眼：注意用眼卫生，控制使用时间。 2.心理健康—自我认识：能以良好的心态参与信息展示、交流，积极参与信息化社会活动。
	劳动育人	1.劳动价值观—乐于探究：树立在获得素材后进行分类获得知识经验的意识。 2.应用创新—创新意识：通过亲身参与实践活动的准备、实践和总结等环节，培养学生的创新意识。
	教学设计提示	1.观察分类前后的不同，培养学生健康的审美意识。 2.展示学生分类整理后的美观、整洁的素材。 3.学生自主思考素材的分类标准，说说用怎样的标准进行分类更合适。 4.思考、发言，说出分类的方法，归纳优缺点。

续表

活动3：制作演示文稿	学科认知	1.新建幻灯片,插入文本框、图片、声音、视频等。 2.文本框、图片、声音、视频等对象的设置。
	德性育人	1.个人修养—行为自律：提高明辨是非的能力。 2.社会责任—参与意识：积极的学习态度,理性的价值判断能力。
	审美育人	创造设计—创意表达：艺术表达的意识,通过插入各种对象创作作品。创意表现的兴趣,合理搭配调整插入对象,让作品更美观。
	健康育人	1.身体健康—科学用眼：注意用眼卫生,控制使用时间。 2.心理健康—节制欲望：能抵制诱惑,不沉迷于游戏、网络等,培养自制力,有效管控自己的信息活动行为。 3.课堂生态—和谐的人际关系：宽松的课堂环境,真诚的师生交流,和谐的人际关系。
	劳动育人	1.劳动价值观—勤于动手、乐于探究。 2.操作实践—分步实施：开展实践活动,能规划自己的行动步骤,并一步步实施,注重过程性与完整性。
	教学设计提示	学习微课《制作演示文稿》,课堂以学生自主学习为主,多给学生探索的时间,使课堂氛围宽松愉快。
活动4：让画面更美观	学科认知	1.美化幻灯片。 2.插入自选图片。 3.调整幻灯片的顺序;学会文本、图片等对齐方式。
	德性育人	—
	审美育人	欣赏评价：培养学生审美意识。
	健康育人	—
	劳动育人	—
	教学设计提示	1.通过小组合作,寻找PowerPoint中插入图片和文字的方法。 2.以自主探究为主线,通过学生的亲手操作、亲身体验,在不断尝试操作中掌握新知识,立足于"做中学"。 3.精心创设情境,设置贴近学生生活的学习任务,提高学生创作的积极性。
六单元：信息的传递 活动1：申请电子邮箱	学科认知	1.了解关于电子邮箱的基本知识,如电子邮件、电子邮箱地址等。 2.学会在相关网站注册电子邮箱。 3.通过申请电子邮箱的实践活动,培养学生自主探究和协作学习的意识。 4.借助信息技术工具进行协作,完成学习任务或解决学习和生活中遇到的问题。重点掌握申请电子邮箱的方法。
	德性育人	1.社会责任—规则意识：未经许可不得删除或更改系统、他人信息。 2.个人修养—信息安全：包括个人身份、账号、密码等信息的保密,他人、集体、国家等信息的保密和安全备份等。了解病毒的危害及传播途径,树立防治病毒的意识。
	审美育人	—

续表

六单元：信息的传递 活动1：申请电子邮箱	健康育人	1.身体健康—合理分配时间：合理安排时间，避免长时间进行信息技术活动。 2.心理健康—自我认识：能正确认知自身情况，以良好的心态参与信息展示、交流，积极参与信息化社会活动。
	劳动育人	1.劳动价值观—勤于动手：在信息技术学习活动中，具有动手实践操作验证理论知识的想法和观念。 2.劳动价值观—持之以恒：教师通过设计，让学生在实践过程中遭遇困难，以培养他们面对挫折不轻易放弃的品质。
	教学设计提示	1.使用微课《申请电子邮箱》。 2.学生通过教材文本、微课、网络等，自学并尝试申请电子邮箱；当遇到困难时，尽量借助这些媒介自行解决。 3.询问学生都遇到哪些困难，随即进入互帮互助环节，引导学生在讨论的过程中，注意充分利用教材和合作来解决问题。
活动2：给老师提建议	学科认知	1.能够登录自己申请好的邮箱。 2.能在邮箱中写信，并注意书信格式。 3.学会发送邮件。
	德性育人	1.个人修养—信息道德：不传播负面信息。 2.个人修养—信息安全：隐私保护，抵御不良信息、病毒防范。 3.社会责任—法律法规、规则意识：树立规则意识，遵守法律法规、社会公德等。
	审美育人	欣赏评价—图文协调：文本具有整洁、协调美。
	健康育人	1.身体健康—正确姿势：正确的坐姿，正确的指法。 2.课堂生态—真诚的师生交流：师生相互尊重，真诚相待，交流顺畅。教师懂得欣赏学生，学生乐于与教师交流。
	劳动育人	劳动价值观—勤于动手：实践精神，参与意识。
	教学设计提示	1.使用微课《给老师提建议》。 2.提醒学生注意书信的格式。 3.鼓励学生积极参与课堂学习，大胆表达自己，给老师提出建议。 4.提醒学生注意内容表达的清晰。 5.选择要发送的收件人，正确发送邮件(添加附件)。
活动3：管理电子邮箱	学科认知	1.知道电子邮箱与邮箱通讯录的作用。 2.用电子邮箱发送信息和文件。 3.用邮箱通讯录管理联系人。
	德性育人	个人修养—信息安全：包括个人身份、账号、密码等信息的保密，他人、集体、国家等信息的保密和安全备份等。
	审美育人	欣赏评价—图文协调：文本、表格的整洁、协调美。从整体视觉到文字的字体、颜色、大小、结构布局等角度感受、评价作品设计的美感。
	健康育人	心理健康—自我认识：资源共建、共享，能以良好的心态参与信息展示、交流，积极参与信息化社会活动。
	劳动育人	应用创新—创新意识：通过亲身参与实践活动的准备、实践和总结环节，培养学生的创新意识。
	教学设计提示	在收发邮件的过程中要有信息安全意识，注意保护个人隐私。在信息的采集、加工、存储、传播和利用等信息活动各个环节中，形成正确的信念、价值观和习惯，自觉地规范自身的信息行为。

(三)西大版小学《信息技术》五年级活动育人点导引

表2-18 西大版小学《信息技术》五年级上册活动育人点导引

一单元:网上"寻"宝——走进网络世界 活动1:开启网上冲浪之旅——初识浏览器	学科认知	1.了解互联网在生活中的应用。 2.初识浏览器,掌握利用浏览器浏览网页的方法。
	德性育人	1.国家意识—国家认同:正确对待文化多样性。形成正确的信息社会的世界观、人生观、价值观。 2.社会责任—法律法规:严格遵守国家相关法律法规,如《计算机信息网络国际联网安全保护管理办法》等。 3.个人修养—行为自律:在信息技术活动中,增强自我防范意识,明辨是非。丰富学生的精神生活,培养学生的自制力。
	审美育人	欣赏评价—程序简洁:注重程序设计的去冗余、高效、数字逻辑性,感受程序设计语言的简洁美、逻辑美。
	健康育人	1.身体健康—科学用眼:注意用眼卫生,控制使用时间,能够用远眺、做眼保健操等方式保护眼睛。 2.身体健康—合理分配时间:合理安排时间,避免长时间使用电子设备。 3.心理健康—节制欲望:能抵制诱惑,不沉迷于游戏、网络等,培养自制力,有效管控自己的信息活动行为。
	劳动育人	1.劳动价值观—勤于动手:具有动手实践操作验证理论知识的想法和观念。 2.劳动价值观—乐于探究:乐于参与实践活动,并积极探究。
	教学设计提示	1.围绕《全国青少年网络文明公约》,通过问卷、问答、知识竞赛等形式加深理解,做文明网络人。抵御不良诱惑,不信谣、不传谣。知道如何从各大门户网站如央视网、人民网、网易、新浪网、搜狐网等获取信息。 2.科学用眼,合理分配时间,避免长时间上网。在家长或老师的指导陪同下上网,上网时间每次不超过20小时,每天不超过1小时。
活动2:五十六个民族五十六朵花——网上搜索	学科认知	1.用搜索引擎搜索并浏览与中华民族相关的文字、图片、音频、视频等资料,学会使用搜索引擎。 2.增加对中华民族大家庭的了解,激发学生的民族自豪感。
	德性育人	1.国家意识—家国情怀:在信息技术活动中,了解中华民族的文明成果和先进文化。 2.个人修养—行为自律:在信息技术活动中,增强自我防范意识,明辨是非。丰富学生的精神生活,培养学生的自制力。
	审美育人	欣赏评价—程序简洁:注重程序设计的去冗余、高效、数字逻辑性,感受程序设计语言的简洁美、逻辑美。
	健康育人	1.身体健康—科学用眼:注意用眼卫生,控制使用时间,能够用远眺、做眼保健操等方式保护眼睛。 2.心理健康—节制欲望:能抵制诱惑,不沉迷于游戏、网络等,培养自制力,有效管控自己的信息活动行为。
	劳动育人	1.劳动价值观—勤于动手:具有动手实践操作验证理论知识的想法和观念。 2.劳动价值观—乐于探究:乐于参与实践活动,并积极探究。

续表

活动2: 五十六个民族五十六朵花——网上搜索	教学设计提示	1.活动中不但要注意检查学生是否学会搜索的方法,还应引导学生搜索有关中华文明的成果。 2.引导学生体会我国各民族文化艺术的多样性。 3.倡导大家将自己的学习方法或学到的知识进行分享交流。
活动3: 保护动物人人有责——网上下载	学科认知	1.学会并掌握文字和图片下载与保存的方法。 2.认识下载工具,能下载音乐、视频、软件等。
	德性育人	1.国家意识—家国情怀:在信息技术活动中,渗透传统文化教育,使学生了解中华民族的文明成果和先进文化。 2.社会责任—法律法规:严格遵守国家相关法律法规。 3.个人修养—行为自律:在信息技术活动中,增强自我防范意识,明辨是非。丰富学生的精神生活,培养学生的自制力。
	审美育人	欣赏评价—程序简洁:注重程序设计的去冗余、高效、数字逻辑性,感受程序设计语言的简洁美、逻辑美。
	健康育人	1.身体健康—合理分配时间:合理安排时间,避免长时间使用电子设备。 2.心理健康—节制欲望:能抵制诱惑,不沉迷于游戏、网络等,培养自制力,有效管控自己的信息活动行为。
	劳动育人	1.劳动价值观—勤于动手:具有动手实践操作验证理论知识的想法和观念。 2.劳动价值观—乐于探究:乐于参与实践活动,并积极探究。 3.应用创新—创意物化:通过动手操作实践,初步掌握数字作品设计与制作的基本技能;学会运用信息技术,设计并制作有一定创意的数字作品。
	教学设计提示	要求学生做一位文明网络人,树立信息法律意识,不盗用他人专利成果,尊重知识产权。
活动4: 全新的学习方法——开启网上学习之旅	学科认知	1.认识云课堂。 2.掌握云课堂学习方法。
	德性育人	1.社会责任—法律法规:严格遵守国家相关法律法规。 2.社会责任—参与意识:理性对待信息环境下的新生事物。 3.个人修养—信息道德:自觉遵守信息道德规范、伦理准则。
	审美育人	欣赏评价—程序简洁:注重程序设计的去冗余、高效、数字逻辑性,感受程序设计语言的简洁美、逻辑美。
	健康育人	1.身体健康—合理分配时间:合理安排时间,避免长时间使用电子设备。 2.心理健康—节制欲望:能抵制诱惑,不沉迷于游戏、网络等,培养自制力,有效管控自己的信息活动行为。
	劳动育人	操作实践—总结归纳:每次学生动手实践完毕,引导学生学会归纳总结,以便为下次的实践活动积累经验。
	教学设计提示	1.学生分组登录教材提供的学习网站或身边常见的云课堂,如腾讯课堂、网易云课堂、网易公开课、慕课、百度传课、沪江网校等。 2.提醒学生不随便看收费课程(理性的价值判断),如有需要告知父母,征求父母支持与同意,在父母的帮助下购买相应课程。可使用免费账号,如腾讯课堂可用QQ账号,同时注意抵御不良信息、谨慎结交网友,建议在家长的陪同下上网浏览学习。

续表

活动5：遨游知识海洋——海量教程任我学	学科认知	1.了解多种多样的网上学习途径和方法。 2.利用网上课程，进行学习。
	德性育人	1.社会责任—法律法规：严格遵守国家相关法律法规。 2.社会责任—参与意识：理性对待信息环境下的新生事物。 3.个人修养—信息道德：自觉遵守信息道德规范、伦理准则。 4.个人修养—信息安全：个人身份、账号、密码等信息的保密。
	审美育人	欣赏评价—程序简洁：注重程序设计的去冗余、高效、数字逻辑性，感受程序设计的简洁美、逻辑美。
	健康育人	心理健康—乐观自信：充满自信，能经受网络、虚拟时空等带来的负面影响，以积极乐观的心态参与信息技术活动。
	劳动育人	1.劳动价值观—勤于动手：具有动手实践操作验证理论知识的想法和观念。 2.劳动价值观—乐于探究：乐于参与实践活动，并积极探究。 3.操作实践—总结归纳：每次学生动手实践完毕，引导学生学会归纳总结，以便为下次的实践活动积累经验。
	教学设计提示	1.让学生明白互联网上存在大量学习资源。 2.让学生利用百度搜索引擎搜索所需的学习教程。 3.强调账户隐私保护。 4.让学生认识知识产权的重要性。
二单元：网络藏"宝"——云盘存储活动1：文件的另一个——初识云盘	学科认知	1.了解云盘的作用。 2.掌握云盘的基本使用方法。 3.理解云盘与本地存储的异同。
	德性育人	1.社会责任—法律法规：严格遵守国家相关法律法规，如《中华人民共和国网络安全法》等。 2.社会责任—规则意识：遵守《全国青少年网络文明公约》等。
	审美育人	欣赏评价—程序简洁：注重程序设计的去冗余、高效、数字逻辑性，感受程序设计的简洁美、逻辑美。
	健康育人	身体健康—科学用眼：注意用眼卫生，控制使用时间，能够用远眺、做眼保健操等方式保护眼睛。
	劳动育人	劳动价值观—勤于动手：具有动手实践操作验证理论知识的想法和观念。
	教学设计提示	1.认识多种免费云盘，如：腾讯云盘、360云盘、百度云盘、115网盘、天翼云盘等，了解云盘的作用。 2.以某云盘为例，和学生一起探索云盘的使用方法：①登录途径；②云盘界面；③云盘存储容量。 3.注意不公开他人隐私。不盗用他人专利成果，尊重知识产权等，不下载盗版素材。云盘并不是百分之百的安全，为安全起见，重要资料备份。

续表

活动2：我是云盘小管家——云盘的使用	学科认知	1.知道上传与下载的意义。 2.掌握腾讯微云中文件上传与下载的方法。 3.掌握腾讯微云中文件的基本管理方法。
	德性育人	1.个人修养—信息道德：自觉遵守信息道德规范、伦理准则。 2.个人修养—信息安全：个人身份、账号、密码等信息的保密。能够适当运用技术手段筛选、抵御不良信息。
	审美育人	欣赏评价—程序简洁：注重程序设计的去冗余、高效、数字逻辑性，感受程序设计的简洁美、逻辑美。
	健康育人	心理健康—节制欲望：能抵制诱惑，不沉迷于游戏、网络等，培养自制力，有效管控自己的信息活动行为。
	劳动育人	劳动价值观—勤于动手：具有动手实践操作验证理论知识的想法和观念。
	教学设计提示	1.了解文件上传和下载的意义。 2.准备微课《我是云盘小管家——云盘的使用》，学生进行自主学习。 3.学生上传文件到自己的云盘里(注意文件命名是否清晰、简洁、有逻辑性)。 4.能下载文件到指定文件夹，并进行分类整理。 5.能将有意义的作品进行分享，有正确的价值观，传播正能量。不转载、不分享来历不明、不健康的网络资源与信息。
活动3：空间节省有妙招——文件的压缩与安全	学科认知	1.知道文件压缩的意义。 2.掌握利用Winrar进行压缩和解压缩文件的方法。 3.能通过加密压缩文件的方式保护文件安全。
	德性育人	个人修养—信息安全：个人身份、账号、密码等信息的保密。能够适当运用技术手段筛选、抵御不良信息。
	审美育人	欣赏评价—程序简洁：注重程序设计的去冗余、高效、数字逻辑性，感受程序设计的简洁美、逻辑美。
	健康育人	心理健康—乐观自信：充满自信，能经受网络、虚拟时空等带来的负面影响，以积极乐观的心态参与信息技术活动。
	劳动育人	操作实践—分步实施：开展实践活动，能规划自己的行动步骤，并一步步实施，注重过程性与完整性。
	教学设计提示	1.理解压缩与解压缩。 2.了解常用的压缩软件和压缩文件格式。 3.比较压缩后的文件与原来文件的大小。 4.学习通过右键菜单进行压缩与解压缩的方法。 5.掌握给压缩文件加密的方法，并渗透信息安全知识教育，培养学生自我隐私保护意识。

表2-19　西大版小学《信息技术》五年级下册活动育人点导引

三单元：沟通无限——网上即时交流 活动1：沟通你我——发送信息	学科认知	1.掌握网络社会生存的基本能力，理解当今社会是网络社会与现实社会交织的社会。 2.了解QQ即时通信软件。掌握与好友聊天、传输文件的方法。
	德性育人	1.社会责任—参与意识：积极主动学习，负责任地参与社会信息活动。 2.个人修养—信息道德：在信息的采集、加工、存储、传播和利用等环节中，形成正确的信念、价值观和习惯。在信息技术活动中，具备责任意识和诚信品质。自觉遵守信息道德规范、伦理准则。
	审美育人	1.欣赏评价—图文协调：从整体视觉到文字的字体、颜色、大小、结构布局等角度感受、评价作品的整洁、协调美。 2.创造设计—健康审美：培养学生高尚的道德情操和健康的审美情趣，形成健康高尚的审美。
	健康育人	1.身体健康—合理分配时间：合理安排时间，避免长时间使用电子设备。 2.心理健康—节制欲望：能抵制诱惑，不沉迷于游戏、网络等，培养自制力，有效管控自己的信息活动行为。
	劳动育人	劳动价值观—乐于探究：乐于参与实践活动，并积极探究。
	教学设计提示	1.通过谈话或情境引入的方式，让学生理解当今社会是网络社会与现实社会交织的社会，必须掌握网络社会生存的基本技能。 2.在真正开始网络沟通之前，要引导学生学会保护隐私，自觉遵守网络道德。 3.在学生动手操作的过程中，培养学生根据实践任务，制定合理的行动步骤，并按计划进行实践活动的能力。 4.在延伸拓展中的尝试设置输入文字的格式环节，培养学生的审美意识。 5.在课后总结时，引导学生合理安排时间，正确面对虚拟世界的诱惑，经受住虚拟时空可能带来的压力与挫折。
活动2：我来分享——与群好友共享网络资源	学科认知	1.知道QQ群的优点及建立的必要性。 2.能够掌握QQ群的建立方法，学会群成员的管理。 3.在加入QQ群后，能分享和下载群文件。
	德性育人	个人修养—信息安全：包括个人身份、账号、密码等信息的保密，他人、集体、国家等信息的保密和安全备份等。
	审美育人	1.社会责任—参与意识：积极主动学习，负责任地参与社会信息活动。 2.个人修养—信息道德：在信息的采集、加工、存储、传播和利用等环节中，形成正确的信念、价值观和习惯。在信息技术活动中，具备责任意识和诚信品质。自觉遵守信息道德规范、伦理准则。
	健康育人	1.心理健康—乐观自信：充满自信，能经受网络、虚拟时空等带来的负面影响，以积极乐观的心态参与信息技术活动。 2.心理健康—自我认识：能正确认知自身情况，以良好的心态参与信息展示、交流，积极参与信息化社会活动。
	劳动育人	操作实践—分步实施：开展实践活动，能规划自己的行动步骤，并一步步实施，注重过程性与完整性。
	教学设计提示	1.学习微课时除通过广播学习外，还可将微课发送到学生机便于学生自主学习。 2.在学习过程中通过教师评价和学生互评的方式巩固知识点，让学生在学习活动中充分体会到学习带来的成就感，享受学习带来的快乐。

续表

活动3:我有微信啦——申请微信号	学科认知	1.了解微信是一种即时通信软件。 2.能利用手机下载、安装微信APP。 3.能申请并拥有一个自己的微信号。 4.能用智能手机微信APP扫描二维码的方式登录微信网页版。
	德性育人	个人修养—信息道德:在信息的采集、加工、存储、传播和利用等环节中,形成正确的信念、价值观和习惯。在信息技术活动中,具备责任意识和诚信品质。自觉遵守信息道德规范、伦理准则。
	审美育人	创造设计—创意表达:能利用信息工具进行美的创造、情感表达和艺术创作。
	健康育人	心理健康—乐观自信:充满自信,能经受网络、虚拟时空等带来的负面影响,以积极乐观的心态参与信息技术活动。
	劳动育人	劳动价值观—乐于探究:乐于参与实践活动,并积极探究。
	教学设计提示	1.学习微课《沟通无限——网上即时交流》《我有微信啦——申请微信号》,学生认识微信的功能和在生活中的应用以及正确使用智能手机。 2.学习微信APP的下载与安装,利用360手机助手、百度手机助手和手机自带的应用商城(如小米商城等)下载正版软件。 3.设置微信账号密码,密码要记好,不能太简单,注意保密。 4.完成个人信息设置,引导学生完善个人信息,如头像的设置等,注意保护自己和他人的肖像权和隐私。
活动4:连接你、我、他——微信的使用	学科认知	1.了解微信的基本操作:添加好友、与好友单独聊天、查看和分享朋友圈、微信"扫一扫"等。 2.能正确与他人聊天。
	德性育人	1.社会责任—参与意识:积极主动学习,负责任地参与社会信息活动。 2.个人修养—信息道德:学生在信息的采集、加工、存储、传播和利用等环节中,形成正确的信念、价值观和习惯。在信息技术活动中,具备责任意识和诚信品质。自觉遵守信息道德规范、伦理准则。
	审美育人	创造设计—创意表达:能利用信息工具进行美的创造、情感表达和艺术创作。
	健康育人	1.身体健康—合理分配时间:合理安排时间,避免长时间使用电子设备。 2.心理健康—节制欲望:能抵制诱惑,不沉迷于游戏、网络等,培养自制力,有效管控自己的信息活动行为。
	劳动育人	劳动价值观—乐于探究:乐于参与实践活动,并积极探究。
	教学设计提示	1.教师先播放视频,展示微信的使用。 2.让学生互相添加好友并引导学生进行文字聊天和语音聊天。 3.教师和学生分享朋友圈。 4.展示二维码的使用范围。 5.课前需要申请好微信账号与准备好智能手机。 6.分享微信带来的便利,正确认识微信红包、摇一摇、扫一扫、微信付款等功能,注重个人修养和信息道德建设等。

续表

四单元：我来秀一秀——QQ空间、微博的使用 活动1：玩转QQ空间——分享	学科认知	1.学会登录QQ空间的方法。 2.掌握QQ空间中日志和照片的管理方法。
	德性育人	1.个人修养——信息安全：养成对信息进行鉴别的习惯，能够适当运用技术手段筛选、抵御不良信息。 2.个人修养——行为自律：在信息技术活动中，增强自我防范意识，明辨是非。丰富学生的精神生活，培养学生的自制力。
	审美育人	欣赏评价——图文协调：从整体视觉到文字的字体、颜色、大小、结构布局等角度感受、评价作品的整洁、协调美。
	健康育人	1.身体健康——合理分配时间：合理安排时间，避免长时间使用电子设备。 2.心理健康——乐观自信：充满自信，能经受网络、虚拟时空等带来的负面影响，以积极乐观的心态参与信息技术活动。
	劳动育人	劳动价值观——乐于探究：乐于参与实践活动，并积极探究。
	教学设计提示	1.QQ空间需要学生有能够登录的QQ号，鉴于多数小学生无法在课堂上登录QQ，建议将学生分成小组一起体验。 2.在发表日志和分享照片时，提醒学生注意隐私保护，可设置访问权限，尊重他人隐私，不将他人照片、日志私自公开。
活动2：玩转QQ空间——交流	学科认知	1.掌握访问好友QQ空间的多种方法。 2.学会点赞、评论好友分享的内容。 3.了解如何装扮QQ空间。
	德性育人	1.个人修养——信息道德：学生在信息的采集、加工、存储、传播和利用等环节中，形成正确的信念、价值观和习惯。在信息技术活动中，具备责任意识和诚信品质。自觉遵守信息道德规范、伦理准则。 2.个人修养——信息安全：养成对信息进行鉴别的习惯，能够适当运用技术手段筛选、抵御不良信息。
	审美育人	创造设计——创意表达：能利用信息工具进行美的创造、情感表达和艺术创作。
	健康育人	1.心理健康——乐观自信：充满自信，能经受网络、虚拟时空等带来的负面影响，以积极乐观的心态参与信息技术活动。 2.心理健康——自我认识：能正确认知自身情况，以良好的心态参与信息展示、交流，积极参与信息化社会活动。
	劳动育人	劳动价值观——乐于探究：乐于参与实践活动，并积极探究。
	教学设计提示	1.指导学生安静观看微课《玩转QQ空间——交流》时，认真聆听操作要点。通过访问QQ空间，培养学生交流意识。 2.引导学生浏览好友QQ空间活动，学会点赞和评价好友QQ空间。遵守信息法律法规，尊重版权。注意保护自己和他人的肖像权和隐私，QQ空间的照片和个人信息未经允许不得转载和使用。 3.学生探求尝试，装扮自己的空间。 4.在赏析评价好友QQ空间过程中正确认识和评估自己及同学的QQ空间。

续表

活动3：开个微博——申请微博账号	学科认知	1.使用腾讯QQ基础功能，进而了解腾讯微博的使用方法。
	德性育人	1.个人修养—信息安全：养成对信息进行鉴别的习惯，能够适当运用技术手段筛选、抵御不良信息。 2.个人修养—行为自律：在信息技术活动中，增强自我防范意识，明辨是非。丰富学生的精神生活，培养学生的自制力。
	审美育人	创造设计—创意表达：能利用信息工具进行美的创造、情感表达和艺术创作。
	健康育人	心理健康—自我认识：能正确认知自身情况，以良好的心态参与信息展示、交流，积极参与信息化社会活动。
	劳动育人	操作实践—分步实施：开展实践活动，能规划自己的行动步骤，并一步步实施，注重过程性与完整性。
	教学设计提示	1.知道什么是网络隐私以及隐私泄露带来的危害，保护个人及他人的隐私。 2.不信谣、不传谣，不传播黄色、淫秽、负面信息。 3.通过学习使用微博，提高学生参与学习的兴趣。 4.合理分配上网时间，建立和谐的人际关系，不沉于迷虚拟世界。 5.提高学生对网络交流运用的能力，增强学生利用微博与人交流的学习热情和兴趣。
活动4：让世界了解我——微博的发布与管理	学科认知	微博的使用，信息发布与管理。
	德性育人	1.个人修养—信息道德：在信息的采集、加工、存储传播和利用等环节中，形成正确的信念、价值观和习惯。在信息技术活动中，具备责任意识和诚信品质。自觉遵守信息道德规范、伦理准则。 2.个人修养—信息安全：养成对信息进行鉴别的习惯，能够适当运用技术手段筛选、抵御不良信息。
	审美育人	1.创造设计—健康审美：培养学生高尚的道德情操和健康的审美情趣，形成健康高尚的审美。 2.创造设计—创意表达：能利用信息工具进行美的创造、情感表达和艺术创作。
	健康育人	1.身体健康—合理分配时间：合理安排时间，避免长时间使用电子设备。 2.心理健康—自我认识：能正确认知自身情况，以良好的心态参与信息展示、交流，积极参与信息化社会活动。
	劳动育人	劳动价值观—乐于探究：乐于参与实践活动，并积极探究。
	教学设计提示	1.教师播放微课《让世界了解我——微博的发布与管理》，让学生感受微博给生活带来的乐趣。 2.自觉遵守法律法规：不传播和观看黄色、淫秽、暴力等不健康内容。 3.信息安全意识：注意保护自己和他人的肖像权和隐私。可用面部打码等手段进行处理。 4.让学生成功登录微博，发布感受，体验学习乐趣。培养学生自制力，有效管控自己的信息活动行为。资源共建、共享，能以良好的心态参与信息展示、交流，积极参与信息化社会活动。

(四)西大版小学《信息技术》六年级活动育人点导引

表2-20　西大版小学《信息技术》六年级上册活动育人点导引

一单元：小小摄影师 活动1：精彩瞬间	学科认知	1.会用三分法、"S"形、对角线、三角形等四种构图法，拍摄照片。 2.使用手机、平板、照相机拍摄景物、人物等。
	德性育人	社会责任—法律法规：注意保护自己和他人的肖像权和隐私，尊重他人知识产权，未经允许不得使用有版权的图片。
	审美育人	欣赏评价—图文协调：从图片的构图艺术、色彩饱和度、光线明暗等角度感受、评价作品的色彩、构图美。
	健康育人	身体健康—正确姿势：使用手机或相机拍摄时，采用正确的操作姿势。
	劳动育人	1.劳动价值观—勤于动手：具有动手实践操作验证理论知识的想法和观念。 2.劳动价值观—乐于探究：乐于参与实践活动，并积极探究。
	教学设计提示	1.未经允许不得拍摄和发布涉及国家秘密的照片。 2.引用的图片资源，未经授权不得做商用，如要临时使用必须注明出处，遵守知识产权相关法律法规。有关人物肖像的图片，不得随意使用，更不能随意展示涉及他人隐私的照片，遵守相关法律法规。 3.选择欣赏的图片首先要精美，从构图、色彩、拍摄的意义等方面体验图片的美。 4.在拍摄教学中，首先指导学生进行画面构图，其次选择适合的角度，调整成像的色彩饱和度、光线明暗等，拍摄出具有美感的照片。 5.拍摄的姿势要正确，要注意人身安全，不能去危险的地方拍照；手执拍照设备要稳，避免掉落损坏设备。 6.在引入环节，要激发学生的兴趣，鼓励学生积极参与练习活动，并通过活动验证自己的想法。
活动2：在手机上美化图片	学科认知	1.认识美图秀秀，用裁剪、特效、文字和边框等方法美化图片。 2.能用数据线、网络等方式传输、储存和分享图片。
	德性育人	个人修养—行为自律：不用图片处理软件恶搞图片，提高明辨是非的能力，丰富自己的精神生活，自觉规范自己的行为。
	审美育人	1.欣赏评价—图文协调：从图片的构图艺术、色彩饱和度、光线明暗等角度感受、评价作品的色彩、构图美。 2.创造设计—健康审美：培养学生高尚的道德情操和健康的审美情趣，形成健康高尚的审美。
	健康育人	心理健康—自我认识：能正确认知自身情况，以良好的心态参与信息展示、交流，大胆地点评他人作品，积极参与课堂活动。
	劳动育人	1.操作实践—分步实施：开展实践活动，能规划自己的行动步骤，并一步步实施，注重过程性与完整性。 2.应用创新—创意物化：通过动手操作实践，初步掌握数字作品设计与制作的基本技能；学会运用信息技术，设计并制作有一定创意的数字作品。

续表

活动2：在手机上美化图片	教学设计提示	1.在处理图片时,提倡创意作品,但必须明辨是非,不恶搞图片,抵制低俗等非正能量创作,规范自身行为。 2.使用图片处理软件时,展示图片前后对比的案例,明确构图方法、图片明暗、去除瑕疵等对美化图片的作用。帮助学生创作艺术性更丰富的图片。 3.拍摄或处理好的作品,要懂欣赏,不要妄自菲薄,同时要乐于接受他人意见,与同伴之间的交流要客观公正。 4.在练习过程中,要根据教师和同伴的经验,归纳行动步骤,按一定的规律进行实操。 5.保存好自己每次的作品,前后对比作品,从中体会成果的变化。
活动3：图片的简单处理	学科认知	1.认识图片处理软件Photoshop。 2.了解Photoshop的基本功能,掌握图片裁剪、调整色阶、曲线改变图片明暗,通过仿制图章工具去除图片上的瑕疵。
	德性育人	个人修养——信息道德：不传播黄色、淫秽、暴力等不健康图片,自觉遵守信息道德规范、伦理准则。
	审美育人	1.欣赏评价——图文协调：从图片的构图艺术、色彩饱和度、光线明暗等角度感受、评价作品的色彩、构图美。 2.创造设计——创意表达：能利用信息工具进行美的创造,表达情感。
	健康育人	心理健康——自我认识：能正确认知自身情况,以良好的心态参与信息展示、交流,大胆地点评他人作品,积极参与课堂活动。
	劳动育人	1.操作实践——分步实施：开展实践活动,能规划自己的行动步骤,并一步步实施,注重过程性与完整性。 2.应用创新——创意物化：通过动手操作实践,初步掌握数字作品设计与制作的基本技能；学会运用信息技术,设计并制作有一定创意的数字作品。
	教学设计提示	1.在图片处理时,引用的图片要健康,不下载、使用、传播黄色、淫秽、暴力等不健康图片,教育学生要有道德底线。 2.在处理图片时,提倡创意作品,但必须明辨是非,不能恶搞图片,抵制低俗等非正能量创作,规范自身行为。 3.使用图片处理软件教学时,展示图片前后对比的案例,明确构图方法、图片明暗、去除瑕疵等对美化图片的应用。帮助学生创作艺术性更丰富的图片。 4.拍摄或处理好的作品,要懂欣赏,不要妄自菲薄,同时要乐于接受他人意见,与同伴之间的交流要客观公正。 5.保存好自己每次的作品,前后对比作品,从中体会到成果的变化。
二单元：校园小拍客 活动1：留住精彩瞬间	学科认知	1.体验拍摄视频的乐趣,培养兴趣爱好,提高审美情趣。 2.通过合作、交流,使学生的拍摄技巧更熟练。 3.视频上传至电脑的方法。
	德性育人	社会责任——法律法规：拍摄中涉及他人的利益时,注意保护他人的肖像权和隐私,拍摄前应征得他人的同意。 个人修养——行为自律：拍摄时,提高明辨是非的能力,不乱拍摄。丰富自己的精神生活,自觉规范自身行为。

续表

活动1:留住精彩瞬间	审美育人	1.创造设计—技术之美:利用身边数码设备拍摄视频片段,记录需要记录的生活信息。感受到信息设备能轻松解决生活实际问题之美。 2.创造设计—健康审美:拍摄视频时,可以参照以前的知识,合理构图、用光等,让拍摄的视频画面更美观,主题更突出。
	健康育人	1.身体健康—正确姿势:在拍摄视频时,注意正确的操作姿势。 2.心理健康—乐观自信:在视频的拍摄过程中,以客观、乐观的心态去面对。作品内容、主题积极向上。
	劳动育人	劳动价值观—乐于探究:视频拍摄需要用到相关数码设备,设备需要实践操作才能掌握其使用要领。要多实践,多尝试,多感悟。
	教学设计提示	1.在实际拍摄前,要引导学生解决拍什么,怎么拍的问题。教师在教学时,要特别提醒学生注意这些事项。做到有目的性、有针对性地拍摄。 2.在实践教学中,教师可以尝试从两方面入手进行审美教育:视频片段的拍摄过程中,通过监视屏幕实时查看拍摄内容,灵活运用所学知识,让拍摄的画面更具美感。通过数码设备的使用,让学生感受到数码设备的便捷和高效解决生活实际问题之美。
活动2:视频格式转换	学科认知	1.通过学习格式工厂的使用,让学生了解视频格式和熟练运用视频转换工具。 2.学习视频格式转换的一般步骤和方法。 3.培养学生从多种渠道获取信息,获得帮助的能力。
	德性育人	1.个人修养—信息道德:在剪辑、存储过程中,有正确的价值观。不恶意剪辑、不恶意传播。 2.个人修养—行为自律:剪辑时,提高明辨是非的能力,丰富自己的精神生活,自觉规范自身行为。
	审美育人	欣赏评价—技术之美:通过格式工厂等格式转换软件转换视频格式,使学生在快速转换完格式之后,感受到技术带来的便利快捷。
	健康育人	身体健康—正确姿势:在进行软件操作时,注意正确的操作姿势。
	劳动育人	劳动价值观—勤于动手、乐于探究:格式转换表面上看是文件名的不同,本质是文件编、解码方式的不同。不同的编、解码方式,可以适用不同的运行环境。鼓励学生勤于动手,积极实践。
	教学设计提示	1.文件的编、解码是一个极其复杂而又枯燥的工作,格式转换软件能够快速、高效完成格式间的变换。通过快速变换,解决不能播放、卡顿、花屏等问题,从而让学生感受到信息技术的技术之美。 2.在进行软件操作时,教师要提醒学生注意正确的操作姿势,合理用眼。 3.学生知道通过格式转换可以解决一些无法播放、卡顿、花屏等问题。在学习理论知识的基础上,教师应鼓励学生多多实践,将理论应用于实际。
活动3:视频的剪辑、合并	学科认知	1.了解常用的视频编辑软件,如Windows影音制作、会声会影。 2.了解Windows影音制作软件的界面组成。 3.学会用影音制作软件进行视频剪辑和合并。
	德性育人	1.个人修养—信息道德:在剪辑、拆分、合并过程中,有正确的价值观,不恶意合并。 2.个人修养—行为自律:在视频拆分、合并前,提高明辨是非的能力,丰富自己的精神生活,自觉规范自身行为。
	审美育人	欣赏评价—技术之美:视频本是一连串相关事物的运动轨迹,有了视频编辑软件可以将帧进行随意拆分、合并。使学生由此感受到信息技术的便利性、准确性和方便性。

续表

活动3：视频的剪辑、合并	健康育人	身体健康—正确姿势：在视频的剪辑过程中，有大量的时间需要在电脑上进行操作，注意正确的操作姿势，合理用眼。
	劳动育人	劳动价值观—勤于动手、乐于探究、持之以恒：视频剪辑看似简单，实则需要花费很大的心思与力气。因此需勤于动手、乐于探究，掌握其要领。
	教学设计提示	1. 视频剪辑软件可以灵活、准确地进行视频的拆分、合并，在教学过程中必须强调任何技术性的拆分、合并都应以正确的价值观为前提。 2. 在视频的剪辑过程中，有大量的时间需要在电脑上进行操作，教师要注意提醒学生保持正确的操作姿势，合理用眼。 3. 视频的拆分、合并、节点的选择等看似简单，但需要具体的实践操作才能深刻领悟。在教学中，要鼓励学生特别是不爱动手操作的同学进行尝试、积极实践。
活动4：视频的简单编辑	学科认知	1. 了解一个完整视频的组成元素。 2. 了解什么是"影视脚本"并能创立自己的"影视脚本"。 3. 给视频消声、添加音轨、添加文字。
	德性育人	1. 个人修养—信息道德：在剪辑、存储过程中，有正确的价值观。不恶意剪辑、不恶意传播。 2. 个人修养—行为自律：剪辑时，提高明辨是非的能力，丰富自己的精神生活，自觉规范自身行为。
	审美育人	欣赏评价—技术之美：视频剪辑就是把素材按照一定的目的要求进行组接、装饰、说明，从而形成一个完整的节目。学生通过"影音制作"软件进行视频剪辑，这种剪辑思想和大致步骤也适用于其他剪辑软件。
	健康育人	身体健康—正确姿势：在视频的剪辑过程中，有大量的时间需要在电脑上进行操作，注意保持正确的操作姿势，合理用眼。
	劳动育人	劳动价值观—勤于动手、乐于探究、持之以恒：视频剪辑看似简单，实则需要花费很大的心思与力气。因此需要勤于动手、乐于探究，掌握其要领。
	教学设计提示	1. 视频剪辑看似是一个简单的技术操作，实则是衡量一个人思维、价值观的一种方式。教师可以选用"一个馒头引发的血案"等恶搞的视频素材，让学生感知价值观的重要性，不恶搞，不乱剪辑。 2. 教师在教学中，选取具体的素材讲解镜头的选择与取舍如何让画画更美观。培养审美能力。 3. 在视频的剪辑过程中，有大量的时间需要在电脑上进行操作，教师要注意提醒学生保持正确的操作姿势，合理用眼。
活动5：视频的生成	学科认知	1. 学会把编辑好的文件转换为需要的视频格式。 2. 了解一些视频推广的方法。
	德性育人	1. 个人修养—信息道德：在剪辑、存储过程中，有正确的价值观。不恶意剪辑、不恶意传播。 2. 个人修养—行为自律：剪辑时，提高明辨是非的能力，丰富自己的精神生活，自觉规范自身行为。
	审美育人	欣赏评价—技术之美：经过认真的剪辑，原本零散的各类素材就整合成一个独立的作品了。这就是信息技术应用于生活，解决生活具体问题的情境。这也是一种美感的体现。

续表

活动5：视频的生成	健康育人	心理健康—乐观自信：视频经过编辑、生成后，形成了一个有主题性的完整作品，学生看到自己的辛勤付出得到了回报，心态更为乐观自信。
	劳动育人	应用创新—创意物化：通过动手操作实践，学会运用视频编辑软件剪辑视频。
	教学设计提示	1.学生经过长时间的视频剪辑，终于可以将视频生成并发布了，这本身就是件喜悦的事情，当学生欣赏自己的劳动成果时，会感到愉快和满足。 2.在相互欣赏作品时，可以引导学生多思考"别人的作品有哪些值得学习之处？"等问题。
三单元：精彩的校园生活 活动1：设计一个影视作品	学科认知	1.了解影片的构成，能进行简单的影片规划。 2.培养学生探索发现、归纳概括的能力。 3.联系生活实际，激发学生视频制作的兴趣。
	德性育人	社会责任—规则意识：设计、规划影视作品时，要有健康的主题思想，作品要讲文明。负责任地使用信息技术手段。
	审美育人	欣赏评价—技术之美：一个完整的视频作品包括片头、主体、片尾、声音等要素。本课用"影音制作"软件对视频进行规划、剪辑，应通过知识迁移，让学生感受到技术规则通用的美感。
	健康育人	心理健康—自我认识：要以良好的心态参与视频的设计与规划。
	劳动育人	—
	教学设计提示	1.万事德为先，在设计、规划影视作品前，要有健康的主题思想，作品要讲文明。负责任地使用信息技术手段。不恶意组接镜头。 2.在进行影片规划时，教师可把影片的要素（片头、主体、片尾、声音等）展示出来，影片要素类似，任何剪辑软件都是可行的。
活动2：制作我的影片	学科认知	1.制作完整的影片，包括片头、主体、片尾、声音等。 2.培养学生对优秀作品的鉴赏能力、审美能力。培养创新能力，制作具有个性化的电影作品。 3.培养学生合作学习、自主探究能力、解决问题能力，增强学生的成就感。
	德性育人	1.社会责任—规则意识：策划影视作品时，必须树立健康的主题思想，确保作品文明。负责任地应用信息技术手段（如视频剪辑）。 2.个人修养—信息道德：在视频的拍摄、剪辑、存储、分享等环节中，必须遵循正确的价值观和原则。自觉遵守信息道德规范。
	审美育人	欣赏评价—技术之美：在进行视频剪辑时，计算机能将各个分散的视频片段按照不同的意图组织成一个有主题的作品，让学生深刻感受到计算机解决生活实际问题方面的独特魅力。
	健康育人	—
	劳动育人	劳动价值观—勤于动手、乐于探究、持之以恒：在作品制作中，应积极动手实践，积极探究，遇到困难不轻言放弃，持之以恒。
	教学设计提示	1.本课是将前一节课中设计的影片进行具体制作，每组同学的主题或内容都不一样，在学生制作前教师统一强调，严格按照上节课的设计思路制作。不恶搞、不添加不良信息等。在进行视频剪辑时，计算机能够将各个分散的视频片段按照不同的意图组织成一个有主题的作品，让学生深刻感受到计算机解决生活实际问题的独特魅力。 2.在进行影片制作时，教师通过巡视，发现懒散、不愿动手操作的同学要适时提醒，鼓励学生实践操作，尽量有目的、有意识地使用镜头素材。

续表

活动3：影片欣赏	学科认知	1.明确评价标准，掌握评价要点。 2.有序组织评价语言，合理地对伙伴的作品进行评价。
	德性育人	个人修养—信息道德：在影片的评价中，特别是评价他人作品时，要有正确的价值观，客观公正、实事求是地进行评价。
	审美育人	欣赏评价—技术之美：在进行影片欣赏时，让学生深刻感受到计算机解决生活实际问题方面的独特魅力。
	健康育人	—
	劳动育人	—
	教学设计提示	1.在欣赏同学的影视作品时，要客观、公正，根据评价表要点进行评价。教师在教学活动中，要留意学生间的互动评价，防止恶意中伤。 2.在进行影片欣赏时，让学生感受到计算机解决生活实际问题之美。
活动4：分享精彩	学科认知	1.掌握作品上传的方法，上传作品到网络空间中。 2.分享作品。
	德性育人	个人修养—信息道德：在影片的分享与传播过程中，特别是涉及他人作品时，要有正确的价值观。不恶意传播，不乱评论。
	审美育人	—
	健康育人	心理健康—自我认识：在影片的分享过程中，要以良好的心态参与其中，不恶意传播，不乱评论。
	劳动育人	应用创新—创新意识：作品传上网上后，也可以看看网上其他作品，开阔视野，增强认识，为下次制作打下创新的基础。
	教学设计提示	在影片的分享与传播中，特别是涉及他人作品时，要有正确的价值观。不恶意传播，不乱评论。教师在引导学生进行学习时可以强调万事德为先。

表2-21　西大版小学《信息技术》六年级下册活动育人点导引

四单元：创意设计活动1：我的创意设计	学科认知	1.认识XMind思维导图软件。 2.了解XMind思维导图软件的作用。 3.讨论、交流并总结设计出一个创意设计方案。 4.会用XMind思维导图软件设计创意设计方案。
	德性育人	1.社会责任—法律法规：学习《中华人民共和国专利法》。知道专利的价值，创新发明前可以浏览该项已有专利情况。创新发明不能与现有专利雷同或重合。 2.个人修养—行为自律：创意来源于观察、发现和思考，应具备独立思考能力，不能照抄照搬他人已有的方案。
	审美育人	创造设计—健康审美：在利用XMind进行思维导图设计时，思维线路（逻辑）清晰，图形明了，美观大方，使人一目了然。

续表

四单元：创意设计 活动1：我的创意设计	健康育人	身体健康—正确姿势：操作计算机时，采用正确的操作姿势。
	劳动育人	劳动价值观—勤于动手：鼓励学生将自己头脑中的"金点子"用思维导图的形式展示出来。
	教学设计提示	1.本课重点讲创意设计，在讲解之前，教师可拓宽学生的视野，先让学生学习《中华人民共和国专利法》。知道专利的价值，知道一些好的创新发明可以形成有价值的专利产品。在进行创新发明前可以浏览该项目已有专利情况。创新发明不能与现有专利重合。 2.创意来源于观察、发现和思考，应具备独立思考能力，不能照搬他人已有的方案。 3.在用XMind梳理思维时，主题、子主题分支一定要清晰。根据需要进行格式、图片、图标、风格的美化，使整个思维导图呈现出一定的美感。教师在教学中可给予一定的指导和提醒。 4.在使用计算机进行操作时，教师要提醒学生采用正确的操作姿势。 5.在教学中鼓励学生将自己头脑中的"金点子"用思维导图的形式展示出来。
活动2：绘制结构示意图	学科认知	1.了解一些常用的软件并进行表述。 2.了解绘制结构图的方法。 3.能够完成结构图的制作。
	德性育人	—
	审美育人	欣赏评价—技术之美：在绘制结构示意图时，能用信息技术手段将思考的内容具体化、形象直观化，便于理解。感受信息技术解决实际问题之美。
	健康育人	身体健康—正确姿势：使用计算机进行操作时，采用正确的操作姿势。
	劳动育人	应用创新—创意物化：通过动手操作实践，初步掌握用计算机进行设计与制作的基本技能，勇于将自己的创意用结构图的方式物化出来。
	教学设计提示	1.在绘制结构示意图时，鼓励学生用已有的信息技术知识和信息技术手段将思考的内容具体、形象、直观地展示出来。对于个别学生在绘制结构图的过程中出现的困难，教师应予以适当的技术指导。充分展示创意点子的结构，感受信息技术解决实际问题之美。 2.操作计算机时，教师应提醒学生采用正确的操作姿势。 3.创意点子只有形象、直观地展示或演示出来，才能让更多的人理解、接受。在制作中，特别是遇到不爱动手操作的同学，教师应当鼓励，使其敢于动手实践，勤于操作，将自己的创意用结构图的方式物化出来。
活动3：制作创意视频	学科认知	1.了解WPS演示软件的操作界面，熟悉常用菜单的功能。 2.能插入图片，美化演示文稿的内容。 3.能根据需要设置计时器、输出视频。
	德性育人	—
	审美育人	创造设计—创意表达：创意经过严谨的思维设计、结构图绘制、预期效果模拟等环节后，最终形成预期效果展示视频，增强创意展示表达效果，感受设计作品后的明悟之美。
	健康育人	身体健康—正确姿势：操作计算机时，采用正确的操作姿势。

续表

活动3：制作创意视频	劳动育人	应用创新—创意物化：通过动手操作实践，初步掌握用计算机进行设计与制作作品的基本技能，勇于将自己的创意物化出来。
	教学设计提示	1.在绘制结构示意图时，鼓励学生用已有的信息技术知识和信息技术手段将思考的内容具体、形象直观地展示出来。在绘制结构图的过程中，教师应对个别学生予以适当的技术指导，让学生感受信息技术解决实际问题之美。 2.一个创意经过严谨的思维设计、结构图绘制、预期效果模拟等环节后，最终形成一个预期效果展示视频。在制作创意视频时，教师要重点指导关于时间与内容的搭配，明确哪些部分需要更多展示时间，哪些部分可以适当减少，尽可能做到最优配比。在必要的地方还可以鼓励学生配上适当的音乐或语音注释来增强效果。制作完成后，形成一个完整的动态视频。在交流分享中感受完成设计作品后的明悟之美。 3.操作计算机时，教师应提醒学生采用正确的操作姿势。 4.创意只有形象、直观地展示或演示出来，才能让更多的人理解、接受。在制作时，特别是遇到不爱动手操作的同学，教师应当鼓励，使其敢于动手实践，勤于操作，将自己的创意物化出来。
五单元：听话的小猫活动1：有趣的动画舞台	学科认知	1.初步了解Scratch的界面，能打开Scratch自带的作品。 2.结合生活，熟悉模块的功能。 3.掌握添加、删除角色的方法。
	德性育人	1.社会责任—参与意识：在认识Scratch的过程中，通过玩各类已有的Scratch游戏，增强对Scratch的理解，感受Scratch的魅力。 2.个人修养—行为自律：在欣赏Scratch各类作品时，增强自我意识，不沉迷于欣赏和玩耍中，而应侧重于对Scratch的认识与分析上。
	审美育人	1.欣赏评价—技术之美：在角色的添加、删除过程中，感受到在Scratch中引入各类角色是一件非常简单、方便的事。 2.创造设计—健康审美：在Scratch案例欣赏中，通过观察案例中舞台、程序对角色的控制，发现作品不仅在视觉上有美感，其内在控制也方便、灵活、多样，具有美感。
	健康育人	身体健康—正确姿势：操作计算机时，采用正确的操作姿势。
	劳动育人	—
	教学设计提示	1.在进行单元情境图的阅读理解时，教师可以介绍计算机程序的编写是为了提高生产、生活效率，而非因私欲给生产、生活造成麻烦。程序编制出发点是解决现有问题或提升原有工作效率。在程序编写中自觉规范自身行为。教师在进行程序教学前就可以对学生进行程序思想的总体教育。应明确的是所有程序都具有相同的目标，Scratch只是程序编写软件中的其中一种。 2.在欣赏Scratch各类作品时，增强自我意识，不沉迷于欣赏和玩耍中，而应侧重于对Scratch的认识与分析上。 3.在"有趣的动画舞台"中，通过延伸拓展，让学生在认识更多Scratch程序过程中感受计算机程序能够将一系列复杂的事情快速处理的美感。同时分析那些排行榜靠前的程序，除了程序编写得很好以外，界面、角色等也很美观。 4.当学生集中精力投入程序的认识、体验或编写中时，时间会过得非常快，教师在教学中通过巡视，提醒学生保持正确操作姿势以及合理用眼。

续表

活动2：会画画的小猫	学科认知	1.了解"画笔"模块的相关命令及使用方法。 2.学习用"落笔""停笔"等命令控制角色，绘制运动轨迹。 3.培养学生对编程的学习兴趣，激发学生的求知欲。
	德性育人	个人修养—行为自律：能预设图形要求，用程序按要求进行绘画。不能随心所欲操作使程序在绘画中失控。
	审美育人	欣赏评价—技术之美：根据预设绘画图形，通过脚本搭建，让角色按照要求完成既定图形绘制，感受用程序解决现实问题之美。
	健康育人	1.身体健康—正确姿势：操作计算机时，采用正确的操作姿势。 2.心理健康—自我认识：在用程序绘画时，从简单的图形着手，切忌规划过于宏大，以至于无法完成。
	劳动育人	劳动价值观—乐于探究：能在编程过程中，不断调试，不断修改，积极进行探究。
	教学设计提示	1.本课最易出现两种问题，一是无法按照预设目标绘制出图形。二是程序运行中，图形绘制杂乱无章。因此，在教学中，教师在学生进行操作体验前，一定要让学生理解脚本的作用，理解每一个脚本有什么意义。要求学生能预设绘图要求，用程序按要求进行绘画。不能随心所欲操作使程序在绘画中失控。 2.根据预设绘画要求，通过脚本搭建，让角色按照要求完成既定图形绘制，感受用程序解决现实问题之美。 3.在用程序绘画时，从简单的图形着手，比如从简单的三角形、矩形等入手。切忌规划过于宏大，以至于无法完成。
活动3：互动对话	学科认知	1.学会新建广播、添加声音等指令。 2.学会组合指令制作简单的动画。 3.初步理解Scratch搭积木式的编程思想。
	德性育人	个人修养—信息道德：在设计两只小猫互动对话中，要注意对话内容健康、语言文明。
	审美育人	欣赏评价—技术之美：根据预设对话内容和顺序要求，通过脚本搭建，让角色按照要求对话，感受冰冷的程序也有人一样的温度，体会程序解决现实问题之美。
	健康育人	1.身体健康—正确姿势：操作计算机时，采用正确的操作姿势。 2.心理健康—自我认识：制定互动内容时，要有正确的价值观，语言文明。
	劳动育人	劳动价值观—乐于探究：能在编程过程中，不断调试，不断修改，积极进行探究。
	教学设计提示	1.本课任务是对两个角色的同时控制，相对上节课的内容难度更大。在设计对话内容时，如发现同学的内容不够健康或语言不够文明应及时提醒修改。 2.在脚本的编写过程中，根据预设对话内容和顺序要求，通过脚本搭建，让角色按照要求完成互动对话。在展示交流过程中，感受冰冷的程序也有人一样的温度，体会程序解决现实问题之美。 3.操作计算机时，采用正确的操作姿势。 4.制定互动内容时，要有正确的价值观，语言文明。 5.在编程过程中，教师要鼓励学生不断调试，不断修改，积极进行探究。

续表

活动4：创意游戏设计	学科认知	1.创建角色，添加舞台效果。 2.使用"侦测、控制、事件"等指令，制作一个撞球小游戏。 3.能利用所掌握的Scratch知识，设计一个具有自己特色的小游戏。
	德性育人	个人修养—行为自律：计算机程序的编写是为了提高生产、生活效率，而非因私欲给生产、生活造成麻烦。程序编制的出发点是解决现有问题或提升原有工作效率。在程序编写过程中应自觉规范自身行为。
	审美育人	创造设计—健康之美：程序设计、制作过程中，注意画面布局，角色选取要尽可能与主题协调一致，美观大方。
	健康育人	1.身体健康—正确姿势：操作计算机时，采用正确的操作姿势。 2.心理健康—自我认识：编程需要大量的知识储备。在制订编程目标时，可以设计一些难度比较小的游戏程序，切忌规划过于宏大，以至于无法完成。
	劳动育人	劳动价值观—乐于探究：能在编程过程中，不断调试，不断修改，积极进行探究。
	教学设计提示	1.计算机程序的编写是为了提高生产、生活效率，而非因私欲给生产、生活造成麻烦。程序编制的出发点是解决现有问题或提升原有工作效率。在程序编写过程中应自觉规范自身行为。 2.程序设计、制作过程中，注意画面布局，角色选取要尽可能与主题协调一致，美观大方。 3.操作计算机时，采用正确的操作姿势。 4.制定互动内容时，要有正确的价值观，语言文明。 5.在编程过程中，教师要鼓励学生不断调试，不断修改，积极进行探究。
六单元：网络信息安全与防护 活动1：让我们的信息更安全	学科认知	1.了解什么是计算机病毒及其危害，了解被计算机病毒感染后的常见症状。 2.初步掌握使用杀毒软件进行查杀病毒的方法。 3.初步学会运用计算机安全辅助软件。
	德性育人	1.个人修养—信息安全：有网络的地方就有交流，有交流就有信息的安全考量。树立对信息进行鉴别的意识，能够运用技术手段筛选、抵制不良信息。了解病毒的危害及传播路径，树立防止病毒的意识。 2.社会责任—法律法规：严格遵守国家相关法律法规，如《中华人民共和国计算机信息系统安全保护条例》《计算机信息网络国际联网安全保护管理办法》《计算机病毒防治管理办法》等。
	审美育人	创造设计—健康之美：程序设计、制作过程中，注意画面布局，角色选取要尽可能与主题协调一致，美观大方。
	健康育人	1.身体健康—正确姿势：使用信息设备时，采用正确的操作姿势。 2.心理健康—节制欲望：提高自制力，在网络环境中抵制各种诱惑，有效管控自己的信息活动行为。
	劳动育人	劳动价值观—勤于动手：具有动手实践操作验证理论知识的想法和观念。通过应用操作安全类软件，掌握清除、查杀病毒或木马的方法。
	教学设计提示	1.在教学时，教师应特别注意两个地方：一是强调树立网络安全意识，如不乱蹭Wi-Fi，输入密码时注意遮挡等。二是学会用安全类软件，掌握至少一种安全类软件的使用方法。 2.在用计算机进行病毒查杀时，提醒学生要采用正确的操作姿势。 3.每个同学都有上网的经历，在讲解网络信息知识时，要提醒学生在网络上抵制诱惑，有效管控自己的信息活动行为。 4.学习了病毒查杀知识后，要积极行动，动手使用安全类软件，掌握用安全类软件清除、查杀病毒的方法，进一步巩固所学知识。

续表

活动2：做文明上网的小公民	学科认知	1.认识不良诱惑的危害,知道不良诱惑是可以拒绝的,掌握一些拒绝不良诱惑的常用方法和技巧。 2.能制作H5页面,并学会与同学、朋友分享。
	德性育人	个人修养—信息安全:要树立信息安全与防范意识,养成对信息鉴别的习惯,能够运用技术手段筛选、抵御不良信息。在网络活动中要注意对信息的保护,防止信息被非法盗用。
	审美育人	1.欣赏评价—技术之美:制作图文并茂的H5网络文明宣传页面,宣传信息安全保护与防范知识,体会技术便利快捷之美。 2.创造设计—健康审美:制作H5宣传页面,作品设计与主题融合,体现一定的品质感和美感。
	健康育人	1.身体健康—正确姿势:使用信息设备时,采用正确的操作姿势。 2.心理健康—节制欲望:提高自制力,在网络上抵制诱惑,有效管控自己的信息活动行为。
	劳动育人	劳动价值观—勤于动手:具有动手实践操作验证理论知识的想法和观念。敢于将自己的网络信息防范意识化为具体的做法和行动。
	教学设计提示	1.要严格遵守国家相关法律法规,如《中华人民共和国计算机信息系统安全保护条例》《计算机信息网络国际联网安全保护管理办法》《计算机病毒防治管理办法》等。在教学时,以小组为单位,选取其中1—2个法律法规进行浏览性学习。梳理出要点和做法。 2.上网过程中,教师提醒学生要有对信息鉴别的习惯,要注意对信息的保护,防止信息被非法盗用。 3.制作H5页面时,提示学生灵活选用模板,使页面内容能充分反映宣传主题,注意字体大小、颜色,图片、装饰物件的灵活运用,使作品呈现出一定的美感。 4.在用计算机进行H5页面制作时,提醒学生要采用正确的操作姿势。 5.学习了各种制度、条例、安全保护管理办法后,要积极行动,梳理要点,制作便捷的H5页面,进一步巩固所学知识。

第三章 小学信息技术学科全息育人教学设计

教学设计是在课程开始前根据课程标准的各项要求和教学对象的具体情况,对育人目标、教学内容、教学方法、教学步骤、时间分配、教学评价等环节进行有序安排和决策,制定出合适的教学方案的一种设想和计划。小学信息技术学科全息育人教学设计,是在信息技术学科核心素养的指导下,整体建构教材、细化育人目标、选择教学资源、设计教学过程、优化学业评价等。

第一节　小学信息技术学科全息育人教学设计理念

教学设计理念是教学设计从经验上升到科学、理性的理论支撑。小学信息技术学科全息育人教学设计，也必须以科学的教学设计理念为指引，摆脱狭隘的经验主义，并追求教学效果的最优化。

一、以人为本的理念

美国心理学家加德纳的多元智能理论认为人有九种智能，每一种智能相对独立且水平不一，但在解决问题时却共同发挥作用，并以一定的文化和社会为背景。[①]

《基础教育课程改革纲要(试行)》明确指出："教师在教学过程应与学生积极互动、共同发展，要处理好传授知识与培养能力的关系，注重培养学生的独立性和自主性，引导学生质疑、调查、探究，在实践中学习，促进学生在教师指导下主动地、富有个性地学习。教师应尊重学生的人格，关注个体差异，满足不同学生的学习需要，创设能引导学生主动参与的教育环境，激发学生的学习积极性，培养学生掌握和运用知识的态度和能力，使每个学生都能得到充分的发展。"

"为了每一个学生的发展"是新课程改革的基本理念之一。小学信息技术学科全息育人，更是以促进学生发展为根本。这就要求我们在进行教学设计时，以人为基础，以人为前提，以人为动力，以人为目的，因材施教、因人施教，注意育人目标全面化，内容选择合理化，教学方法灵活化，教学活动多样化，学业评价多元化。

二、以任务为中心的理念

在教学设计中，如果以人为本的教学设计理念强调的是目标导向，那么以任务为中心则是教学过程设计的主要方法。

---

① 马小亮.浅议"以人为本"的教学设计[N].陇南日报,2019-09-18(04).

在教学过程的设计中,主要有两大中心:以问题(主题)为中心和以任务为中心。

以问题为中心的学习模式主要基于建构主义的学习观,而以任务为中心的学习模式则源于认知信息加工、动物学、运动学习和认知学徒的学习观念。聚焦问题的教学设计注重培养学习者具有灵活的知识、深入的理解、解决问题的技能、自我导向的学习技巧,以及有效的协作和自我动机。而以任务为中心的教学设计侧重将所学知识应用和迁移到真实情境中,追求学习的有效性和高效性。以任务为中心的学习范式包含五个要素,即学习任务、激活旧知、示证新知/榜样示范、应用新知和融会贯通/积极探索。[1]

以学科学习主题作为信息技术任务选题,鼓励学生将学到的信息技术技能应用到其他学科、领域学习中。此举旨在深化学生对信息技术在学科学习中的重要性的认识,推动信息技术与其他学科、领域的整合,实现信息技术作为学习对象和学习工具的双重价值。

在进行教学设计确定任务时,教师应将课程概念和知识技能有机地融合到学生所熟悉的真实生活情景中,并根据新旧知识之间的联系,注意任务设计的步骤和梯度。

总之,在小学信息技术学科全息育人教学设计中要坚持以任务为中心,让学生在任务的驱动下激活旧知,应用新知,并融会贯通,帮助学生认识到知识之间的内在联系,从而开展有意义的学习。

三、STEAM 教育理念

STEAM 教育的原身是 STEM 教育。英属哥伦比亚大学教育学院大卫·安德森教授认为,STEM 是一种整合了科学(Science)、技术(Technology)、工程(Engineering)和数学(Mathematics)的教育模式。[2]STEAM 在 STEM 基础上,加入了艺术元素,即科学(Science)、技术(Technology)、工程(Engineering)、艺术(Art)以及数学(Mathematics)的有机融合。STEAM 教育的基本目标是培养学生的 STEAM 素养,包含知识融汇与应用、系统设计与创新、物化实践与表达、文化体验与认同以及科学态度与责任,是在相关交叉领域中运用个人关于现实世界运行方式的知识的能力。

小学信息技术课程致力于培养学生的综合素质和核心素养,使其适应快速变化的

---

[1] 格里高利·M.弗兰卡,吴新静,盛群力.任务中心教学原理(上)[J].数字教育,2018,4(01):87.
[2] 大卫·安德森,季娇.从STEM教育到STEAM教育——大卫·安德森与季娇关于博物馆教育的对话[J].华东师范大学学报(教育科学版),2017,35(04):122.

社会生活、职业世界和个人自主发展的需要,迎接信息时代和知识社会的挑战。信息科技课程理念倡导真实性学习,提出"创新教学方式,以真实问题或项目驱动,引导学生经历原理运用过程、计算思维过程和数字化工具应用过程,建构知识,提升问题解决能力,鼓励"做中学""用中学""创中学",凸显学生的主体性。

因此,在小学信息技术学科全息育人教学设计中融入STEAM教育理念,以项目学习为主体,融合科学、技术、工程、艺术和数学等元素,不仅能满足课程改革的要求,同时也能将小学信息技术课程指导落实到实践中,为小学信息技术学科全息育人提供新参考。

四、创客教育理念

创客一词来源于英文单词"Maker",本义是指出于兴趣与爱好,努力把各种创意转变为现实的人。创客教育是创客文化与教育相结合,基于学生兴趣,以项目学习的方式,使用数字化工具,倡导造物,鼓励分享,培养跨学科解决问题能力、团队协作能力和创新能力的一种素质教育。STEAM教育强调学科"知识融合",创客教育则是提倡开发自己的创意,通过软、硬件将想法进行"实践创造"。

小学信息技术学科全息育人教学设计,融入创客教育理念,可改变传统的教学模式。把信息素养的精神和意图融入课程和教学的要求之中,为学生搭建展示自己信息能力的舞台。将信息活动迁移到学生的各类学习活动中,更有利于发展学生的信息素养和创新能力,激发其潜在的创造性思维。

五、备、教、学、评一致性理念

备、教、学、评一体化是基于"泰勒原理"的一种新型的教学方式和评价方式,旨在突破传统教学与评价孤立的局面,使评价不再凌驾于教学之上或游离于教学之外,而是嵌入教学之中,成为教学的有机组成部分,与教学活动紧密联结,与学习过程良性互动。"备、教、学、评"一体化是为教学目标的"备",教师的"教",学生的"学",教师和学生"评"四者之间相互依存、相互配合以发展学生学科核心素养的重要举措。

基于备、教、学、评一致的小学信息技术学科全息育人教学设计,需要将课程标准具化到每一个单元、每一节课的教学目标设计,并根据育人目标确定评价内容、选择教学方法,让育人目标、教学活动、教学评价与课程标准相一致,帮助每一位学生达成预期的学习目标。

备、教、学、评一致性理念指引下的小学信息技术学科全息育人教学设计,需要教师整体思考为什么教、教什么、怎么学、学到什么程度四个问题。以育人目标为起点，教学评价设计先于教学过程设计，教学内容与教学评价存在高度关联。[①]

第二节　小学信息技术学科全息育人教学设计原则

小学信息技术学科全息育人教学设计，是一个系统规划信息技术学科教学的过程。它应该遵循学生为什么学、学什么、怎么学、学的效果如何的思路，因此必须对小学信息技术教学过程中的各要素和环节进行系统规划、整体优化，其教学设计必须坚持以下基本原则。

一、科学性原则

科学性，永远是教学设计的第一原则。小学信息技术学科全息育人教学设计的科学性，主要体现在以下几个方面。

（一）遵循课标要求

小学信息技术课程的主要目标是：树立正确价值观，形成信息意识。感知数据重要性，增强信息交流主动性，树立正确的信息价值观。初步具备解决问题的能力，发展计算思维。了解信息科技的基本过程与方法，体验解决问题的过程，初步具备应用信息科技解决问题的能力。提高数字化合作与探究的能力，发扬创新精神。利用数字设备合作解决学习问题，开展探究活动，利用信息科技平台进行协同创新，发挥自主学习能力和创新能力。遵守信息社会法律法规，践行信息社会责任。在信息社会中自觉维护信息和网络安全，尊重知识产权，正确应对人工智能的影响，遵循信息科技领域的伦理道德规范。

因此，小学信息技术学科全息育人教学设计，必须严格遵循课程标准要求，紧扣课程的目标任务，从教学内容的确定，到学科认知、德性育人、审美育人、健康育人和劳动育人"五育"目标的制定，再到活动方案的设计，教学资源的选择等环节，都要直指学生信息技术核心素养。

---

① 房华.基于标准的语文教学评一致的备课研究[J].大连教育学院学报，2020，36(01)：51.

(二)体现学科特点

从《义务教育信息科技课程标准(2022年版)》的视角来审视,小学信息技术课程具有与其他学科显著不同的特性。具体来说,该课程具备以下特点。

1. 发展性特点

现代信息技术发展日新月异,无论是硬件还是软件都在不断更新,这使得小学信息技术课程具有明显的时代发展性特点。在全息育人背景下,小学信息技术教学设计必须以培养学生的信息素养为出发点,选取适合时代的教学内容。

2. 综合性特点

相较于中小学其他学科,小学信息技术具有较强的综合性。它广泛涵盖了多个边缘学科和基础科学领域的理论,比如信息论、控制论、系统论,同时也涉及哲学、美学、文学等。因此,小学信息技术具备基础文化课程属性,兼具劳动技术教育和职业教育的特点,也兼有学科课程、综合课程和活动课程的特点。在全息育人背景下,小学信息技术教学设计应该弱化其学科特性,而强调其综合性特点。

3. 应用性特点

小学信息技术是一门应用性学科,在进行教学设计时应创造尽可能多的机会让学生亲自动手使用计算机。只有在不断地使用过程中,学生才能学好信息技术。进行教学设计时必须充分考虑学生必要的操作时间,这直接关系到学生信息技术发展水平和学习水平。

4. 工具性特点

计算机是人类通用的智力工具,小学信息技术学科具有工具性的特点。这就要求我们在进行教学设计的过程中,严格执行"加强基础,淡化语言,注重应用,强化实践"的指导思想。这里强调的是用计算机,而不是学习计算机知识,是以计算机为工具,与其他学科或活动整合开展。

5. 趣味性特点

小学信息技术是一门趣味性很强的学科。因此,在进行教学设计过程中,应重视挖掘和体现课程的趣味性,重视激发、培养和引导学生对计算机的学习兴趣。

(三)符合教学逻辑

教学逻辑是引起和维持教学系统从不规范性向规范性、从随意性向高度自觉性发展的要素,是教学系统中主客体关系的动态转换逻辑。[①]有学者认为,教师才是教学逻辑的存在主体,因而以教师基于对学科教学与学生发展关系认知基础上形成的"关于教学内容与教学活动序列安排的构想"来定义教学逻辑。[②]教学逻辑反映着主体对教学设计和实施过程中客观规律的认识及形式化结果,是选择、组织教学内容和教学活动的依据。

小学信息技术学科全息育人教学设计符合教学逻辑主要体现在以下四点:第一,要重视教学内容的逻辑性,将教学内容模块化,同时考虑教学体系的连续性、关联性和系统性。第二,要重视教学过程的逻辑性,关注教学方法和教学语言的逻辑化,使教学过程自始至终都能成为一个有序、严谨、合乎逻辑的思维过程。第三,要重视教学活动的逻辑性,教学活动的设计应当充分重视学生学习的逻辑过程,坚持"以学定教"而不是"以教定学"。引领学生发现问题、解决问题,从而提高学生的信息技术核心素养。第四,要全面、客观地评估教学效果,及时收集反馈信息,总结修正教学内容,完善教学体系。总之,只有符合教学逻辑的教学设计才是科学的。

二、整体性原则

教学活动是一个由众多元素构成的系统,在教学过程中对遇到的教学问题进行分析、处理和解决时,用到的就是系统的方法。就教学设计而言,它是教学过程中的一个大系统,由数个子系统构成,而各个子系统之间相互关联。例如,在进行教学设计的过程中,要针对教学目标的制定、教学内容的选取进行分析,根据教学目标以及教学内容选择恰当的教学方法、设计合理的教学策略来进行教学活动,设计合理的教学评估方法来评估整个教学过程。作为一个系统,只有保证系统的整体性,才能发挥各部分的优势,达到预期的教学效果,实现课程目标。

(一)育人目标整体性

确立全息育人背景下的育人目标是教学设计的重要内容。目前的小学信息技术课堂普遍存在重操作技能和知识传授,轻道德品质、审美情趣、身心健康、劳动实践方面能力培养的现象。"全息育人"正是在这样的背景下提出的,它强调"基于教育性教学,实施完整性育人"的教学理念。"全息"就是教育中的全部信息、整体信息,"全息育人"就是要通过教育性教学实现完整性育人的目标。全息育人目标的设定,需要经历

---

① 朱德全,张家琼.论教学逻辑[J].教育研究,2007(11):47-52.
② 董静,于海波.教学逻辑的价值追求与二维结构的运演[J].中国教育学刊,2015(08):24.

从宏观走向微观,从抽象转化为具体、可操作的过程。即在总体的框架中确定单元育人目标,然后细化、分解到活动育人目标中,在活动的各个环节落实具体的育人目标,并根据每节课的具体情况来确定每节课"应该做什么,做到什么程度"。在上一级育人目标的统领下,各级育人目标环环相扣,构成一个连贯的整体。

(二)信息技术核心素养整体性

信息技术核心素养,其本身是一个复杂的系统,包含四类核心素养:信息意识、计算思维、数字化学习与创新、信息社会责任。四类核心素养既是独立的个体又是一个有机的整体,是学生在信息技术的学习中所要具备的品格和能力,也是小学信息技术学科全息育人培养的终极目标。所以,教师需要熟悉并掌握信息技术核心素养的内容与要求,认识各个素养之间存在的关系,在进行小学信息技术学科全息育人教学设计的过程中,要整体理解信息技术核心素养,在选择教学内容,设定育人目标,设计教学活动,选择教学策略和教学评价的设计上,都要注重教学设计的完整性,保证核心素养的统一性,充分体现学科核心素养的培养要求。[1]

(三)小学信息技术教材整体性

小学信息技术课程标准是规定小学信息技术的课程性质、课程目标、内容目标、实施建议的教学指导性文件,而教材则是具体体现课程标准的要求和内容的主要文本课程资源之一。从这个意义上说,完整而准确地把握教材,是全面落实课程标准,实施全息育人的必然要求。

小学信息技术学科全息育人的教学设计,需要以教材为基础,用系统论的方法对教材中"具有某种内在关联性"的内容进行分析、重组、整合并形成相对完整的教学单元,在教学整体观的指导下将教学诸要素有序规划,以优化教学效果。教学设计不能简单地停留在对教材文本的解读上,而是要站在知识系统的高度,开展整体化教学分析。具体而言就是站在单元、学段,甚至是信息技术课程的高度去认识教学内容。站在课程高度对教学内容进行分析,可以使教师的教学设计跳出课时内容的局限,可以从整体的角度去把握教学内容,可以更多地关注教学内容的本质、蕴含的思想,以及学生信息技术核心素养的培养。如图3-1所示。

---

[1] 秦志静.基于核心素养培养的初中信息技术教学设计与应用研究[D].济南:山东师范大学,2019.

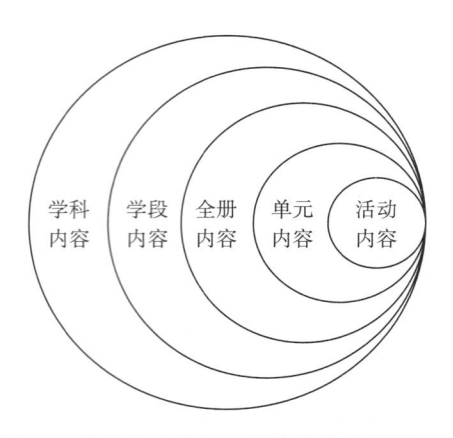

图3-1　信息技术教材内容整体性示意图

三、关联性原则

传统的教学设计，主要强调目标、教材、学生之间的相互联系，包括目标与内容的关联、目标与旧知识的关联、知识内容间的关联、学科之间的关联、目标与学生学习基础及生活经验的关联、多维目标之间的关联等。小学信息技术学科全息育人教学设计要求教师在教学设计上，要减少零散性、散点性、堆砌化、无序化的目标设计，要用关联主题、思维导图来建立目标阶梯、目标网络，要在不同内容间建立链接机制，学会用大概念、知识树、思想图谱等来构建学期、学年等阶段性目标图谱体系。尽量对知识进行逻辑化、图谱化、结构化、显性化的设计，给学生展示出系统、完整、有层次的目标体系。

在操作层面，小学信息技术学科全息育人教学设计还强调充分利用"学科育人导引"。小学信息技术学科全息育人导引，是在课程标准和核心素养理念指导下，根据小学生实际情况制定的目标体系，有很强的工具性。它从学科认知、德性育人、审美育人、健康育人、劳动育人五个维度建立了小学信息技术学科育人的框架，并基于单元和主题细化了育人点。

小学信息技术学科全息育人进行教学设计时，将教学内容、教学目标与学科育人导引联系起来，有利于准确把握育人目标和育人要素，减少备课时间，降低备课难度。

四、有序性原则

有序是事物的结构形式，指事物或系统组成诸要素之间的相互联系，当事物组成要素具有某种约束性、呈现某种规律时，称该事物或系统是有序的。小学信息技材编排体系就是有序的。小学信息技术学科全息育人教学设计必须高度重视教材的编排体系。

以西大版小学《信息技术》教材为例,教材共8册,从小学三年级开始使用,每学期1册。主要由硬件与系统管理、信息加工与表达、网络与信息交流、编程与机器人等知识模块组成。每册教材虽然采用模块化的编排,但各个章节并不是脱离的,而是实现了各部分的有机结合。模块关联紧密,既注重学生信息素养的全面提高,又注重对零起点学生循序渐进的培养和对学有所长的学生的培养。在教材中,采用"大主题、小任务"的模式,注重与现实生活相联系,用任务驱动的方法,使之更适合学生的知识学习和技术掌握,更有利于培养学生综合运用信息技术的能力。

五、分层性原则

在不同的地区,学生信息技术的学习水平是有差异的,在不同的学校,不同的班级,甚至在同一个班级中,学生信息技术的学习能力和发展水平也有很大的差别。因此,小学信息技术学科全息育人的教学设计必须体现分层性原则,让不同基础、不同能力、不同兴趣、不同特长的学生都有选择和发展的空间,让不同层次的学生在原有基础上都能得到相应提高,让每个学生都能获得成功。首先,教师应秉持尊重差异的理念,要善于研究学生;其次,要分层设计学习目标和要求,分层设计教学内容,分层设计学生练习和作业,分层进行学习评价;最后,进行教学设计时,要充分考虑学习小组的创建和合作学习环节的设计,让不同水平的学生合作交流、相互探讨、取长补短,获得不同的体验和经验。

第三节　小学信息技术学科全息育人教学设计流程

在进行小学信息技术学科全息育人教学设计时,教师应从信息技术学科教学的功能出发,结合学科核心素养、学生发展核心素养、教学内容,参照"小学信息技术学科全息育人框架",立足课程知识结构体系和全册教学内容、统筹单元教学主题进行课时教学设计。教师在分析教材、课程标准及学生情况后,确定育人目标和教学重难点,选择教学策略,设计教学过程和教学评价等。

在进行教学设计时,应首先进行单元整体建构,从单元整体的角度出发,思考如何在单元的各课时教学中,逐步达成本单元的育人目标。

一、单元整体建构

(一)单元整体建构的定义

单元整体建构是指教师在对课程标准、教材等教学指导性资源进行深入解读和剖析后,根据自己对教学内容的理解,以及学生的情况和特点,打破教材的编排、课时安排等限制,对教学内容进行分析、整合、重组,形成相对完整的教学主题,并以一个完整的教学主题作为一个单元来进行整体规划。这里的单元是由若干节具有内在联系的课所组成的一个教学主题。可以把教材中的一个单元看作一个教学主题,也可以把不是一个单元的几个内容相关的课程整合成一个教学主题。

(二)单元整体建构的意义

在信息技术学科教学中,学生的学科核心素养需要进行长期而系统的培养和发展,若以课时教学内容来确定育人目标,一般只能挖掘与单个知识、技能相关的育人点,缺乏连贯性、长期性和全面性;而从单元角度来进行教学设计,具有前瞻性和全局性。所以教师在进行教学设计时要具有单元整体建构意识。

单元整体建构有助于教师跳出传统教学模式的局限,不再关注零散的知识点,而是从整体出发,将课堂教学理念提升至培养学生"持续性学习"的能力。在此过程中,教师需要对学科知识进行整体化、结构性的建构。

(三)单元整体建构的流程

教师进行教学设计时,要有整体观念和课程意识,要对整个单元、整章知识的结构都有清楚的认识。教师应依据课程标准规定的单元学习核心价值,根据学生实际学情,依据或突破教材单元的内容编排、内容结构、排列次序,整体设计规划该单元发展学科核心素养的教学目标和学科认知、德性育人、审美育人、健康育人、劳动育人等几方面的育人目标后,再根据实际情况划分教学课时,确定课时教学内容及目标。

以西大版小学《信息技术》六年级上册第一单元"小小摄影师"为例来探讨单元整体设计中各课时衔接的整体性、系统性和综合性。

1.分析设计"小小摄影师"单元各课时内容及教学材料的整体关联度

从单元的整体目标"图片拍摄、处理"着手,分解课时目标"先拍摄后处理",由易到难,循序渐进,用好"预备图片材料",突出各课时内容衔接的综合关联度,一步步学习积累,进而整体全面掌握。如图3-2所示。

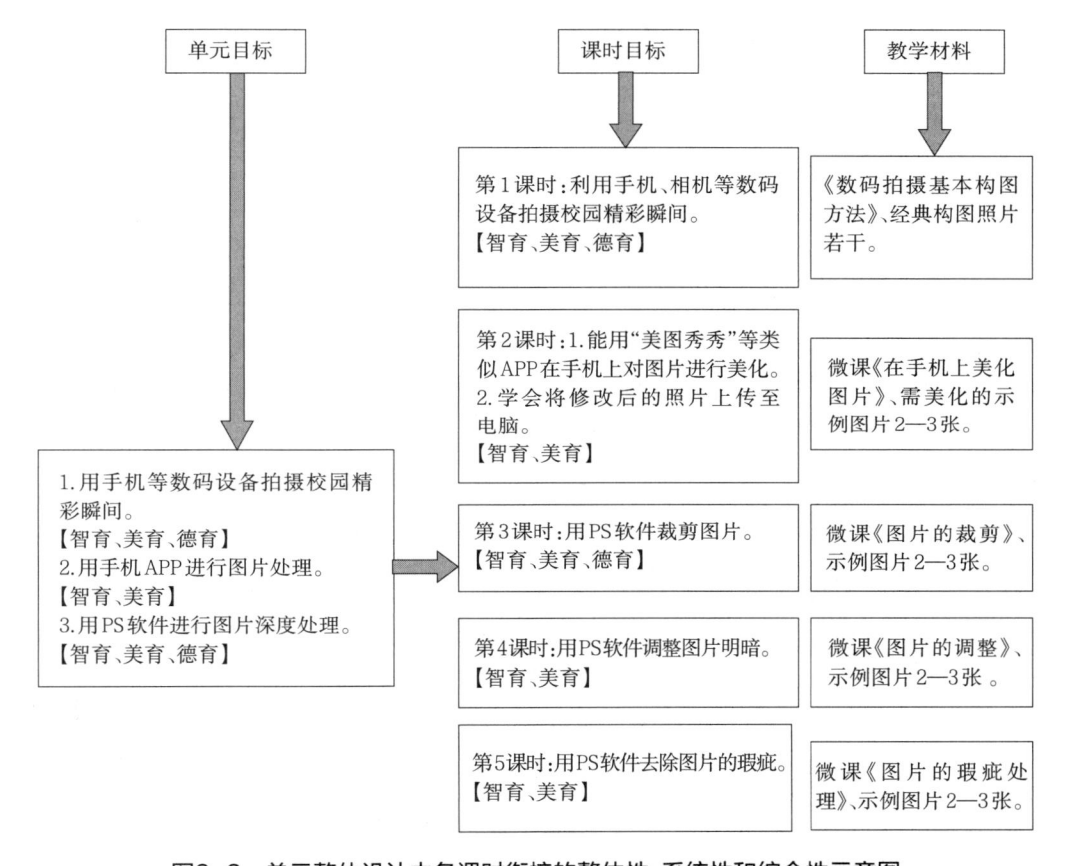

```
单元目标                    课时目标                    教学材料

                    第1课时:利用手机、相机等数码        《数码拍摄基本构图
                    设备拍摄校园精彩瞬间。              方法》、经典构图照片
                    【智育、美育、德育】                 若干。

                    第2课时:1.能用"美图秀秀"等类       微课《在手机上美化
                    似APP在手机上对图片进行美化。       图片》、需美化的示
                    2.学会将修改后的照片上传至          例图片2—3张。
                    电脑。
                    【智育、美育】

1.用手机等数码设备拍摄校园精       第3课时:用PS软件裁剪图片。         微课《图片的裁剪》、
彩瞬间。                         【智育、美育、德育】                示例图片2—3张。
【智育、美育、德育】
2.用手机APP进行图片处理。
【智育、美育】                    第4课时:用PS软件调整图片明暗。      微课《图片的调整》、
3.用PS软件进行图片深度处理。      【智育、美育】                      示例图片2—3张。
【智育、美育、德育】

                    第5课时:用PS软件去除图片的瑕疵。    微课《图片的瑕疵处
                    【智育、美育】                      理》、示例图片2—3张。
```

图3-2 单元整体设计中各课时衔接的整体性、系统性和综合性示意图

2.对教学内容、学生学情、时间安排、教学材料等要素进行整体关联分析

对单元目标、课时目标进行分析设计后,接下来必须调动所有与此相关的课堂教学要素,整体分析教材、教师、学生、器材、工具软件、图片材料等实际情况,设计课堂教学环节,为成功完成教学目标奠定坚实基础。如表3-1所示。

表3-1　西大版小学《信息技术》六年级上册第一单元"小小摄影师"单元教学目标、育人目标设计

单元名称	小小摄影师
教材、学情及教学安排分析	编者意图分析： 美好的情景总会让我们会心一笑。在手机、平板、数码相机等设备走进寻常百姓家的今天,学会摄影,将身边的精彩锁定下来,存储在电脑里或者与朋友、长辈一起分享,是一件非常美好的事情。对于小学六年级的学生来说,正确使用手机、平板、数码相机等设备拍摄,增添生活情趣也是学习的必要内容。一个完整的照片、视频分享过程需经历"拍摄、编辑、上传"等几个步骤,本单元以数码相片为主要载体,从如何拍摄到编辑再到照片的精确调整及上传(存储),为学生勾勒出了一个完整的加工流程。一方面让学生熟悉数码相片的拍摄、加工、分享等流程,另一方面也为下一单元的视频处理奠定基础。本单元从知识结构上看,由浅入深。从学生已有一定基础的数码相片拍摄入手,到用手机APP进行图片的简单处理,再到用专业的PS软件进行精确、细致的调整。知识层层递进,难度也逐步提升,作品效果也渐渐提升。使学生在学习知识、培养审美能力的同时,也感受到信息技术工具的强大和信息技术带来的便捷。 教材分析： 本单元一共3个活动,共5课时。 活动1精彩瞬间,主要介绍如何用手机、平板、数码相机等数码设备进行校园精彩瞬间的拍摄,要求学生掌握前期拍摄的方法和技巧。并通过不同的构图,使画面具有一定的美感,同时培养学生的审美能力。 活动2在手机上美化图片,介绍了如何利用"美图秀秀"等APP,在手机上对图片进行添加文字、特效、添加边框等处理。通过手机APP的简单操作,感受信息技术环境下的便捷。通过对图片的不同处理,培养学生的审美意识和能力。 活动3图片的简单处理,在前期活动的基础上,进一步深化对图片后期处理技能的掌握。利用了Photoshop这个专业的图片处理软件对图片进行有目的、有意识、有针对性且更为精确、细致的调整。 学情分析： 学生刚进入六年级,对信息技术已经有了浓厚的学习兴趣和愿意深入学习的欲望。他们更希望用学到的信息技术知识解决生活中的一些实际问题。因此,学生对于利用手机、平板等数码设备进行拍摄有着浓厚的兴趣。对拍摄后的照片进行再加工是他们渴望已久且迫切需要掌握的新技能。本单元的学习内容,能让学生深切地感受到信息技术的应用就在身边,学好信息技术能解决身边的实际问题,增添生活的情趣。 教学安排： 本单元共3个活动,建议5课时完成。其中第1课时完成活动1精彩瞬间,第2课时完成活动2在手机上美化图片,第3—5课时完成活动3图片的简单处理。 第1课时,介绍Photoshop的功用、启动(退出)、界面认识、图片的打开、关闭、保存以及裁剪。第2课时,讲解明暗调整,学习色阶和曲线的使用与区别,确保能准确把握各自的特点和优势。第3—5课时,讲解如何应用Photoshop进行图片瑕疵处理。针对"仿制图章工具"的应用(比如,人脸祛斑等),进行探讨。
育人目标	1.根据时代发展要求,能熟练使用手机、平板、数码相机等数码设备拍摄校园。(智育、美育、德育) 2.能利用手机APP进行图片的基本处理。掌握"美图秀秀"的基本使用方法,能灵活运用手机APP。(智育、美育) 3.能利用Photoshop对图片进行处理,并进行精确、细致的调整。感受信息技术的强大魅力。(智育、美育)

二、育人目标的确定

首先，教师要对整个单元的教学内容进行充分解读和整体建构；其次，教师要根据课程标准、单元教学内容、学生的情况和特点来确定该单元及单元内每课时的育人目标。教师应本着"以人为本，关爱学生"的原则，努力为学生的健康成长和终身发展奠定思想品德和人文素养的基础。所以在确定教学目标时，不仅要着眼于培养学生兴趣、训练学生信息技术知识技能，还应着眼于对学生进行文化、伦理和社会等方面的正确引导，着眼于如何帮助学生树立正确的世界观、人生观、价值观，引导学生胸怀远大理想、坚定正确信念。

每个教学单元或每课时的育人目标不一定要完全兼顾德性育人、审美育人、健康育人、劳动育人等几方面，可以根据教学内容合理取舍。教师在确定育人目标时应注意以下几点。

（一）与本课教学内容紧密结合

学科认知、德性育人、审美育人、健康育人、劳动育人这五个方面育人目标的制定，一定要与本课的教学内容紧密结合。如：在"小小摄影师"单元，在教学用手机、相机、摄影机等硬件设备与拍照软件，拍摄校园精彩活动镜头的课程中，教师可以主要选取德性育人中的保护隐私、肖像权等法治规则意识，审美育人中的构图、场景选择方面要遵循整洁美、规则美等作为该课时的主要育人目标；在本单元照片信息加工与表达、特殊场景或特效制作的相关课程中，教师可以主要选取审美育人中的图文协调、健康审美、不可丑化侮辱他人肖像等方面作为该课的主要育人目标；在图片分享、网站上传等网络与信息交流相关课程中，教师可以主要选取德性育人中的法律法规意识、信息道德、信息安全、行为自律，健康育人中的节制欲望等作为该课的主要育人目标。

（二）与单元整体建构有机融合

单元育人目标确立后，应根据教学课时和教学内容的划分情况，确定该单元内各课时的育人目标。各课时的教学应分步骤、有序地落实和推进单元育人目标，不能脱离本单元的总体规划。我们以西大版小学《信息技术》四年级下册第四单元"我是小管家"为例，探讨单元育人目标与课时育人目标的关系。如表3-2所示。

表3-2 "我是小管家"单元育人目标与课时育人目标的关系

单元内容	本单元主要育人目标		各课时主要育人目标
四单元 我是小管家	德性育人： 国家意识—国家认同：通过认识和了解国内外数据处理软件，教育引导学生优先选取国产软件，强化学生的民族认同感。 审美育人： 创造设计—健康审美：感受Excel等软件整理数据的清晰、整洁美。 健康育人： 身体健康—正确姿势、科学用眼。 劳动育人： 劳动价值观—勤于动手：具有动手实践操作验证理论知识的想法和观念。	活动1 管家小帮手	德性育人： 国家意识—国家认同：通过认识和了解国内外数据处理软件，教育引导学生优先选取国产软件，强化学生的民族认同感。 审美育人： 创造设计—健康审美：感受Excel等软件整理数据的清晰、整洁美。 劳动育人： 劳动价值观—勤于动手：具有动手实践操作验证理论知识的想法和观念。
		活动2 美化表格	审美育人： 欣赏评价—图文协调：文本、表格的整洁、协调美。从整体视觉到文字的字体、颜色、大小、结构布局等角度感受、评价作品设计的美感。 劳动育人： 劳动价值观—勤于动手、乐于探究、持之以恒。
		活动3 帮妈妈管家	德性育人： 社会责任—参与意识：积极的学习态度，用所学知识解决现实生活中的问题。 审美育人： 欣赏评价—程序简洁：感受Excel自动求和等公式运算的简洁美。 健康育人： 身体健康—科学用眼：注意用眼卫生，控制使用时间，能够用远眺、做眼保健操等方式保护眼睛。 劳动育人： 操作实践—总结归纳：通过学习Excel中"Σ自动求和"功能的用法，总结归纳公式的使用方法，为下次的实践活动积累经验。
		活动4 统计图	德性育人： 社会责任—参与意识：积极的学习态度，理性的价值判断能力，形成正确的信息社会的世界观、人生观、价值观。 审美育人： 欣赏评价—图文协调：文本、表格的整洁、协调美；从整体视觉到文字的字体、颜色、大小、结构布局等角度感受、评价作品设计的美感。图像的色彩、构图美，从图片的构图艺术、色彩饱和度、光线明暗等角度感受、评价作品的美感。 健康育人： 身体健康—正确姿势、科学用眼。 劳动育人： 劳动价值观—勤于动手、乐于探究、持之以恒。

从上例中可以看出，单元育人目标中的德性育人涵盖了国家意识、社会责任、个人修养三个层面，在各课时的德性育人目标设计中，应根据各课时教学内容将这几个目标分解到该单元的四个课时中，使各课时的德性育人目标鲜明独立；单元内各课时的德性育人目标层层递进，相互关联、照应；前一课时的德性育人目标是后一课时的基础，后一课时的目标又加强、巩固了前一课时的育人效果。

（三）与学生发展息息相关

学生是国家的未来，课堂教学应随时关注学生的发展，了解不同学生的差异，尊重每个学生的发展规律和个性，关心他们的成长，着眼他们的未来。所以我们在进行教学时，要注重培养他们健全的人格，鼓励他们正确认识自我、乐观自信、敢于表达自己的想法；帮助学生从小树立正确的世界观、人生观、价值观，在他们心里埋下理想和信念的种子。

比如，在教学西大版小学《信息技术》五年级上册第一单元活动2"五十六个民族、五十六朵花——网上搜索"一课时，教师可以从百度CEO李彦宏的故事引入，让学生了解到当时在美国硅谷担任程序设计师的李彦宏回国参加国庆观礼，发现国内的互联网行业方兴未艾，于是毅然回国创业。2000年，32岁的李彦宏创建了"百度"公司，主要提供信息检索服务，使中国成为美国、俄罗斯和韩国之外全球仅有的4个拥有独立搜索引擎技术的国家之一。通过故事，让学生在了解与信息技术发展相关的名人的同时，感受他们的赤子之心、爱国之情；培养学生从小以他们为榜样，树立学好本领、报效祖国的决心。

三、教学资源选择

教学资源是指在学校教育中，围绕教学活动的开展，为实现教学目标，优化教学活动，提升教学品质而参与其中且能被开发利用的所有教学要素的总和。[①]这里主要探讨为完成学科认知、德性、审美、健康、劳动等方面的育人目标应如何进行教材加工，如何选取教学媒体材料和教学素材。

根据教学大纲，每一课的教学知识点的讲解、重难点的突破，都是以各种教学素材为载体实现的，教学素材的质量和实用性直接影响到学生学习的兴趣与学习效果。由于教材编写的周期较长、兼顾地域较广，所以教材中提供的教学素材可能存在"过时"或"水土不服"等情况，这就需要老师在备课时，灵活而用心地去选材。

---

① 杨晓奇.教学资源及其优化问题研究[D].南京:南京师范大学,2014.

教师在选取教学资源的时候应注意以下几个原则。

(一)依据育人目标

每个知识单元都有各自具体的育人目标,例如要求学生知道某个概念、掌握某项技能、培养学生的民族自豪感、养成对信息进行鉴别的习惯、感受程序设计语言的简洁美等。为达到不同的育人目标,就需要使用不同的教学素材去传递教学信息。

(二)依托教学内容

信息技术教学分为几大模块,模块不同,适用的教学资源也会有所不同;同一模块中的不同单元和课程,选取的教学资源的难易程度也有不同的要求。教师在选取教学资源时应依托该单元、该课时的教学内容。

(三)遵循学习者特征

不同年龄段的学生对事物的接受能力和认知水平不同,所以选用教学材料的时候必须考虑学习者的年龄特征。例如,三四年级小学生的认知特点是思维直观形象,注意力无法持久集中,因此教学时可以较多地选取色彩鲜艳、生动形象、突出重点的素材。而对于高年级学生,可以选取相对抽象、概括、综合的素材。

(四)贴近学生生活实际

教师要结合学生已有的经验和将要经历的社会生活实际,引导学生关心身边、家庭中与信息技术有关的问题,培养学生的参与意识和动手实践能力,提高信息技术学科的教学实效。教师在制定育人目标时就应注意引导学生将信息技术知识与生活融合在一起,提高利用信息技术学科知识解决生活实际问题的能力。

以西大版小学《信息技术》四年级下册制作电子表格一课为例,书中示范的电子表格为《小明家第四季度各项费用支出表》,教师在准备教学素材时,可以将书中的教学素材替换为《我校一至六年级学生近视率变化表》《四年级各班学生阅读课外书情况统计表》《峨眉山历年各月降水概率表》等供学生作为模仿制作的范例,让学生在制作的过程中,关注自己的视力变化、了解自己的课外书阅读水平、学会规划家庭旅行计划等。

(五)切合信息新时代脉搏

信息技术课程,是落实立德树人根本任务、发展素质教育、弘扬科学精神、提升学生核心素养的重要载体,对于高素质人才的培养具有不可替代的作用。在教学中,教师应将教学内容与时代发展、新闻热点、时事政治相结合,引导学生关注人类面临的与信息技术有关的社会问题,培养学生的社会责任感和参与意识。

以西大版小学《信息技术》三年级上册第一单元活动2"认识电脑家族"为例,本课是学习信息技术硬件的一课,主要让学生了解电脑的基本组成设备,能说出电脑主机箱背部各接口连接设备的名称及作用,同时了解电脑发展的历史及发展趋势,激发学生学习信息技术的兴趣。本课的德性育人目标中有一点为:教育引导学生爱党爱国爱人民爱社会主义,强化学生的民族认同感,激发学生强烈的民族自豪感和为国奋斗的信心与勇气。教师可以结合"中国自主研发的神威·太湖之光"等新闻事件,为学生搜集我国计算机的发展历程、近二十年来全球各国超级计算机数量分年统计动态图等作为本课的教学资源,让学生在观看、对比中感受祖国从落后到跻身世界先进发达国家前列的艰辛与不易,从而落实本课的德性育人目标。

再如,结合2023年9月23日至10月8日举行的第19届亚运会,教师也可将"亚运会知多少""亚运会运动项目简介"等介绍文本或图片作为网络搜索、文本编辑、制作演示文稿等课程的教学资源,有机地融入教学设计中。

四、教学过程设计

通过单元教学内容的统筹规划,对教学对象特征的分析,育人目标的确定,教学模式和教学策略最终会落实到具体的课题教学过程设计上。

教学过程是师生在共同实现教学任务过程中的活动状态变换及其时间流程,由相互依存的教和学两方面构成。教学过程是课堂教学设计的核心。

在进行教学过程设计时应注意以下问题。

(一)遵循教师和学生双主体原则

课程改革要求坚持德育为先、全面发展、能力为重、以人为本、与时俱进,转变教师教学方式和学生学习方式,建立师生学习共同体。在教学过程设计时要注意教师和学生同是课堂教学的主体,尊重学生作为学习主体的权利,也尊重教师作为教学主体的组织、引导、发展的权利,改变以往教师为主导的单一的教学模式。

(二)落实育人目标

所设计的教学过程要能够落实该课的育人目标,用切实有效的活动,促进学生在学科认知、德性、审美、健康、劳动等方面都获得不同程度的发展。

(三)突破重难点

教学重难点是在整个知识体系中处于重要地位的教学内容,教师应选择合适的教学媒体和教学资源,设计有梯度的活动帮助学生突破重难点,掌握相关知识技能。

(四)注重活动的有效性

教学过程中的活动应与教学内容紧密相关,不能本末倒置,不能纯粹为了游戏或让学生动起来而设计。

(五)帮助学生主动建构

所设计的教学环节应能够帮助学生自己主动建构知识,对新的信息主动进行选择加工,建构起自己的理解,对原有的经验进行改造和重组。

五、学业评价设计

《义务教育信息科技课程标准(2022年版)》指出:要树立正确的评价观念,坚持以评促教、以评促学,体现"教—学—评"一致性。要引导教学落实立德树人根本任务,践行社会主义核心价值观;引导教学顺应时代发展、技术创新和社会变革,推进教与学方式改革,着力发展学生核心素养。要加强过程性评价,完善终结性评价。过程性评价侧重反映日常教学过程中学生表现出来的学习进步情况,应贯穿整个教学过程;终结性评价侧重反映学生阶段性学习目标达成度。

(一)过程性评价

过程性评价的主要目的是提升学生对自我的认识,促进学生的学习,改进教师教学和优化教学环境。评价的主要内容包括学生学习态度、学习参与程度、学习内容掌握程度、学习能力和认知能力的发展等方面。

过程性评价应遵循以下原则:(1)评价情境应体现真实性。评价情境创设应基于评价目标,贴近学生学习和生活,反映真实问题。要注重建立情境与问题或任务之间的关联。(2)评价主体应体现多元化。要尊重学生在学习过程中的主体地位,营造开放、宽松的评价氛围,鼓励学生、教师、家长共同参与评价,要积极创造条件,让学生参与评价结果的判断和解释过程。(3)评价方式应体现多样性。要综合运用观察、实验、模拟、仿真等方法,采用纸笔考试、上机实践、作品创作等方式,借助电子档案袋、学习系统等平台记录学生过程性学习数据,注重收集和记录学生在其他课程中运用信息科技的相关表现,全面客观地评估学生的学习过程和学习态度。(4)评价内容应体现全面性。要从考查知识和技能具体掌握情况入手,注重分析学生能力表现、思维过程、情感态度等发展状况,全面评价学生信息意识、计算思维、数字化学习与创新、信息社会责任,把握核心素养整体发展情况。(5)评价反馈应体现指导性。评价结果反馈应尊重学生,根据学生的差异灵活采用口头或书面、鼓励或引导、个别或全体等方式,引导学生树立信心、积极反思、改进学习方法,发挥评价的促学功能。(6)主要环节评价。评价主要包括课堂评价、作业评价、单元与期末评价。

(二)学业水平考试

学业水平考试是依据课程内容和学业质量标准,对学生学完本课程后课程目标达成度进行的省级考试。考试成绩是初中毕业和高一级学校招生录取的重要依据,为评价区域和学校教学质量提供参考,为改进教学提供指导。要根据本地区实际情况采取灵活多样的学业水平考试形式,如纸笔测试、上机实践、自适应测评等。根据学业水平考试的性质和目的,命题应遵循以下基本原则:(1)坚持素养立意。强化育人导向,全面考查学生的信息意识、计算思维、数字化学习与创新和信息社会责任。(2)严格依标命题。坚持教考一致,依据学业质量标准,制订命题框架,创设试题情境,确定任务难度,科学命制题目;注重情境材料、测试任务与课程内容密切关联,全面落实课程标准要求。(3)创新试题形式。推进试题形式改革,增加开放性、综合性、探究性试题,探索在线模拟情境、实践实验、虚拟仿真等类型试题的命制。命题规划是保证命题质量的基础,主要包括:制订命题框架,依据课程目标和课程内容,遵循学业质量标准,构建命题框架。确定测评形式,选择与测评内容相适应的测评形式。规划试卷结构,确定各部分测评内容在试卷中的比例,明确题型、题量、难易度等。具体试题的命制,需要按照"明确测评指标—预估试题的难度水平—确定测评题目的类型—确定试题情境和任务—确定测评题目的评分标准"的流程来进行。

第四节 小学信息技术学科全息育人教学设计案例评析

教学设计是教师在对学生心理特点、认知发展水平、技能基础水平实际情况了解的基础上,依据课程标准和教材内容对教学活动进行的系统的规划过程。小学信息技术学科全息育人教学设计要注意以生为本,创造性地使用教材。从信息技术学科教学的功能出发,结合学科核心素养、学生发展核心素养、教学内容,参照"小学信息技术学科育人框架",立足课程知识结构体系和全册教学内容,统筹单元教学主题,着眼课时或课题设计教学活动。

由于教学设计多种多样,很难把它们一一呈现后进行教学案例评析,因此,在本节中,将从硬件与系统管理、信息加工与表达、网络与信息交流、算法与程序设计这四大模块中选取具有代表性的课程分别举例。

一、硬件与系统管理教学设计案例评析

(一)《整理文件和文件夹》教学设计

表3-3　西大版小学《信息技术》四年级上册第一单元活动3整理文件和文件夹第1课时教学设计

课题	活动3 整理文件和文件夹		授课时间	1课时
课型	新授	总1课时　第1课时		
教材及学情分析	本活动是四年级上册第一单元的最后一课。通过前两课的学习,学生认识了"资源管理器"和"文件路径",能够较熟练地在指定位置建立自己的文件夹,为本课的新知学习做好了技能上的准备。本课主要学习如何规范地整理各类文件和文件夹。通过本课学习,学生将会运用"复制—粘贴""剪切—粘贴"命令,熟练地在各级文件夹中操作,为今后在Word、Excel程序设计中保存和打开文件打好理论和实践基础。 四年级学生普遍年龄为9—10岁,思维活跃、注意力持久度不高,喜欢带着较容易的任务上机操作,在教学中,教师应理论联系实际,用学生比较感兴趣的内容作为作业素材。			
育人目标	学科认知	1.合理分类、整理资源。 2.学会用剪切、复制、粘贴的方法移动或复制文件或文件夹。		
	德性育人	1.学生通过分类整理文件或文件夹的实际操作,形成规则意识,并运用于生活中。 2.在指导学生建立文件夹等操作过程中,提醒学生遵守《计算机教室使用规则》,未经许可不得删除或更改系统、他人信息。		
	审美育人	学生通过分类整理文件或文件夹的实际操作,感受资源管理器分类整理文件的清晰、整洁美。		
	健康育人	1.在课堂教学中遇到学生操作姿势不规范及时提醒,帮助学生养成良好的习惯。 2.在展示评价学生整理后的文件夹时,鼓励学生大胆阐述自己的分类依据,并引导其他学生认真、友善评价,营造宽松的课堂环境、真诚的师生交流氛围。		
	劳动育人	在整理文件夹活动中,引导学生先思考、规划,再动手,培养学生乐于动手、勤于动手、主动参与的意识,并养成全局思考的习惯。		
学习重难点	重点:资源的合理分类,合理规划多级文件夹。			
	难点:复制和剪切的区别。			

续表

课题		活动3 整理文件和文件夹		授课时间	1课时
教学过程					
环节	教学内容	教师活动	学生活动	设计意图(育人点及育人效果预期)	
课题导入	从生活实际出发激发兴趣	整洁桌面大比拼。教师出示几个老师、家长的桌面截图,让学生来当评委,选出"最整洁奖"和"最邋遢奖"。提出问题:你想对"最邋遢奖"获得者说点儿什么?	学生当评委(观看PPT),观看完毕发表意见,谈谈对杂乱的桌面的改进建议。	德性育人:教师通过大比拼活动让学生形成规则意识。审美育人:通过正反两类实例,帮助学生直观感受分类整理文件的清晰、整洁美。	
新课教学	复习引出新知	请学生上台示范上一节课学习的建立文件夹的步骤。请另一学生上台尝试在刚才的文件夹下根据老师出示的文件夹结构图再建立两级5—8个文件夹。	两个学生上台示范讲解,其他学生仔细观看、回顾。		
	学习整理文件夹	播放微课《整理文件和文件夹》。引导学生结合教材或微课学习整理文件、文件夹的方法。	学生集体观看微课,用喜欢的方式自学。		
	动手试一试	活动:帮帮邋遢大王。教师出示邋遢大王的文件夹,里面有15—20个音频、视频、文档、游戏等类型的文件,引导学生观察如何分类。	学生观察、思考后回答。	德性育人:通过"帮帮邋遢大王"活动,使学生形成规则意识,明辨是非,遵守《计算机教室使用规则》,未经许可不可删除或更改系统、他人信息。健康育人:在展示评价学生整理后的文件夹时,鼓励学生大胆阐述自己的分类依据,并引导其他学生认真倾听、友善评价,营造宽松的课堂环境和真诚的师生交流氛围。实践育人:整理文件夹时,引导学生先思考、规划,再动手,养成乐于动手、勤于动手、主动参与的意识,并养成全局思考的习惯。	
		教师根据学生的回答,将学生的分类写在黑板上,最后连上线,形成一个完整的文件夹结构图。	学生通过老师给出的线索去寻找。		
		老师刚才画的这个文件夹结构图,在计算机专业术语中叫"树形目录"。概念解读:什么叫"树形目录"。	学生在自己的电脑中分类整理文件。		
		作品展示,反馈答疑,带领学生辨析"复制—粘贴""剪切—粘贴"命令的区别。	学生展示,提出疑惑(学生:为什么我整理完后,原来的文件夹里还有这么多杂乱的文件呢?)。		

续表

课题		活动3 整理文件和文件夹		授课时间	1课时
新课教学	巩固新知	除了可以按照文件类型来分类进行文件夹管理,还可以根据时间先后、文件用途等来分类。下面请用你认为合适的分类依据来帮助邋遢大王整理文件夹。	学生根据所学,规划、分类、整理。		
课堂反馈		通过今天的学习,你来评评你家的电脑文件管理应该得到什么奖?(整洁奖、邋遢奖)。	学生思考、交流反馈		
课堂小结		今天我们一起认识了"文件夹结构图",知道了管理计算机里的文件要合理规划,知道了"复制—粘贴""剪切—粘贴"命令的不同,希望今后在使用电脑的时候,保持文件和文件夹的清晰、整洁。			
作业布置		通过今天的学习,你来评评你家的电脑文件管理应该得到什么奖?请你根据你家实际需求,规划一个合理的目录结构,整理整理你家的电脑。			
板书设计		活动3 整理文件和文件夹 邋遢大王的宝库 ├─ 图片 ├─ 音乐 ├─ 电影 └─ 文档 　　├─ 文字 　　└─ 表格			
教学反思		本课是针对四年级学生的学情特点而设计的一堂信息技术课。导入环节从生活实际出发,评选出"最整洁奖"和"最邋遢奖",让学生直观感受整洁、清晰美,引导学生形成规则意识。开课时,带领学生复习上节课建立文件夹的步骤,让学生为接下来的整理文件和文件夹等活动做好技能上的准备。通过创设的"帮帮邋遢大王"活动,认识"树形目录",学会"复制、剪切、粘贴"。活动化的形式,自我教育的形式,让学生形成规则意识,并运用于生活中,学会先思考、规划,再动手。学生乐于动手、勤于动手、主动参与的意识得到培养,在德性、健康、实践等方面的能力得到了提高,课堂收到了实效。			

(二)案例评析

"硬件与系统管理"模块是小学信息技术教育的入门阶段,是操作、使用计算机的基础,是信息技术课程的入门,是学习后续内容的前提。通过本模块的学习,学生应能了解计算机硬件的基本组成,学习文件管理的具体操作,形成负责、安全使用计算机的意识。

《整理文件和文件夹》这一课主要学习如何规范地整理各类文件和文件夹。通过本课学习,学生将会运用"复制—粘贴""剪切—粘贴"命令,熟练地在各级文件夹中进行操作,为今后在 Word、Excel 程序设计中保存和打开文件打好理论和实践基础。本课以整理自己的文件夹为切入点,预设了以下几个育人目标:1.通过分类整理文件或文件夹的实际操作,形成规则意识,并运用于生活中。2.培养学生养成遵守《计算机教室使用规则》,未经许可不得删除或更改系统、他人信息等习惯。3.感受资源管理器分类整理文件的清晰、整洁美。4.养成良好的操作姿势与习惯。5.引导学生先思考、规划,再动手,养成乐于动手、勤于动手、主动参与的意识,并养成全局思考的习惯。

从信息科技实践应用出发,注重帮助学生理解基本概念和基本原理,提升学生知识迁移能力和学科思维水平,体现"科"与"技"并重。从人类掌握一项本领的层级分类看,首先是动手的技术(操作的技术),这是技术的基础;其次是如何做的技术(技术方法,如设计的技术和开发的技术等),这是技术的主干;最后是为何做的技术(技术思想和价值),这是技术的灵魂。注重创设真实情境,引入多元化数字资源,提高学生的学习参与度,鼓励"做中学""用中学""创中学",凸显学生的主体性。

比如,在《整理文件和文件夹》这一课中,为什么要管理,即管理的目的,这是"为何做"的技术;如何管理,涉及分类管理思想,这是"如何做"的技术;管理的具体操作,即涉及文件的选定、移动、删除、复制等相关操作,这是"动手做"的技术。教师在教学中要很自然地将这三个层面融合到一起,才能使学生理解这部分内容。

课堂设计以学生当评委的方式引出,让学生站在评判者的角度来观察几个老师及家长的电脑桌面截图,评选出"最整洁奖"和"最邋遢奖"。让学生主动建立正确的审美和秩序标准,主动思考整理文件夹的重要性。并以"帮帮邋遢大王"贯穿课堂,让学生带着目标去主动学习,自主探索,并通过展示评价学生整理后的文件夹,鼓励学生大胆阐述自己的分类依据,引导其他学生认真聆听、友善评价,营造宽松的课堂环境和真诚的师生交流氛围。让学生在活动中去探索、实践、感悟,促进学生品德、审美、实践能力的发展。

二、信息加工与表达教学设计案例评析

（一）《精彩瞬间》教学设计

表3-4　西大版小学《信息技术》六年级上册第一单元活动1精彩瞬间第1课时教学设计

单元 名称	小小摄影师
教材及 学情分析	编者意图分析： 美好的情景总会让我们会心一笑。在手机、平板、数码相机等设备走进寻常百姓家的今天，学会摄影，将身边的精彩锁定下来，存储在电脑里或者与朋友、长辈一起分享，是一件非常美好的事情。对于小学六年级的学生来说，正确使用手机、平板、数码相机等设备拍摄，增添生活情趣也是学习的必要内容。一个完整的照片、视频分享过程需经历"拍摄、编辑、上传"几个步骤，本单元以数码相片为主要载体，从如何拍摄到编辑再到照片的精确调整及上传（存储），为学生勾勒出了一个完整的加工流程。一方面让学生熟悉数码相片的拍摄、加工、分享等流程，另一方面也为下一单元的视频处理奠定基础。本单元从知识结构上看，由浅入深。从学生已有一定基础的数码相片拍摄入手，到用手机APP进行图片的简单处理，再到用专业的PS软件进行精确、细致的调整。知识层层递进，难度也逐步提升，作品效果也渐渐提升。使学生在学习知识、培养审美能力的同时，也感受到信息技术工具的强大和信息技术带来的便捷。 教材分析： 本单元一共3个活动，共5课时。 活动1精彩瞬间，主要介绍如何用手机、平板、数码相机等数码设备进行校园精彩瞬间的拍摄，要求学生掌握前期拍摄的方法和技巧。并通过不同的构图，使画面具有一定的美感，同时培养学生的审美能力。 活动2在手机上美化图片，介绍了如何利用"美图秀秀"等APP，在手机上对图片进行添加文字、特效、添加边框等处理。通过手机APP的简单操作，感受信息技术环境下的便捷。通过对图片的不同处理，培养学生的审美意识和能力。 活动3图片的简单处理，在前期活动的基础上，进一步深化对图片后期处理技能的掌握。利用了Photoshop这个专业的图片处理软件对图片进行有目的、有意识、有针对性且更为精确、细致的调整。 学情分析： 学生刚进入六年级，对信息技术已经有了浓厚的学习兴趣和愿意深入学习的欲望。他们更希望用学到的信息技术知识解决生活中的一些实际问题。因此，学生对于利用手机、平板等数码设备进行拍摄有着浓厚的兴趣。对拍摄后的照片进行再加工是他们渴望已久且迫切需要掌握的新技能。本单元的学习内容，能让学生深切地感受到信息技术的应用就在身边，学好信息技术能解决身边的实际问题，增添生活的情趣。 教学安排： 本单元共3个活动，建议5课时完成。其中第1课时完成活动1精彩瞬间，第2课时完成活动2在手机上美化图片，第3—5课时完成活动3图片的简单处理。 第1课时，介绍Photoshop的功用、启动（退出）、界面认识、图片的打开、关闭、保存以及裁剪。第2课时，讲解明暗调整，学习色阶和曲线的使用与区别，确保能准确把握各自的特点和优势。第3—5课时，讲解如何应用Photoshop进行图片瑕疵处理。针对"仿制图章工具"的应用（比如，人脸祛斑等），进行探讨。

续表

单元名称	小小摄影师		
育人目标	1.根据时代发展要求,能熟练使用手机、平板、数码相机等数码设备拍摄校园。(智育、美育、德育) 2.能利用手机APP进行图片的基本处理。掌握"美图秀秀"的基本使用方法,能灵活运用手机APP。(智育、美育) 3.能利用Photoshop对图片进行处理,并进行精确、细致的调整。感受信息技术的强大魅力。(智育、美育)		
学习重难点	学习重点: 1.掌握用手机、平板或数码相机等数码设备(至少一种)拍摄照片的方法。 2.能用"美图秀秀"等APP(至少一种)对图片进行简单处理。 3.掌握用Photoshop进行图片的裁剪、明暗调整和瑕疵处理。 学习难点: 1.拍摄构图。 2.用Photoshop对图片进行精确、细致的处理。		
课前准备	学生用手机、平板、数码相机或其他数码照相设备。 有1—2张需要处理的图片。		
课题	活动1精彩瞬间	授课时间	1课时
教材及学情分析	随着信息技术的广泛普及,生活中处处可见各式各样的信息技术设备,其中手机、平板、相机等拍照设备日新月异,人们也习惯了用最便捷的设备拍录生活中的点点滴滴。小学六年级的学生,其动手操作能力,形象、逻辑思维的能力都得到较大发展,能够适应除电脑外的其他数字设备带来的新的体验,并且有较大的求知欲。本课开展数字设备的拍照教学,可谓恰逢时机,既能帮助学生掌握新技术新技能,又能为后续的图片处理提供前提,掌握构图艺术和色彩艺术的相关知识,是培养学生德智体美劳全面发展的有效途径。		
育人目标	学科认知	知识点:会用三分法、S形、对角线、三角形等四种构图法拍摄照片。学生能使用手机、平板、照相机拍摄景物、人物等。	
	德性育人	社会责任—法律法规:未经允许不得拍摄和发布涉及国家秘密的照片。引用的图片资源,未经授权不得使用,或作商用,如要临时使用必须注明出处,遵守知识产权相关法律法规。有关人物肖像的图片,不得随意使用,更不能随意展示涉及他人隐私的照片,遵守肖像权等法律法规。	
	审美育人	欣赏评价—图文协调:从构图、色彩、拍摄的意义等方面体验图片的美。	
	健康育人	身体健康—正确姿势:拍摄的姿势要正确,要注意人身安全,不能去危险的地方拍照;手执拍照设备要稳,避免掉落手机、相机等。	
	劳动育人	劳动价值观—勤于动手:激发学生的兴趣,鼓励学生积极参与练习活动,并通过活动验证自己的想法。	
学习重难点	重点:掌握三分法、S形、对角线、三角形等四种构图法。 难点:会用三分法、S形、对角线、三角形等四种构图法拍摄照片。		

续表

单元名称	小小摄影师			
教学过程				
环节	教学内容	教师活动	学生活动	设计意图(育人点及育人效果预期)
课题导入	欣赏照片,感受图片的美	播放展示图片的视频(或PPT)。你们觉得这些图片美吗?哪些方面让你们觉得美?	学生欣赏时,发现图片主体突出,画面清晰,色彩鲜明的特征。	审美育人:选择精美的图片,从构图、色彩、拍摄的意义等方面体验图片的美。
新课教学	认识数字摄像设备	你们拍过照片吗?用过什么工具拍照?让你们最喜欢的是哪次拍摄,是拍的什么呢?	学生回答。	实践育人:激发学生的兴趣,鼓励学生积极参与实践活动。
新课教学	做好拍照准备	拍好照片的正确做法是怎样的呢?一是,必须做好拍摄前的准备。首先,要确定拍摄的主体是什么?是一个人,还是一群人?是一只小动物,还是一朵鲜花?是冰山一角,还是山川河流?然后,在确定好主体后,选择有利位置,让拍摄的主体更加突出,画面更加美观。二是,拍摄时要保持设备平稳,对准被拍摄主体,调整好焦距,然后拍摄。今天,我们就在校园里,你准备选的拍摄主体是什么呢?	学生思考,并确定自己拍摄的主体。	
新课教学	拍照的构图方法	这里有几张同伴拍摄的照片,我们来评判一下,拍得好吗?依次展示照片。怎样才能快速拍摄出好的照片呢?首先,学会拍摄的构图,其中三分法、S形、对角线、三角形构图法都是较常用的拍摄构图方法。其次,我们还要考虑拍摄时的光线,尽量让照片的主体清晰等。	通过学生的原始认知,说出自己的想法。学生上网搜索,了解更多的拍摄技巧。	审美育人:首先讲解画面构图的知识,并指导学生选择适合的角度,调整成像的色彩饱和度、光线明暗等,在具有审美能力的基础上进行拍摄。
	拍照实践活动	在掌握了这些方法后,我们可以参加一些拍摄的实践活动,来验证我们的方法。但是,我们在实际拍摄时,还要注意这些问题:1.不能随意将人物的面部作为拍摄的主体,要尊重和保护他人和自己的肖像权。2.不得偷拍他人的隐私。3.未经允许不得拍摄和发布涉及国家秘密的照片。4.拍摄的姿势要正确,要注意人身安全,不能去危险的地方拍照;手执拍照设备要稳,避免掉落手机、相机等,损坏设备。	学生有组织、有纪律地参加拍摄活动。	德性育人:1.遵守肖像权等法律法规。2.未经允许不得拍摄和发布涉及国家秘密的照片。

续表

单元名称	小小摄影师		
作品交流展示	收回学生的拍摄照片,进行展示。 评价时,从构图的方法、色彩等方面进行描述。 拍摄的照片,在不违反相关法律法规的前提下,其著作权就属于拍摄的作者。其他任何个人和集体,在未经作者授权前,不得使用或作为商用,如要临时使用必须注明出处。	照片作者先对自己的作品自评。 同伴对作品进行评价。	审美育人: 评价时,从画面构图、色彩饱和度、光线明暗等进行描述。 德性育人: 遵守知识产权相关法律法规。
课堂反馈	在本堂课的学习中,你有哪些收获?		知道并掌握拍摄的步骤和画面构图的方法等。能从照片构图、色彩等角度欣赏图片。 知道有关肖像权、隐私权、国家安全等数字资源使用规范和相关法律、法规。
课堂小结	本节课,我们了解了与拍摄相关的数字设备,并掌握了规范的步骤进行拍摄,以及在拍摄中运用美学相关的构图和成像方法美化照片。在学习信息技术知识技能的同时,提高了学生动手动脑的能力,得到美的熏陶,能够运用相关的法律法规、行为准则规范自己的行为。		
作业布置	利用业余时间,在家长的陪同下,拍摄一些有意思的照片与同学、教师和朋友们分享,体验分享的快乐。		
板书设计	活动1精彩瞬间	构图方法:三分法、S形、对角线、三角形 肖像权 隐私权 国家秘密 禁止拍摄 数字拍照设备:手机、平板、数码相机 拍摄步骤:确定主体、调整角度、保持平稳、聚焦拍摄	
教学反思	本课通过欣赏照片,感受图片的美引入新课,激发学生的兴趣,鼓励学生积极参与实践活动,并通过活动验证自己的想法。通过认识摄像设备、学习拍照步骤、了解构图方法……让学生较为系统专业地了解摄影。通过拍照实践活动,让学生参与拍摄实践,通过活动验证自己的所学、所想。在拍摄中运用与美学相关的构图和成像方法美化照片。在学习信息技术知识技能的同时,提高学生的动手动脑能力,得到美的熏陶,能够运用相关的法律法规、行为准则规范自己的行为。		

(二)案例评析

从信息技术课程的命名可以看出"信息加工与表达"模块的重要性。"信息加工与表达"模块着重培养学生对信息的创造过程及利用过程,是本学科的核心内容。通过本模块的学习,学生应能够借助各种简单工具编辑多种媒体信息,如:文本、表格、图片、声音、动画……并根据学习与生活的实际需要利用各种媒体来进行简单表达,实现有效的交流,在此过程中对多媒体技术及其应用形成初步认识。

在本模块的教学中,一方面,要联系实际培养学生利用信息技术解决问题的能力,让学生感悟技术的实用价值。另一方面,要展现信息技术发展与应用中蕴藏的人文精神,并有机地渗透道德和审美教育。

因此,在《精彩瞬间》这一课的设计中,从学生的生活出发,紧密联系生活,进行生活化的课堂教学,通过引导学生欣赏拍摄精美的照片,去发现如何才是美,引导学生学习用技术去创造美,学会从技术的角度去欣赏生活中的美。遵循知识来源于生活又应用于生活的原则。

三、网络与信息交流教学设计案例评析

(一)《微信的使用》教学设计

表3-5 西大版小学《信息技术》五年级下册第三单元活动4微信的使用第2课时教学设计

课题	活动4 微信的使用		授课时间	1课时
课型	新授		总2课时 第2课时	
教材及学情分析	本活动是五年级下期第5课,学生学习了网络社交软件——微信以及微信扫一扫、微信拍照翻译之后的补充,对比微信拍照翻译功能,深入学习百度手机APP拍照搜索相关功能。通过上期对网络浏览器、搜索引擎的学习,学生了解了目前流行的各类浏览器,和常用搜索引擎的作用及打开方法,能利用电脑在搜索引擎中输入关键字查找需要的内容,为本节课学习使用手机百度拍照搜索做好了技能上的准备。 本课主要通过学习使用百度拍照搜索中的扫码、识花、识垃圾等功能,了解目前流行的手机工具软件,感受搜索引擎与移动设备结合后所带来的技术革新与科技的快速发展带给我们的便利。 五年级学生普遍年龄为10—11岁,这个年龄段的孩子思维活跃、动手能力较强,对新事物非常感兴趣,在教学中,教师应结合生活实际,引导学生在动手动脑的同时,反思自己的上网行为,做到有的放矢、不在虚拟世界中虚度光阴;增强学生上网期间的自我保护意识。			
育人目标	学科认知	1.认识百度拍照搜索。 2.了解百度拍照搜索的常用功能和基本原理。		
	德性育人	1.国家意识—国家认同:引导学生了解民族企业,了解国产软件,强化学生的民族认同感,激发学生强烈的民族自豪感和为国奋斗的信心与勇气。 2.个人修养—行为自律:引导学生在信息技术活动中,明辨是非,增强自制力,自觉地规范自己的行为。 3.个人修养—信息安全:提高学生鉴别网络信息的安全意识,引导学生学会筛选、抵御不良信息,保护个人信息和财产安全。		
	审美育人	—		
	健康育人	心理健康—节制欲望:培养自制力,有效管控自己的信息活动行为,抵制诱惑,不沉溺于游戏、网络。		
	劳动育人	劳动价值观—乐于探究:鼓励引导学生乐于参与实践活动,并积极探究。		
学习重难点	重点:1.能够灵活运用百度拍照搜索的常用功能。 2.提高学生鉴别网络信息的安全意识,引导学生学会筛选、抵御不良信息,保护个人信息和财产安全。 难点:能够灵活运用百度拍照搜索的常用功能。			

续表

课题		活动4 微信的使用	授课时间	1课时
课型		新授	总2课时 第2课时	
教学过程				
环节	教学内容	教师活动	学生活动	设计意图(育人点及育人效果预期)
复习	通过复习巩固上节课所学	1.讲评上节课作业。 师：首先我们来回顾一下上周的作业情况。中国近现代著名史学家、哲学家王国维在《人间词话》里说："古今之成大事业、大学问者，必经过三种境界：立、守、得。第一境，立：'昨夜西风凋碧树。独上西楼，望尽天涯路。'"意思就是：无论外界环境多么恶劣，只有不顾困难，爬上高楼，居高临下才能看到别人看不到的地方。可见，不受外界干扰，坚持做好自己该做的事，是取得成功的基础。我们班有些同学就做到了"立"这第一层的境界，排除外界各种干扰一直坚持按时上课，认真完成每一次的作业，也希望更多同学在接下来的学习中像他们一样，克服万难，坚持每天的学习、完成各科的作业，迈向成功的第一境界。 2.引出新知。 师：我们班大部分同学都知道百度也可以翻译，还可以搜题，看来这两项功能同学们用得比较多，对于百度的识文字、识花、识垃圾等功能，有较多的同学还不太清楚。也有小朋友课后和老师探讨识文字、识花、识垃圾的功能怎么用。我们今天就一起用手机来试一试百度拍照搜索的识文字、识花、识垃圾的功能。	学生观看上周学习认真优秀学生奖状。 学生观看上周作业点评，总结自己掌握不牢的知识点。	健康育人： 心理健康—节制欲望：通过讲评最近几周学习情况，引导学生培养自制力，有效管控自己的信息活动行为，抵制诱惑，不沉迷于游戏、网络。
新课教学	激趣引入新知	师：在正式学习之前，我们一起来玩一个小游戏，老师给大家几个提示，看谁能最先猜出这位名人来。1.他生活在南宋；2.他是一位著名的词人；3.他孤身率领五十多名士兵深夜袭击几万人的敌营，擒拿叛徒；4.他别号稼轩居士。他就是南宋爱国词人辛弃疾。同学们知道为什么我要请大家来猜他吗？因为他的一首词，给了八百多年后的一位在美国硅谷工作的年轻华人灵感，而创建了一家知名的互联网公司。这首词就是《青玉案·元夕》： 东风夜放花千树，更吹落，星如雨。宝马雕车香满路。凤箫声动，玉壶光转，一夜鱼龙舞。	学生通过老师给出的线索思考、抢答。	德性育人： 国家意识—国家认同：多学科融合，通过了解国学经典，讲解爱国词人。引出当代爱国民族企业家。

续表

课题	活动4 微信的使用		授课时间	1课时
课型	新授		总2课时 第2课时	

新课教学	激趣引入新知	蛾儿雪柳黄金缕，笑语盈盈暗香去。众里寻他千百度，蓦然回首，那人却在，灯火阑珊处。你猜到这家知名的互联网公司的名字了吗？（答案：百度）	学生思考、抢答。	
	了解百度搜索引擎	1.了解百度公司的创建。 师：1996年，时为美国硅谷Infoseek资深工程师的李彦宏提出超链分析技术，奠定了整个现代搜索引擎发展趋势和方向。1999年，李彦宏回国参加国庆观礼，发现国内的互联网发展方兴未艾，于是毅然回国创业。2000年，32岁的李彦宏创建了"百度"公司，主要提供信息检索服务，使中国成为美国、俄罗斯和韩国之外拥有独立搜索引擎技术的4个国家之一。 2.了解百度搜索引擎。 师：在电脑中打开一个浏览器，比如：搜狗、IE、火狐浏览器，输入www.baidu.com网址，就可以打开百度网站的首页，也就是我们常见的百度搜索引擎的界面。我们可以在搜索框里输入文字来搜索新闻、图片、音乐、视频、地图……像这样能够帮助我们从浩瀚的互联网中检索出查找信息的系统，我们称之为"搜索引擎"。 3.了解全球知名搜索引擎。 展示国内外使用人数最多的几种搜索引擎：谷歌、百度、必应、神马。	学生集体观看PPT。 学生思考，讨论。	德性育人： 国家意识—国家认同：引导学生了解民族企业，了解国产软件，强化学生的民族认同感，激发学生强烈的民族自豪感和为国奋斗的信心与勇气。
	认识百度拍照搜索	师：在网页搜索引擎时代，想要找到需要的内容，必须输入描述性的文字，即：关键字。但有时候我们看到一朵很漂亮的花，却不知道它叫什么名字，应该如何搜索这种植物的相关信息呢？鲁迅说过："不满足，是向上的车轮，能够载着不自满的人类向前进。"因为有了人们不同种类的需求，才有了网页搜索引擎公司向移动端的发展。国内外各大搜索引擎：谷歌、必应、百度、神马、搜狗、360……都推出了自家的移动端APP。APP就是安装在智能手机上的软件。利用智能手机自带的摄像头、话筒，我们的信息检索方式从"文字"变得更加多元化，照片、二维码、录音都可以作为关键信息来进行搜索。	学生思考后回答。 学生通过老师给出的线索去寻找。	

续表

课题		活动4 微信的使用		授课时间	1课时
课型		新授		总2课时 第2课时	
新课教学	学习新知	1.学会打开百度APP拍照搜索。 师:接下来我们以百度APP为例,进入我们的课堂练习环节。我们今天的活动把同学们按性别分成男、女两队,我们来比一比,看哪一队的同学参与课堂活动最积极。同学们拿出准备好的能上网的智能手机,没有手机的同学就认真观看,晚上等爸爸妈妈回家后再用他们的手机来练习。 师:首先请同学们打开手机中的百度APP,然后请同学们找到搜索框旁边的相机按钮,接着选择你要查找的类型。 师:我们首先来选"扫码",学习使用拍照搜索中的"扫码"功能。请同学们对准自己准备的二维码或条形码进行扫描。你扫描之后得到了什么信息? 练习反馈:有同学扫出了王国维先生撰写的《人间词话》这本书在网上的实时售价,有同学扫出了自己家书籍的信息。 2.学会防范不法分子。 师:老师还有几个二维码,同学们想不想扫一扫,看看是什么商品? (教师准备几张二维码,这几张二维码分别链接教师提前制作的"转账成功"提示页面、账号、密码被盗的页面) 师:扫到转账成功图片的同学不要紧张,这只是老师给大家挖的"陷阱",就是为了提醒大家,以后在使用手机扫码功能的时候,一定要擦亮双眼,不要被不法分子真的盗走了你的现金或隐私! 3.学习使用拍照搜索中的"识花"功能。 教师出示几张花卉图片,学生用百度拍照搜索中的"识花"选项来搜索试一试。	学生根据老师示范的步骤打开手机中的百度APP,尝试拍照搜索。 学生展示自己扫码后的结果。 学生展示自己扫老师提供的二维码后的结果。 学生根据老师提示的操作步骤,练习拍照识花。	学科认知: 通过了解百度拍照搜索的常用功能和基本原理,了解百度识图准确率不能达到100%的原因,激发学生的学习热情。 德性育人: 个人修养——信息安全:通过扫描老师提前准备好的"陷阱"二维码,培养学生鉴别网络信息的安全意识,提高学生筛选、抵御不良信息,保护个人信息和财产安全的能力。	

127

续表

课题		活动4 微信的使用		授课时间	1课时
课型		新授		总2课时 第2课时	
新课教学	学习新知	师:百度识图的识别正确率虽然不能达到百分之百,但它利用颜色分布直方图算法、灰度差异算法、指纹算法函数等技术,将扫描到的图片提取特征与后台数据库中的内容进行比对,然后推断出结论反馈给用户,其中涉及数学、统计学、图像编码学等多门学科。希望将来有一天你能让百度识图的正确率达到更高的水平。 4.学习使用拍照搜索中的"识垃圾"功能。 师:垃圾分类投放,有利于我们对垃圾的回收再利用。2019年7月1日,上海成为全国首个实施垃圾分类的城市,11月重庆也有很多街道、学校开始试行垃圾分类管理。你能准确地把垃圾投放进正确的垃圾桶内吗?		学生对准某种垃圾拍照搜索,也可以扫描老师发出的图片,看看这些常见的生活垃圾应该被扔进哪个垃圾桶内。 学生展示自己扫描后的结果。	德性育人: 个人修养—信息道德:引导学生将信息技术活动与生活相联系,树立遵守社会规范的意识和正确的公民意识。
	小结	1.小结百度拍照搜索常见功能。 师:刚才在全班同学的共同努力下,我们体验了百度拍照"扫码""识花""识垃圾"功能。百度拍照搜索的功能还有很多,搜狗拍照有哪些不同的功能?有兴趣的同学下课后可以自己动手试一试,然后和家人交流一下。注意玩手机不能超过半个小时,不要影响自己的学习、生活。 2.探讨如何正确使用百度拍照搜索"搜题"功能。 师:还有同学无师自通地发现了百度的"搜题"功能,除了百度,网络上还有很多拍照搜题的APP,但老师要提醒一下同学们,碰到做不来的题,一定要自己动脑筋,实在解决不了的,如果你们要拍照搜题,也要弄懂每一个步骤和解题思路,才能有所收获。		学生根据刚才的操作,总结学到的知识。 学生思考"搜题"的利弊,积极参与讨论。	德性育人: 个人修养—行为自律:通过信息技术活动与学习生活实际相联系,引导学生明辨是非,增强自制力,自觉地规范自己的行为。
课堂小结		师:百度CEO李彦宏说:"倘若知识和信息是一个海洋,百度就是一艘船,帮助每一个有需要的人从迷茫走向成功。"所以,希望你们能用好这艘船,让它帮你们克服种种困难,到达成功的彼岸。同学们,只有历经千辛万苦去破解难题,你们才会体会到成功的乐趣;只有在学习和成长的道路上经过重重磨难,你们才能体味出达到成功最高境界的喜悦。			德性育人: 多学科融合,通过引用名人名言和国学经典,鼓励学生不怕困难,坚持上好每一节网课。与课堂开课首尾照应。

续表

课题	活动4 微信的使用		授课时间	1课时
课型	新授		总2课时 第2课时	
作业布置	完成以下选择题： 1.全球最大的英文搜索引擎是（　　） A.必应　　B.谷歌　　C.百度　　D.360 2.全球最大的中文搜索引擎是（　　） A.搜狗　　B.谷歌　　C.百度　　D.雅虎 3.知道歌曲的名字，就可以用歌名当关键字搜索歌曲。（　　） A.对　　　B.错 4.看到不认识的植物，可以用拍照搜索的方式来搜索植物名称。（　　） A.对　　　B.错 5.看到不会做的题，利用拍照搜题，直接把答案抄下来就可以了。（　　） A.对　　　B.错 6.学校大门外贴了一张印有二维码的宣传单，你认为以下哪个说法正确？（　　） A.扫一扫，又不会有什么　　B.不清楚来源的二维码最好不要扫			
板书设计	活动4 微信的使用 百度搜索引擎　拍照搜索 扫码 识花 识垃圾 搜题			
教学反思	本课是一次网络直播课，为了检验学生在家学习网课的学习效果，在开课时首先向学生反馈上节课课后作业的完成情况，并点评。以猜谜形式引入新课，不仅调动学生的参与热情，还让学生在学习信息技术的同时，重温经典国学、重新认识爱国诗人，并通过"众里寻他千百度"引出本课将要学习的百度搜索引擎。通过百度搜索引擎诞生背景和发展历史的深度了解，激发学生的爱国热情。本课利用学生在家上网课，有手机、平板、网络的优势，通过大量的搜索任务，让学生积极参与实践活动；让信息技术活动与学习生活实际相联系，引导学生明辨是非，增强自制力，自觉地规范自己的行为。			

(二)案例评析

"网络与信息"模块主要注重培养学生掌握网络社会生存的基本能力，理解当今社会是网络与现实交织的社会。通过本模块的学习，学生应初步形成通过网络获取信息的意识，掌握通过网络获取信息的基本方法，能够借助网络进行交流；通过体验网络的基本应用，感悟因特网魅力，在解决日常生活、学习中的实际问题的过程中体验网络给人们的生活、学习带来的变化。

现代媒体，尤其是以网络为载体的现代电子媒介已经成为学生生活的重要组成部分，网络正以惊人的力量和速度改变着人类的时空观念、生活方式。青少年是使用网络的主力军，他们借助电脑、手机等媒体终端可以便捷地登录互联网，传递信息、接受教育、游戏娱乐等。然而,网络也是一把双刃剑,利弊同在。如何趋利避害,让青少年在纷繁复杂的信息中,具有正确的认知力、判断力和健康的媒介解读、批判能力,形成健康的网络道德认知、网络道德情感和网络道德意向是本模块要解决的问题。

在本模块的教学中,既要联系实际培养学生利用信息技术解决问题的能力,让学生感悟信息技术的使用价值,又要展现信息技术发展与应用中蕴藏的人文精神,渗透有关社会责任感的培养,并有意识地设计相关的人文、社会教育主题,引导学生在信息技术应用过程中,不断内化相关的伦理道德观念与法律法规意识,逐步养成负责、健康、安全的信息技术使用习惯。并适度渗透爱国主义教育,挖掘学生身边被广泛应用的国产信息技术软硬件品牌的应用实例,联系我国在信息技术自主知识产权的发展现状和参与国际信息技术标准建设方面的成效,了解和体验我国在信息化建设特别是核心信息技术发展方面所取得的重大成就和发展动态,理解开放源代码的重要价值,激发振兴民族信息技术产业的信心和决心,弘扬中华民族精神。

《微信的使用》这一课是在学生学习了网络社交软件——微信以及微信扫一扫、微信拍照翻译之后的补充,对比微信拍照翻译功能,深入学习百度手机APP拍照搜索相关功能。通过五年级上期对网络浏览器、搜索引擎的学习,学生了解了目前流行的各类浏览器和常用搜索引擎的作用及使用方法,能利用电脑在搜索引擎中输入关键字查找需要的内容,为本节课学习使用手机百度拍照搜索做好了技能上的准备。本课主要通过学习使用百度拍照搜索中的扫码、识花、识垃圾等功能,了解目前流行的手机工具软件,感受搜索引擎与移动设备结合后所带来的技术革新与科技的快速发展带给我们的便利。

本课以中国文化名人辛弃疾、王国维的诗文以及李彦宏的归国创业故事引出"百度"的由来,以百度搜索引擎在世界范围内的地位及影响为切入点,预设了以下几个育人目标:1.国家意识—国家认同:引导学生了解民族企业,了解国产软件,强化学生的民族认同感,激发学生强烈的民族自豪感和为国奋斗的信心与勇气。2.个人修养—行为自律:引导学生在信息技术活动中,明辨是非,增强自制力,自觉地规范自己的行为。3.个人修养—信息安全:提高学生鉴别网络信息的安全意识,引导学生学会筛选、抵御不良信息,保护个人信息和财产安全。4.心理健康—节制欲望:培养自制力,有效管控自己的信息活动行为,抵制诱惑,不沉迷于游戏、网络。

整节课设计用一系列的拍照搜索活动,层层深入、互相关联,让学生亲身感受网络安全隐患,从而达到提高学生鉴别网络信息的安全意识,学会筛选、抵御不良信息,保护个人信息和财产安全,有效管控自己的信息活动行为,抵制诱惑等目的。

四、算法与程序设计教学设计案例评析

(一)《创意游戏设计》教学设计

表3-6　西大版小学《信息技术》六年级下册第五单元活动4创意游戏设计第1课时教学设计

课题	活动4 创意游戏设计		授课时间	1课时
课型	新授		总2课时 第1课时	
教材及学情分析	教材分析： 近年来，随着智能技术的飞速发展，国务院发布的《新一代人工智能发展规划》提出，要广泛开展人工智能科普活动，在中小学设置人工智能相关课程，逐步推广编程教育。"创意游戏设计"是西大版《信息技术》六年级下册第五单元活动4的内容，这一单元主要学习Scratch编程软件的基本操作。本课内容是对Scratch软件的进阶学习，即使用"侦测、控制、事件、外观"等指令，制作一个垃圾分类小游戏，在设计游戏的过程中不断激发学生的编程思维和计算思维，通过设计游戏使学生学会正确的垃圾分类方法和树立正确的环保意识。			
	学情分析： 1.通过前面的学习，学生已掌握了Scratch软件的基本操作，能比较熟练地使用角色、舞台和脚本等工具来完成一定的学习任务。 2.学生两极分化严重，部分学生基本知识掌握得不够好，独立完成任务的能力有待进一步加强，需要老师和其他同学的指导。 3.学生对本单元内容的学习兴趣十分浓厚，学习主动性强，需要进一步激发其创造能力和动手能力，教师在讲解的时候要关注细节，让学生弄懂每一个指令使用的原因、产生的效果及难点问题，培养学生解决问题的能力。			
育人目标	学科认知	1.掌握"侦测、控制、事件、外观"等指令，制作垃圾分类小游戏。 2.能利用"复制、粘贴"命令简化相同的脚本的搭建。 3.在不断学习Scratch的过程中，提高编程思维和计算思维能力。		
	德性育人	社会责任——参与意识：积极的学习态度，对信息技术有浓厚的兴趣。 个人修养——信息道德：自觉遵守信息道德规范、伦理准则。		
	审美育人	欣赏评价——图文协调：从整体视觉到文字的字体、颜色、大小、结构布局等角度感受、评价作品的整洁、协调美。		
	健康育人	心理健康——节制欲望：能抵制诱惑，不沉迷于游戏、网络等，培养自制力，有效管控自己的信息活动行为。		
	劳动实践	劳动价值观——持之以恒：培养学生遇到挫折不轻易放弃的品质，遇到困难，能够合理寻求解决方案。 劳动价值观——勤于动手：具有动手实践操作验证理论知识的想法和观念。		

131

续表

课题	活动4 创意游戏设计	授课时间	1课时
课型	新授	总2课时 第1课时	

学习重难点	重点:"侦测、控制、事件、外观"等指令的使用。
	难点:在不断学习Scratch的过程中,提高编程思维和计算思维能力。

教学过程

环节	教学内容	教师活动	学生活动	设计意图(育人点及育人效果预期)
情景导入	谈话引入	师:上课之前我们先来看个小视频。 (播放有关生活垃圾污染的视频) 师:孩子们,看完这个视频,你们有什么感受? 学生回答略。 师:看来你们的感触很深,你们知道重庆主城每天会产生多少吨生活垃圾吗?请孩子们猜一猜。 师:告诉你们吧,是1万吨。每周产生的垃圾都可以堆出一座重庆大剧院!(出示重庆大剧院图片,变成同等大小垃圾堆)如果不对这些垃圾做好处理,未来大家将只有身处垃圾堆里了。(出示人身处巨大垃圾堆图片)其实垃圾里面有很多"宝贝",如果进行合理分类,可使人均生活垃圾产生量减少三分之二。可以起到减少占地、减少污染、变废为宝的作用。(出示垃圾分类对比图) 师:你们知道重庆是如何进行垃圾分类的吗? 请学生说说自己的认识。 师:我们重庆的生活垃圾主要分为这四大类。 (PPT演示) 请学生举例说出生活中易腐垃圾、有害垃圾、可回收垃圾、其他垃圾这四种垃圾,在与学生的互动问答中认识不同种类垃圾。	学生思考、探讨、交流教师所提出的问题。 学生了解四种垃圾分类,学会垃圾分类方法。	德性育人: 社会责任—参与意识:引导学生关注国家大事、关注时事政策。通过环环相扣的提问方式,激发学生的学习兴趣。引领学生积极参与学习,对本课充满浓厚的兴趣。

续表

课题		活动4 创意游戏设计		授课时间	1课时
课型		新授		总2课时 第1课时	
新课教学	观察分析	师:你们会分类吗?我们来玩一个垃圾分类的小游戏。 请生上台操作。(叮嘱:请操作慢点,其他同学仔细观察) 师:游戏结束了,谁来说一说你观察到了什么? 生:移动鼠标,如果碰到正确的垃圾桶则投放正确,垃圾消失,如果碰到错误的垃圾桶则投放错误…… 预设:学生如果说不出来,教师边操作游戏边引导学生思考设计思路。 师:我们今天就用Scratch来创意设计这个游戏。(板书课题) 为了明白游戏的规则,我们可以使用流程图来厘清游戏设计的思路。 (PPT出示流程图,引导学生描述游戏设计思路) 垃圾→鼠标移动垃圾→碰到正确的垃圾桶?否→外观显示:我不属于这里;是→外观显示:谢谢你送我回家→消失隐藏 师:根据流程图,当我们看到垃圾第一步干什么? 生:判断属于什么垃圾。 师:第二步? 生:鼠标移动矿泉水瓶。 师:第三步我们该怎么做? 师:如果碰到正确的垃圾桶,那么会显示"谢谢你送我回家",隐藏消失,如果碰到错误的垃圾桶,那么会显示"我不属于这里",返回重新判断。 师:分析到这里,我们开始搭建脚本,以空矿泉水瓶为例,把整个流程图一分为二,先来看第一部分。		学生观察和分析游戏设计的逻辑思维。 思考游戏设计的逻辑并大胆表达。 思考并说出设计游戏用到的指令有哪些。 学生动手操作,完成任务。 思考并说出:设计游戏用到的指令有哪些? 学生动手操作,完成自己的作品。	德性育人: 社会责任—参与意识:积极的学习态度,对信息技术有浓厚的兴趣。 劳动育人: 劳动价值观—乐于探究:乐于参与实践活动,并积极探究。 劳动育人: 劳动价值观—勤于动手:具有动手实践操作验证理论知识的想法和观念。 劳动育人: 劳动价值观—持之以恒:培养学生遇到挫折不轻易放弃的品质,遇到困难,能够合理寻求解决方案。 审美育人: 欣赏评价—图文协调:从整体视觉到文字的字体、颜色、大小、结构布局等感受、评价作品的整洁、协调美。

续表

课题		活动4 创意游戏设计	授课时间	1课时
课型		新授	总2课时 第1课时	
新课教学	活动环节	活动1:控制矿泉水瓶随鼠标移动(3分钟) 师:判断矿泉水瓶属于什么垃圾,是电脑的操作还是人的思考？鼠标移动空矿泉水瓶需要操作的对象是谁呢？我们需要激活空矿泉水瓶,就要用到"事件"中的"当角色被点击时"按钮。空矿泉水瓶是随着谁移动？ 生:鼠标。 师:移动空矿泉水瓶又会用到什么指令？ 师:用到"移到鼠标指针"指令。矿泉水瓶需要一直跟随鼠标移动,就要用到"控制"中的"重复执行"指令。 孩子们,明白了吗？那我们开始第一个活动任务。请打开你们电脑上"垃圾分类游戏1.0"文件,完成活动1,时间3分钟。 师:如果在操作的过程中遇到困难了可以参照过关秘籍。 PPT出示过关秘籍,教师巡视。		
		活动2:将矿泉水瓶放入对应的垃圾桶 ①将矿泉水瓶放入正确的垃圾桶。 师:时间到,完成任务的孩子请举手。非常好,接下来我们继续分析。投放到垃圾桶会有两种情况:正确的和错误的。我们拆解成两部分。如果空矿泉水瓶碰到正确的垃圾桶(可回收物)那么会显示"谢谢你送我回家",我们把这句话分析一下:如果……那么……这是个条件语句,会用到"控制"指令中的"如果→那么"指令。空矿泉水瓶碰到角色垃圾桶会有正确的和错误的之分,此时就需要进行判断,就要用到一个新的"侦测"指令,对空矿泉水瓶而言正确的垃圾桶是什么？ 生:可回收物。 师:我们就把碰到的默认角色鼠标指针改成对应的"碰到可回收物"指令。外观显示"谢谢你送我回家"用到"外观"指令中的"说'Hello'2秒",我们把Hello这个文本改成你想说的话如"谢谢你送我回家"。		

续表

课题		活动4 创意游戏设计		授课时间	1课时
课型		新授		总2课时 第1课时	
新课教学	活动环节	师:空矿泉水瓶消失,要用到"外观"中"隐藏"指令。同学们请根据老师所讲继续完成活动2,遇到困难可以参照过关秘籍。 活动反馈:在操作过程中老师发现同学们遇到瓶子隐藏消失了,有谁知道怎么把它找回来吗? 请学生展示。 ②将矿泉水瓶放入错误的垃圾桶。 师:时间到,完成任务的孩子请举手。 如果碰到是错误的垃圾桶,显示"我不属于这里"。错误的有几种呢? 生:3种。 师边贴板书边说:同样,如果碰到"易腐垃圾",那么外观显示"我不属于这里",如果碰到"有害垃圾",那么外观显示"我不属于这里",如果碰到"其他垃圾",那么外观显示"我不属于这里"。我们观察一下这三个脚本是不是很相似?我们重复地搭建相似的脚本时,怎么样简化操作?请同学们操作时思考一下。 ③"重复执行"指令使游戏一直执行。 师:要想游戏持续进行,我们就会用到"重复执行"指令。 请同学们完成剩下的操作,将空矿泉水瓶放入错误的垃圾桶。时间3分钟。 ④活动反馈。 师:时间到,我们来看看同学们完成得怎么样? 分享1—2件学生作品。 师:老师发现部分同学的脚本摆放凌乱,老师希望你们能养成好习惯,脚本要摆放整齐美观,删除无用的指令,思路清晰。最后一个问题,有谁知道搭建相似的脚本时怎样简化操作? 预设1:请学生展示复制粘贴脚本指令操作。 预设2:学生不会操作,老师播放微课视频。			

续表

课题		活动4 创意游戏设计		授课时间	1课时
课型		新授		总2课时 第1课时	
新课教学	活动环节	活动3:升级游戏。 师:想一想:怎么创意升级你的小游戏? 生大胆说自己想法。 师:老师这里提示同学们可以从以下几点去升级游戏。 (1)继续添加多个角色(人物、垃圾等)。 (2)改变外观显示,如投放正确、投放错误等词语。 (3)添加声音效果。 (4)改变背景。			
	拓展	师:老师搜集了一个升级版垃圾分类小游戏作品(截图),添加了多个角色,更改了背景,还设置了得分。	学生修改、完善和升级作品。		劳动育人: 劳动价值观—劳动育人、乐于探究:乐于参与实践活动,并积极探究。
课堂反馈	总结收获	师:孩子们,通过这节课的学习,我们设计了简单的垃圾分类游戏,用到了哪些脚本呢?抽生答,反馈本节课的重点操作内容。	学生回答教师提出的问题,反馈本节课学到的知识内容。		德性育人: 个人修养—信息道德:自觉遵守信息道德规范、伦理准则。
课堂小结		师:同学们收获满满,让老师也看到了你们出色的表现,你们不仅设计了有趣的游戏,也更加明白了垃圾分类的重要性。在生活中我们要做一个文明的、遵守规章制度的学生,并且面对有趣的游戏,我们也要学会抵制诱惑,不沉迷于游戏、网络等,培养自制力。			
作业布置		通过本节课所学的知识,课下动手尝试设计拓展训练中老师提到的"得分"和"扣分"游戏环节。			
板书设计		创意游戏设计 事件 动作 控制　　贴指令 侦测 外观			
教学反思		本课紧扣时代脉搏,通过观看白色垃圾污染对地球的危害等视频引入,并将环保、垃圾分类主题贯穿全课。通过观看教师操作、自己动手尝试等环节,让学生在学会编程的同时,热爱大自然、学会正确地分类垃圾,提高学生的道德品质、劳动意识。			

（二）案例评析

"算法与程序设计"模块是义务教育阶段信息技术教育的传统内容。程序设计是基础，算法是核心，这是本模块的基本定位。通过本模块的学习，学生应能借助积木式程序设计语言，理解生活中的算法问题，并与程序语言表达的算法形成关联；能设计算法并通过拖曳图标的方式编写程序，解决生活中的简单问题，初步体验程序设计的过程和算法概念。新课标倡导在小学阶段的程序设计课程学习中不应以代码编写训练为要义，而应以程序设计方法和算法思想的体验为旨归；强调从生活实际问题出发引领学生理解程序的基本概念、组成要素和开发工具。

因此，《创意游戏设计》一课的设计，从学生生活出发，紧密联系现实生活中"垃圾分类"这一问题，进行生活化的课堂教学。引导学生读懂流程图，与使用自然语言相比较，感受用流程图描写解决问题的过程，体验使用流程图方式的优点。

在新知教学环节，并没有采用当下非常流行的"任务驱动"，或用大量的时间让学生进行程式化的"探究"。而是直接用最传统的"讲一讲、练一练"的教学模式来进行基本概念和基本技能的学习，用流畅的教学过程保持学生的整体思维，让课堂变得直观而高效，为后续的巩固、拓展环节留足了时间。

第四章 小学信息技术学科全息育人教学实施

在基础教育中,德、智、体、美、劳是"全面发展"的不可缺少的组成部分,每一部分既有其相对独立性、特定性,又相互联系、相互渗透,构成一个统一体。把全面发展的教育思想贯穿于学校的教育教学活动之中,实施全息育人,是一项复杂而系统的工作,需要我们付出较长时间的努力,一步一个脚印扎实地做好各个方面的工作。小学信息技术学科全息育人在教学实施中要更新教学理念,把握教学实施的原则,采用灵活的具有信息技术学科特点的教学方法,在信息技术全息育人的道路上迈上新的台阶。

第一节　小学信息技术学科全息育人教学实施的理念

一、学科教学向学科育人转变

全息育人教学实施是指依托国家教材或课程，结合德、智、体、美、劳从单元或主题入手，建立学科育人框架、育人点，设计学科教学，利用课堂开展学科育人，实现学科教学向学科育人的转变。

教师在实施教学时，应从课标和课程入手，把握小学信息技术学科体系与核心知识之间的联系，把握小学信息技术学科本质及学科思想方法，从教育的最小单位"课堂"开始进行研究和变革。通过对"教什么、教到什么程度、怎么教、教得怎样"等由浅入深的研究，结合学科核心素养、学生发展核心素养、教学内容，确定小学信息技术学科育人框架。研究团队整理出了小学信息技术学科育人框架：学科认知（学科知识、学科能力、学科思维）、德性育人（国家意识、社会责任、个人修养）、审美育人（欣赏评价、创造设计）、健康育人（身体健康、心理健康、课堂生态）、劳动育人（劳动价值观、操作实践、应用创新）。

在教学实施的关键阶段，围绕"全息育人"全面培养的方向，在教育教学实践过程中，结合全息育人理念、教学实施的原则、教学实施的方法、教学实施案例评析等方面进行探索，形成有体系的、具有参考意义的教学设计，帮助每个学段教师在课堂教学中更加有效地落实立德树人的根本任务，从而促进师生的共同成长。

二、培养信息技术核心素养

在小学信息技术教学实施过程中，信息技术核心素养是课程育人价值的集中体现，是信息技术学科教学目标的总要求。信息技术核心素养主要由信息意识、计算思维、数字化学习与创新、信息社会责任四个方面组成。

在小学信息技术教学实施过程中，培养信息技术核心素养前提下，教师需要重视多种教学方法的优化与组合,做到因材施教,促进学生个性化发展。在此过程中,教师不仅要教会学生基本的知识和技能,更要全方位关注学生的发展。比如树立国家意识、践行社会责任、提高审美情趣、重视身心健康、热爱劳动等,这些目标的达成需要将育人渗入教学实施的各个环节,让学生通过课堂实践活动,建立全面的认识。

小学信息技术学科全息育人教学实施过程中,要将最新的知识(包括硬件和软件)介绍给学生。在基本操作方面既要教学生Word、PPT、音视频编辑器、思维导图、Scratch等软件的应用,又要培养学生熟练的鼠标操作技能、系统的相关操作技能,包括上网浏览获取信息的方法。学生需要在教师的引导下掌握一些比较前沿的软硬件知识,以及新的操作方法与技能,以适应信息社会发展的要求。在信息的采集、加工、存储、传播和利用等信息活动的各个环节中,形成正确的信念与价值观,自觉地通过自己的判断规范自己的信息行为。

三、培养实践与创新能力

在小学信息技术学科全息育人教学实践中,要落实先进的理念和任务,就必须更新教学理念,改变传统的教学方式、教学方法和教学组织形式,研究学生的学习方式、学习方法,创设适合学生学习与发展的学习新环境,为学生的发展服务,为学生的终身学习服务。

在全息育人背景下,小学信息技术学科教学实施过程中如何培养学生的实践与创新能力呢?

(一)制定实践任务,自主协作探究

在信息技术教学实施过程中,教师可利用任务驱动的方式促使学生在课前、课中、课后自主学习,自主解决遇到的问题。教师可通过任务的设置,使学生更加主动地参与学习,自主探索新知识,培养学生的创造性思维能力。计算机操作水平较弱的学生可以通过与同伴协作解决问题。除此之外,教师在布置课堂任务时不局限于本节课的内容,还要针对所讲课程,依据单元整体学习目标制定相应内容。在小学信息技术学科全息育人教学实施过程中,通过一个个具体操作任务,在操作体验中掌握利用信息技术解决实际问题的方法,不断提高学科思维、数字化学习能力,学生能够认识到数字化学习环境的优势和局限,并不断适应数字化学习环境,养成与之相适应的学习习惯。学生在学习中能根据实践任务,制定合理的行动步骤,并按步骤进行实践活动,主动参与到学习中来。

(二)拓展思维,激发创新

在信息技术教学实施过程中,教师可以开展"头脑风暴"活动,提出有讨论价值的话题供学生交流互动。要将更多的思维空间交给学生,注重拓展学生的思维能力,激发学生的创新思维。由于知识是通过自主交流获取的,学生的印象会更加深刻。头脑风暴法应用于信息技术教学,能激发学生灵感、提高学生参与积极性和学习兴趣、增强小组团队意识、培养学生自主学习能力等。

(三)注重实践能力,提高核心素养

信息技术是一门技能与知识相结合的课程,想要把课堂上所学知识一一掌握,学生必须亲身实践。小学信息技术学科全息育人教学实施过程中,教师可以将信息技术教学与学生的实际生活联系起来并选择适合各年龄层次学生的主题素材,从而激发学生的学习兴趣,增强学习的信心;把信息技术实践能力的培养作为主要教学目标,指导学生勤思考、多动手,帮助学生养成良好的学习习惯。当学生动手实践完毕,教师要及时引导学生学会归纳总结积累经验,以便为下次的实践活动做铺垫。实践操作不仅考验学生的动手能力,还能帮助学生将各个学科的知识综合起来,提高学生的核心素养。

综上所述,在小学信息技术教学中培养学生的实践与创新能力符合本学科的特点,能有效促进学生信息技术核心素养的提高。在大力倡导创新意识和创新能力培养的背景下,小学信息技术学科全息育人具有明显的优势。

第二节　小学信息技术学科全息育人教学实施的原则

教学原则是引导教育活动的一般道理、法则,同时也是教育工作中最基本的要求。在小学信息技术学科教学中,遵循信息技术学科的教学原则,探索适合的教学方法可为教学成效提供更好的保证。

一、理论与实践相结合

信息技术学科教育不仅是软硬件知识的学习,更是学生通过掌握包括计算机、网

络在内的各种信息工具的综合运用方法,培养学生的处理、创新运用能力,为适应信息社会的工作、学习与生活打下良好基础。

信息技术学科教育不只是为了让学生掌握信息技术知识,更是要通过信息技术教育,全面提高学生的信息素养。小学信息技术学科全息育人是在基本教学原则的指导下,以遵循小学信息技术课程标准的教学目标、主要特性和学生认知发展的基本特点等为依据而确定的。

例如:教学西大版小学《信息技术》三年级上册第一单元"走进信息王国"时,在学习更换桌面背景活动中,搜集各种背景图片(美、丑、健康、不良等各取一二),引导学生判断分析并选取合适的图片作为背景,培养学生健康的审美意识、明辨是非的能力及合理分配时间的意识(同时注重审美育人和健康育人)。在畅想未来信息技术会给我们的生活带来哪些改变的活动中,可以引导学生大胆畅想、发表看法,培养学生积极的学习态度。在更换桌面背景后,下课前,引导学生将背景还原,培养学生爱护计算机、爱护公共设备、对自己行为负责的公民意识。在认识电脑组成部分的活动中,采取学生自主学习或分组搜集资料等形式,培养学生乐于探究、积极参与的实践意识。

二、技能训练与理论知识相结合

在小学信息技术学科全息育人教学过程中,贯彻传授知识与发展能力相结合的原则,是一个较为复杂而系统的工作。掌握知识和发展能力的相互促进是有条件的。这个条件是把知识教学中促进能力发展的因素找出来,加以贯彻;在能力训练时不排斥系统知识的教学,把能力训练的要素纳入知识教学活动。

在这之前的中小学信息技术课程中有很多属于技能性的知识,其内容与要求也都有具体规定,如掌握计算机的基础知识,基本操作与使用方法,包括操作系统的使用、文字处理、数据处理、网络应用、音视频作品制作、程序设计与算法等。同时,信息技术课程的基本技能的训练与其他学科的基本技能的训练是不同的,前者很大程度上要依赖上机实践的操作,其操作性比数学这一类逻辑推理性的学科要强得多。要掌握计算机的基本使用与操作技能,必须通过实践操作获得。所以,在教学中重视基本技能训练的一个重要方面就是抓好实践操作课的教学,对信息技术实践操作课的安排要有计划、有组织地进行,不可让操作课的教学成为学生单纯玩计算机的过程,应明确学习的目的,激发其学习兴趣,使学生努力学好基础知识、掌握基本技能。

例如,教学用金山画王绘画时,在画图之前要让学生根据步骤进行画图构思,使自己能有序地完成自己设计的图画。在绘画创作过程中,树立健康的审美观,不传播不健康的图像,形成正确的价值观,自觉地通过自己的判断规范自己的信息行为。在使用金山画王绘画和作品欣赏过程中,体会图像的色彩美和结构美等,进而增强图像创作的美感。通过作品赏析与点评引导学生发现美,激发学生的创作设计意识和兴趣。

全息育人教学实施过程中,教师应根据教材、学生的特点,尽量使教学方法多样化,如采用任务驱动法、范例教学法、自学指导法、项目教学法、教练法等吸引学生,传授知识,培养学生的思维,发展其能力。

三、分层掌握和任务区分相结合

在小学信息技术教学实践中,既要向学生提出统一操作要求,又要承认个别差异,采取各种不同的教学措施,使学生的个性得到充分发展。统一要求指的是把年轻一代都培养成德、智、体、美、劳全面发展的人才。因材施教要求针对学生不同的个性特点、不同的智力情况,采取不同的、有效的措施,使每个学生的个性都得到尽可能的发展。[①]

小学信息技术学科全息育人教学实施过程中,可以采取如下措施。

(一)统一要求,分层掌握

教学过程中,教师安排活动任务时,应明确指出该内容是否要求每位学生都必须掌握,或者在一堂课、一个章节结束时指出必须掌握的内容。比如,教学资源管理器的相关知识时需要掌握的内容包括:理解路径的概念,能找到指定路径的资源;能规划、新建文件夹(一级、二级文件夹);能对文件或文件夹进行重命名,合理分类、整理资源;能用剪切、复制、粘贴的方法移动或复制文件或文件夹。其中新建文件夹的方法,要求每一位学生都必须掌握,而对二级、三级文件夹以及文件夹内分类、整理资源的方法可以对不同学生提出不同要求。

(二)作业分项,任务区分

布置上机、课堂任务时,分出哪些是必做的,哪些是选做的。对于必做而不会做的学生进行个别辅导。个别辅导的方式,可以是教师辅导学生,也可以是学生协作帮助学生。比如,在教学用Word制作宣传单时,列出基本任务:10项美化任务,至少完成前5项(60分标准)任务;至少完成前8项(80分标准)任务;全部完成(满分)任务。学生根

---

① 周敦.中小学信息技术教材教法[M].3版.北京:人民邮电出版社,2013:45.

据难度的不同,可选择完成,同时以不同分值给学生不断挑战自我的机会。鼓励学生勇于挑战独立完成任务,难度系数高的任务可"一帮一"结对子,使学困生得到帮助,学优生获得更好的学习效果。

四、教师主体与学生主体相结合

教师的主体作用,是指教学的进程、内容、方法、组织和实施通常都是由教师来设计和主导的。学生的主体地位,是指学生作为认识和发展的主体,要积极主动而不是消极被动地学习。教师要对教学效果和质量负责,学生的积极主动性也必须由教师引导。学生学习的积极性如何,课堂秩序的好坏,学生上课时的注意力是否集中,成绩的优劣,主要责任在教师。[①]

信息技术课程是一门实践性很强、极富创造性、具有明显时代发展特点的课程。因此,信息技术课程的风格不能再沿用某些基础学科传统的、死板的课程风格,对单调的讲授方式必须加以改造。应根据学生和教材实际,设计出与"教师主体作用,学生主体地位"符合的教学与管理模式,让学生在教师的指导下,对所学的课题进行探索、分析、研究,在实践操作中培养学生科学的态度和价值观以及创新精神、创新思维、创造能力,并学会用所学知识解决生活中与信息技术有关的实际问题。那么,如何在小学信息技术学科全息育人教学实施过程中体现教师主体与学生主体相结合呢?

(一)营造良好的师生关系

良好的师生关系是实现教师主体作用和学生主体地位的前提。在得到教师充分尊重、信任和理解的情况下,学生学习的积极性、主动性易于激发出来,学生的自尊、自信、自强、自立的信念更容易树立起来,学生的潜力也更容易被挖掘出来。比如在初识编程课学习中,教师和学生可以一起走进积木式搭建场景中,通过不同的组合,尝试搭建出不同的场景,分享、发现不同搭建效果,感受精彩,互相欣赏,互相学习。

(二)情境导入,为"双主共学"课堂打下良好基础

情境导入是课堂教学的首要环节,主要目的是集中学生注意力,激发学生学习兴趣和求知欲,产生学习动机,从而为整堂课的成功奠定良好的基础。通过创设情境,导入新课不仅能激发学生浓厚的学习兴趣,更能启发学生的思维,促使学生明确教学目的和要求,全身心地投入整堂课的学习。比如在教学上网搜索资源一课时,为了吸

---

① 周敦.中小学信息技术教材教法[M].3版.北京:人民邮电出版社,2013:41.

引学生注意力,可采用"绳子魔术"的方式进行课堂导入。让学生观看老师的绳子魔术表演,魔术结束后,看到学生惊讶的表情,听到学生阵阵热烈的掌声,教师提问学生:你也想试试吗?教师告诉学生这个魔术的名字,学生进行网络视频搜索、观看、学习,主动、积极参与到学习中……通过情境创设,新课导入,能让课堂气氛热烈,拨动学生心弦,激发学生的求知欲,为"双主共学"课堂营造平等、和谐、互动、活跃、美好的学习气氛,为教学过程埋伏笔、做铺垫,使课堂教学更具实效性,从而提高课堂实效。

"双主共学"课堂需要营造一个民主和谐的学习氛围。学生是课堂学习的主人,教师要把学习的主动权交给学生,把课堂还给学生,让学生在课堂中充分讨论,尽情感受。教师作为引导者、解惑者,要倾听学生的发言,帮助学生解决学习上的困惑,成为他们的朋友。

五、科学性与思想性相结合

科学性与思想性相结合,要求教学中既要有科学性又要有思想性,需要把两者有机结合起来。

例如,在小学信息技术学科全息育人教学过程中,教育引导学生优先选取国产软件,强化学生的民族认同感,激发学生强烈的民族自豪感和为国奋斗的信心与勇气,爱党、爱国、爱人民、爱社会主义。在信息技术活动中,严格遵守国家相关法律法规,如《中华人民共和国计算机信息系统安全保护条例》《信息网络传播权保护条例》《计算机病毒防治管理办法》等;遵守《计算机教室使用规则》《电子设备使用规则》《全国青少年网络文明公约》等,形成正确的信息社会的世界观、人生观、价值观。渗透传统文化,使学生了解中华民族的文明成果和先进文化。教学必然具有教育性。(在教学中,知识的学习活动能形成一定的思想观点;而要形成一定的思想观点,就不能脱离知识的深入学习活动。)科学本身具有巨大的教育力量。科学能反映客观世界和它的运动规律。掌握科学知识,不仅可以正确认识事物,而且可以树立正确的观点和信念。因此,教师深入钻研和阐述教材,充分发掘教材中固有的思想内容和科学内容,是在教学中贯彻思想性和科学性相结合原则的主要环节。例如,在学习使用不同应用软件的过程中,教师可选用适当的素材资源,传授知识的同时又使学生形成正确的思想观点。如教学Scratch软件制作垃圾分类小游戏时,教师应在设计游戏的过程中不断激发学生的编程思维和计算思维,通过设计游戏使学生学会正确的垃圾分类方法,树立正确的环保意识。围绕学科认知、德性育人、审美育人、健康育人和劳动育人开展设计,贯彻全息育人指导思想,培养学生良好德性、正常审美、健康心理。

六、技术性与艺术性相结合

随着教育理论研究的不断深入,教育的内涵越来越丰富。它既有科学性,又有哲学性;既有技术性,又有艺术性。其中,技术性解决教学的手段问题,艺术性则解决教学的效果问题。

信息技术具有技术的一般特征——技术性。具体表现为:方法的科学性、工具设备的先进性、技能的熟练性、经验的丰富性、作用过程的快捷性、功能的高效性等。

教学是一种艺术。教学有了艺术性,就显示出它的独特魅力,对教学艺术内涵与特征的揭示,不仅能使教师把知识的传授、智慧的启迪和情感的陶冶融为一体,充分发挥教师的主导作用,提高教学质量,还能使学生增强学习积极性,并使各种基本素质得到充分提高。

作为信息技术学科教师,应充分认识到信息技术学科的独特魅力,并将这种魅力通过课堂教学传递给学生,这就需要我们不断实践、探讨。如何做到技术性与艺术性相结合,实现全息育人目标,提高信息技术课堂实效呢?

在进行Word、PPT相关内容教学时,从技术性与艺术性出发,做到图文协调。从整体视觉到文字的字体、颜色、大小、结构布局等角度感受、评价作品的整洁、协调美。从图片的构图艺术、色彩饱和度、光线明暗等角度感受、评价作品的色彩、构图美。

在进行音视频制作教学时,从技术性与艺术性出发,做到声像流畅:从声音的韵律、节奏、影像的自然、流畅、构图等方面感受、评价作品的节奏美、流畅美。

在进行编程教学时,从技术性与艺术性出发,做到程序简洁:注重程序设计的去冗余、高效、数字逻辑性,感受程序设计语言的简洁美、逻辑美。

总之,在实践全息育人过程中,通过创造设计,培养学生高尚的道德情操和健康的审美情趣,使其形成健康高尚的审美;培养学生利用信息工具进行美的创造、情感表达和艺术创作的能力。素质教育的实施与推进,给信息技术教育开辟了一片广阔的天地,给学生提供了更广阔的学习空间,也给教师施展自己的才华提供了更加有力的支撑。在整个教学过程中,教师教给学生的不只是信息技术和技巧,还渗透着美学教育,使学生得到美的享受,陶冶情操,提高审美水平,同时让学生在审美体验中进行自我教育,激发对美好生活的向往,在轻松愉快的教学中获得成功的体验,激发出创造的火花,促进身心更加和谐全面发展,实现真正的素质教育。

第三节　小学信息技术学科全息育人教学实施的方法

信息技术学科和其他学科相比,其发展性、工具性、应用性、综合性、趣味性非常突出。小学信息技术学科除具有以上特点外,还具有基础性。小学信息技术学科全息育人教学目标能否顺利实现,关键在于如何选择适合小学信息技术学科教学实施的方法。以下教学方法供大家参考。

一、任务驱动法

小学信息技术学科全息育人教学的任务驱动法是指在信息技术的教学活动中,教师指导学生紧紧围绕一个共同的任务活动中心,在强烈的问题动机驱动下,主动应用学习资源,进行自主探索和互动协作的学习,在完成既定任务的同时,引导学生学会一种开展实践活动的方法。

小学信息技术学科全息育人的任务驱动法根据信息技术学科自身特点,抓住关键性知识点、关键性问题、关键性方法、关键性环节,根据自身发展的需要,充分发挥教材的育人功能,在学习任务中渗透对学生德、智、体、美、劳等方面全方位、全过程、综合性的教育功能。任务驱动的教与学的方式,能为学生提供体验实践的情境和感悟问题的情境,围绕任务展开学习,以任务的完成结果检验和总结学习过程,改变学生的学习状态,使学生主动建构探究、实践、思考、运用、解决高智慧的学习体系。任务驱动法以建构主义学习理论为基础,最根本的特点是"以任务为主线,教师与学生双主体"。小学信息技术学科全息育人任务驱动法的基本环节主要包括以下几个。

(一)根据学习内容与任务巧设情境

学生要完成的学习任务能与现实情况基本一致或能在经历过的相类似的情境中发生。需要巧妙设计与当前学习主题相关的,尽可能真实的学习情境,引导学习者带着真实的"任务"进入学习情境,使学习更加直观和形象化。生动直观的情境能有效地激发学生联想,唤起学生原有认知结构中有关的知识、经验及表象,从而使学生利用有关知识与经验去"同化"或"顺应"所学的新知识,发展能力。

(二)确定任务

在创设的情境下,选择的学习任务和中心内容必须是学生熟悉的,与本次学习主题密切相关的真实性事件或任务,学生面临的是一个需要立即去解决的现实问题。生疏、大而空的任务会让学生感到迷茫、抗拒,不愿参与到学习活动中来,而熟悉、真实的学习任务,使学生更积极主动、更能广泛地运用原有的知识和经验,来理解、分析当前的学习任务与问题,并解决问题。而教学活动中问题的解决为新旧知识的衔接、拓展提供了理想的平台,通过问题的解决来建构知识,正是探索性学习的主要特征,也为学生积极参与教学活动,持之以恒地完成学习任务,达到学习目标打好基础。

(三)自主学习、协作学习

教师向学生提出学习任务及问题后,还要为学生提供解决该问题的有关线索。学生采用自主学习及和同学相互协作的学习方法,在教师的指导下搜集与本次学习任务中要解决问题相关的资料去解决问题,过程中强调发展学生的自主学习能力。同时,倡导学生之间合作、讨论和交流,通过不同观点的交流,补充和修正每个学生对当前问题的解决方案。通过提供思维训练和任务驱动可以使学生形成自主探究精神,培养真正的实践能力。这既优化了教学模式,也合理利用了信息技术课程中的任务驱动去改变当下学生信息素养培养不足的情况。

(四)效果评价

小学信息技术学科全息育人对任务驱动下学习效果的评价主要包括以下两个方面:一方面是对学生是否在任务驱动下完成本次学习任务或对问题的解决过程和结果的评价,即对所学知识的意义建构的评价;另一方面是对学生在本次学习任务中在学科认知、道德品质、审美情趣、身心健康、实践探究等方面是否得到提高的评价。

二、范例教学法

小学信息技术学科全息育人的范例教学法,是信息技术教学中教师选择一些在学科认知、德性育人、审美育人等方面具有代表性的、最基础的知识作为教学内容,通过对"范例"内容的讲授,学生通过对这些范例的学习,掌握这一类知识的一般规律,能对同一类知识举一反三,并能积极主动地去发现问题、分析问题和解决问题,获得自主学习能力的教学方法。

(一)范例教学的目的

学生把教师精心挑选出的范例作为获取知识的工具,通过对范例的学习,更容易掌握同一类知识的规律,进而通过自主学习认识自我,了解世界。运用此法的目的不是让学生复述式地掌握知识,而是促使学生独立学习,使学生将所学的知识迁移到其他方面,进一步发展所学的知识,改变学生的思维方法和行动能力,进而提升信息技术学科思维。小学信息技术学科全息育人的范例教学,应该将信息安全意识、信息道德意识、社会参与意识、信息的欣赏评价、创造设计等有机融合,从而促进学生的全面发展,落实学科的育人功能。

(二)教学范例的选择

1.基本性

即教给学生的教学内容,选择的范例包含信息技术学科的基本概念、基本原理和基本规律等基本要素,反映信息技术学科的基本结构。

2.基础性

教学内容的选择应充分考虑学生的知识水平、智力发展水平和已有的知识经验、情感态度、道德品质的积累等,并与他们的真实需要和未来全方面发展密切相关。

3.范例性

信息技术教学内容应该是经过选择的具有基本性和基础性的知识,并且这些知识要同时具有一定的示范作用。学生通过对这些典型范例的学习,能够举一反三、触类旁通,实现学习迁移和实际应用,启发学生独立思考,增强判断、分析、解决问题的能力,促进学生全面发展。

(三)范例教学的四个统一

1.教育和教学相统一

要寓教学于教育,坚持教学的教育性。要能使学生在掌握信息技术知识、技能的同时,受到思想道德等精神领域的教育,培养学生良好的道德品质。

2.问题解决和系统学习相统一

在信息技术教学过程中教师既要针对学生存在的每一个问题,带领学生解决这些问题,也要保证学生所学知识的系统性、严密性和完整性。这些在信息技术教学过程中看似独立的问题,实际上都是信息技术这门学科知识体系中的有机组成部分,学生学到的知识不是零碎的、孤立的,而是整体的、系统的重要保证。

3.掌握知识与培养能力相统一

信息技术教师要把传授信息技术知识和教授学习方法两者融入同一个教学过程中,既要向学生传授信息技术的知识技能,又要在信息技术教学过程中传授给他们思考、学习的方法。将"授人以鱼"和"授人以渔"相结合,让学生在掌握信息技术知识的同时,促进其智力和能力的发展,推进学生的全面发展。

4.主体与客体相统一

信息技术教学实施过程中的主体指的是学习者,客体指的是教材。范例教学法要求信息技术教师在教学过程中,既要充分了解教材、熟悉教材、掌握教材,同时也要了解学生的知识水平、智力水平和个性特征。只有将这两方面结合起来,教师才能充分激发学生学习信息技术的学习兴趣,调动他们的积极性和主动性。

(四)范例教学的四个阶段

1.第一阶段:阐明"个"

在这个阶段,信息技术教师利用典型的事例,具体直观地说明事物的本质,即通过事物的一个或几个特征来说明其整体特性,让学生掌握事物的本质特征。

2.第二阶段:阐述"类"

在学生上一个阶段的认知基础上,对所获得的知识进行归类、整理,实现从"个"到"类"的学习迁移,总结、掌握这一类事物的普遍特征。

3.第三阶段:掌握规律

学生进一步归纳探究,抽丝剥茧,将前两个阶段获得的知识提高到规律性的认识,掌握事物发展的规律。

4.第四阶段:获得经验

学生在前三个阶段的基础上,获得关于世界的、生活的经验,从而更深刻地了解世界,最终认识自己,提升自己。

(五)范例教学的优缺点

小学信息技术学科全息育人的范例教学法提倡把传授知识、发展智力和培养情感及道德品质结合起来,从而提高教学质量,符合现代教学的发展。范例教学法一改以往传统教学中只注重知识传递的填鸭式教学,以学习者为中心,教师充当的角色更多的是引导者和帮助者,激发学习者的学习兴趣,强化学习者的学习动机,培养学习者的学习能力。教学过程中注重学习者的实际情况,由易到难,由简到繁,有助于学习者掌握知识。学习者通过范例教学法,不再满足对知识死记硬背和简单复述,而是希望掌握规律性的知识,掌握学习方法,实现学习迁移和知识应用,获得自主学习、继续学习和独立研究问题、解决问题的能力。通过范例教学法,学习者的学习不再局限在课堂上,而是继续延伸到学习者的整个生活中,进行社会化学习和终身学习。

小学信息技术学科全息育人的范例教学法改变了传统的线性的教学原则,将信息技术学科知识分为一个个独立的问题。这样做虽然有利于学习者对单个问题的学习，但如果处理不妥当会影响学生对整个学科知识的系统掌握。同时，虽然范例教学理论对学习内容即范例选择有基本性、基础性、范例性三项原则，但对这三项原则的描述非常抽象，没有具体的标准来说明究竟怎样是基本的、基础的、范例的。更困难的是，现实中其实很难找到同时符合这些标准的真实范例，这要求信息技术教师对搜集的范例根据需要进行修改和整合。因此，实施范例教学法的教师要具备宽广的知识面、丰富的教学经验等较高的业务能力。

三、自学指导法

小学信息技术学科全息育人自学指导法是指教师在传授信息技术知识和技能的过程中，引导学生掌握自学的学习方法，提高自我学习能力，从而养成良好自学习惯的一种教学方法。

小学信息技术学科全息育人自学指导法包括指导学生回顾以往和本次学习任务相关的已经掌握的知识技能，进行知识的融合和迁移，引导学生自学信息技术教材，了解学习任务与目标，进行自主探索实践，指导学生采用各种渠道和方式自主查阅、搜集为完成学习任务、解决问题的相关信息，并运用这些信息达到学习目标。在这一过程中培养学生信息技术的学科认知能力、道德品质、敢于实践探究的能力。自学指导法最突出的特点是信息技术教师指导学生独立学习，对学生自学的指导能培养学生的自学兴趣、自学能力和良好自学习惯，从而逐步培养终身学习的能力。小学信息技术学科全息育人自学指导应有以下一些要求。

1.要提出明确目标和要求，细化学习任务

在自学过程中，要让学生带着明确的任务和问题去学，在自学过程中体会成功的喜悦，提高学习的自觉性和积极性，培养自学能力。

2.要教给学生自学的方法

引导学生探究多种自学方法，教给学生选择自学的方式，学会使用各种途径与方式来完成学习任务，解决问题，善于总结梳理，形成便于掌握的信息技术学习技能。

3.要引导学生交流学习方法

学生在自我学习的过程中通过各种途径获得的解决问题的信息较多、范围较广，会形成很多独特的具有个性的学习方法，教师应组织学生进行交流，分享学习方法，使学生在今后的学习过程中能运用适合的学习方法。

4.要指导学生自学

教师设计的问题和任务要由容易到具有一定的研究性和探索性,教师要从细致指导逐步放手到学生独立探究,学习习惯差、独立探究能力弱的学生需要重点关注与指导。

四、项目教学法

小学信息技术学科全息育人项目教学法是指学生在信息技术老师的指导下,在目标任务的引领下,亲自动手完成相对独立的信息技术项目的教学方法。在整个过程中,获取信息、处理信息、运用信息进行整体项目的方案设计、项目实施和最后评价,都由学生负责。学生通过完成该项目,了解并把握整个过程及每一个环节中的基本要求。项目教学法最显著的特点是"以项目为主线、教师学生双主体",具体表现在:目标指向多重性;培训周期短,见效快;可控性好;注重理论与实践相结合。在实际操作中,应注意以下几点。

(一)通过完整的"项目"形式进行教学

项目教学设置的"项目"包含多学习板块的知识,参与者要将这个项目所涉及的各个板块的知识内容、操作技能融合在一起,以完成这个项目。项目教学法主张先练后讲、先学后教,强调学生的自主学习、主动参与,从尝试入手,从练习开始,调动学生学习的积极性、主动性、创造性等,学生唱"主角",而老师转为"配角",实现了师生角色的换位,有利于加强对学生自学能力、创新能力的培养。项目教学是建立在工业社会、信息社会基础上的现代教育的一种形式,它以大生产和社会性的统一为内容,促进受教育者社会化,以受教育者适应现代生产力和生产关系相统一的社会现实与发展为目的,即以为社会培养实用型人才为直接目的的一种人才培养模式。

(二)强调学习方式的转变

小学信息技术学科全息育人项目教学法把整个学习过程分解为一个个具体的学习任务,设计出一个个独立而又统一的教学方案,按行动回路设计教学思路,不仅传授给学生理论知识和操作技能,更重要的是培养他们专业的信息技术能力。这里的能力已不仅是知识能力或者是操作技能,还涵盖了如何解决问题的能力、接纳新知识的学习能力以及与人协作和进行项目合作的社会能力等多个方面。不再以把教师掌握的知识技能传递给学生作为目标,或者说不再是简单地让学生按照教师的安排和讲授去得到一个结果。教师和学生都是项目教学法的主体,教师成为学生学习过程中的引导者、指导者和监督者。学生去寻找得到这个结果的途径,最终得到这个结果,并进行展示和自我评价,学习的重点在学习过程而非学习结果。他们在这个过程中锻炼各种能力,在整个学习过程中其知识技能、道德品质、审美教育、健康育人、劳动育人等方面得到全面发展。

(三)项目教学法一般流程

(1)明确学习任务与目标,并进行分析。

(2)细化学习任务与目标,制订学习计划。

(3)教学过程中逐一实施,解决问题完成任务。

(4)教师指导学生完成项目内的所有任务。

(5)从实际完成效果及学生从这个项目促进全面发展的收获进行评估,总结相应的经验,并为下一个项目做准备。

在项目教学中,学习过程成为一个人人参与的创造实践活动,注重的不是最终的结果,而是完成项目的过程。学生在项目实践过程中,理解和把握课程要求的知识与技能,体验创新的艰辛与乐趣,培养分析问题和解决问题的思维与方法,培养学生主动参与、自主协作、探索创新的能力。

在项目教学法的具体实践中,教师的作用不再是一部百科全书或一个供学生利用的资料库,而是一名向导和顾问。教师帮助学生在独立研究的道路上迅速前进,引导学生在实践中发现新知识,掌握新内容。学生作为学习的主体,通过独立完成项目把理论与实践有机地结合起来,不仅提高了理论水平和实操技能,在教师引导下,还培养了合作解决问题的综合能力。同时,教师在观察学生、帮助学生的过程中,开阔了视野,提高了专业水平。

第四节　小学信息技术学科全息育人教学实施的案例评析

【案例1】编程与机器人教学设计案例评析

全息育人背景下培养学生编程思维能力的教学实践研究

——以西大版小学《信息技术》"创意游戏设计"课例研究为例

一、课例研究的背景

中小学编程教育小学阶段以体验为主，通过游戏化教学、项目式教学等形式，借助积木式编程工具，通过对"对象""模块""控制""执行"等概念及作用的直观操作体验，感受编程思想。

本课要求用Scratch软件制作一个垃圾分类小游戏。在设计游戏的过程中不断培养学生的编程思维和计算思维，通过设计游戏帮助学生学会正确的垃圾分类方法和树立正确的环保意识。教学设计紧紧围绕学科认知、德性育人、审美育人、健康育人和劳动育人开展，贯彻全息育人指导思想，培养学生良好德性、正确审美、健康心理等。

二、课例研究的主题

本课例研究活动以西大版小学《信息技术》六年级下册第五单元活动4"创意游戏设计"一课为载体，以"全息育人背景下培养学生编程思维能力的教学实践研究"为主题，开展课例研讨。课例研究前期，对本次选定的课例研究活动从课堂观察技术、课例研究方法和教育模式等方面提出了要求，结合分角度的课堂观察，课后进行评课议课，讨论教学中的亮点与问题，聚焦学科核心素养和关键教学事件，提出具体改进意见和建议。

三、课例研究的意义

近年来，随着智能技术的飞速发展，国务院发布的《新一代人工智能发展规划》提出，要广泛开展人工智能科普活动，在中小学设置人工智能相关课程，逐步推广编程教育。本次课例研究活动是以全息育人背景下培养学生编程思维能力的教学实践研究为主题对编程课教学设计进行探讨，培养学生的创造能力和动手能力，提高学生解决问题的能力。

四、课例研究的方法

行动研究法、案例研究法、经验总结法。

五、课例研究的过程

(一)学情分析和教材解读的深入

学情分析：

(1)学生掌握Scratch软件的基本操作，能够比较熟练地使用角色、舞台和脚本等工具来完成学习任务。

(2)学生学习兴趣浓厚，学习主动性强，需要进一步激发学生的创造能力和动手能力，教师在讲解的时候要关注细节，让学生弄懂每一个指令使用的原因、产生的效果及难点问题，培养学生解决问题的能力。

教材分析：

本课内容是对Scratch软件的进阶学习，即使用"侦测、控制、事件、外观"等指令，制作一个垃圾分类小游戏，在设计游戏的过程中不断激发学生的编程思维和计算思维，通过设计游戏使学生学会正确的垃圾分类方法和树立正确的环保意识。

育人目标：

根据教学内容确定本节课的育人目标，围绕育人目标开展教学。如表4-1所示。

表4-1 西大版小学《信息技术》六年级下册第五单元活动4"创意游戏设计"育人目标设计

学科认知	1.掌握"侦测、控制、事件、外观"等指令，制作垃圾分类小游戏。 2.能利用"复制、粘贴"命令简化相同脚本的搭建。 3.在不断学习Scratch的过程中，提高编程思维和计算思维能力。
德性育人	1.社会责任——参与意识：积极的学习态度，对信息技术有浓厚的兴趣。 2.个人修养——信息道德：自觉遵守信息道德规范、伦理准则。
审美育人	欣赏评价——图文协调：从整体视觉到文字的字体、颜色、大小、结构布局等角度感受、评价作品的整洁、协调美。
健康育人	心理健康——节制欲望：能抵制诱惑，不沉迷于游戏、网络等，培养自制力，有效管控自己的信息活动行为。
劳动育人	劳动价值观——持之以恒：培养学生遇到挫折不轻易放弃的品质，遇到困难，能够合理寻求解决方案。 劳动价值观——勤于动手：具有动手实践操作验证理论知识的想法和观点。

(二)教学设计的变化与课堂教学过程的变化

第一次试上课,教学内容安排得太多,从学生完成课堂活动任务的情况来看,大部分学生完成得较差。因此,从情景导入、教学内容、教师活动、学生活动、课堂反馈、拓展、课堂小结、板书设计、活动时间、教师语言等方面做了修改与调整,活动环节聚焦于空矿泉水瓶的脚本指令搭建,减少活动内容,减少学生认知负荷,对活动任务进行分解、层层推进。

在试上的过程中发现问题,反思交流,修改对策。此外,育人点及育人效果预期方面,在情境导入和课堂小结中,以解决生活实际问题为出发点,德性育人,指导学生设计有趣的游戏,明白垃圾分类的重要性,树立在生活中努力做一个文明的、遵守规章制度的学生的意识。

通过第一次试上课,发现问题,反思交流,修改对策(节选):

(1)教学内容尽量联系生活实际。

(2)流程图让学生参与,体现学生思维。

(3)通过板书、PPT、色彩搭配、角色搭配等潜移默化地实现美育。

(4)知识点不宜过多,所学知识点应阶梯进步,不断巩固。

(5)使用微课方便学生反复观看,作品交流展示环节稍弱。

(6)引入视频可作环境好坏对比,使学生体会垃圾分类的必要性,建议两课时。

六、课例研究的成效与反思

(一)课堂教学的成效

(1)社会责任(德性育人),切合社会热点,提高全民环保意识,做到学生人人参与垃圾分类。

(2)学科知识(学科认知),算法与程序设计,侧重基本概念的形成,注重程序结构和感悟算法思想培养。

(3)欣赏评价(审美育人),程序简洁,感受程序设计语言的简洁美、逻辑美。

(4)结合了全息育人以及当今环保热点,贴近生活。

(5)教学流程设计贯穿了需求分析、流程设计、代码设计的编程思维。

(6)注重利用流程图引导学生的思维。

(7)注重引导学生将各类命令与种类相对应,便于后期教学。

通过本次的课例研究,我们发现,要想上好一节课,教师一定要了解学生的心理。只有了解学生,才能知道他们想要什么。

(二)课例研究反思

在不断研究与打磨的过程中,借助"创意游戏设计"课例研究,在全息育人背景下培养学生编程思维能力的教学实践研究,促进了教师课堂教学能力发展、培养了学生的创造能力和动手能力,提高了学生解决问题的能力,也有一些问题有待于进一步地探索和研究。

(1)全面落实全息育人的指导思想,深化立德树人,教师应如何主动参与研究过程,学会研究和改进课堂教学,提升学科教学专业水平和科研能力?

(2)如何通过多种形式在更大范围内推广应用学科全息育人,规范小学信息技术学科全息育人的教学设计?

(3)通过在学科课堂中不断验证、反思,如何最终形成信息技术学科课程配套的学科育人教学设计和学科全息育人典型案例?

(4)如何将全息育人理念融入小学信息技术学科教学设计中,促进学生的全面发展,促进教师的成长?

【案例2】电子表格教学设计案例评析

用活素材 精心设计 达成全息育人目标
——以西大版小学《信息技术》四年级下册"统计图"课例研究为例

在互联网技术不断更迭的背景下,学生的全面发展已经越来越受到人们的重视。为了与经济社会发展相适应,改进当下学校教育在全面育人方面的不足,"学科全息育人"理念认为应从学科认知、德性育人、审美育人、健康育人和劳动育人这五个维度入手进行教学设计,使学校已有学科课程在为学生传授学科知识的同时,也为学生的全面发展助力。众所周知,信息技术课具有操作性强、精讲多练的特点,这样的学科应该如何更好地融入全息育人理念呢?本课例尝试从素材着手,融入育人点,希望借此可以在发展学生实际操作技能的过程中,让学生体会到一些人生道理,从而促进学生的全面发展。

一、课例研修背景和主题

从育人角度来看,学生的发展应该是全面的发展,未来社会也需要全面发展的精锐人才。北碚区教师进修学院提出了"全息育人"的理念,即学科认知、德性育人、审美育人、健康育人、劳动育人。如何将这一理念落实到信息技术课的教学中,成了老师的教研重点。信息技术是一门操作性很强的课,要求教师上课做到精讲多练。教师要结合信息技术学科特点,从学习和练习的素材入手,在教学设计和实际教学中融入"全息育人"理念。

本课例以西大版小学《信息技术》四年级"统计图"为载体,以"在信息技术课中融入全息育人"为主题,开展课例研讨。首先,教研员组织全体参研人员就学科育人理念、课堂观察技术、课例研究方法和"三课两反思"行动教育模式开展培训。然后,执教老师进行了三轮研究课授课,参研人员就课堂上如何选择素材、如何运用素材、如何制定育人目标、如何达成育人目标4个方面,开展多角度课堂观察。课后,所有老师一起评课议课,查找教学中的亮点与问题,聚焦学科核心素养和关键教学事件,提出具体改进意见,并在此基础上完成课例研修报告的撰写。

"统计图"是西大版小学《信息技术》四年级下册第四单元活动4的内容,要求学生用统计表生成统计图。因此,本课的教学重点有两个:在操作技能方面培养学生学会柱形图插入与编辑的方法;在思维、能力方面,培养学生学会思考、分析、使用学习材料进行探究并最终解决问题的能力。如何在这堂课中落实全息育人教育理念是这节课的研究重点。

针对信息技术课的特点,在专家引领下,教师们从"素材的选择、素材的运用、育人目标的制定、育人目标的达成"等4个视角对本堂课进行了课堂观察研究。

二、基本教学流程

执教老师按照自己以往的教学经验进行首轮授课,经专家及同行指导后重新设计进行第二轮授课,在对第二轮授课进行反思的基础上改进第三轮授课的教学设计和教学行为。第三轮授课,教师观念和教学行为都发生了很大改变,全息育人理念在教学中得以体现,对素材的选择和运用也更贴近生活、贴近学生,关注学生全面发展的意识更加明显,整堂课取得了较好的教学效果。如表4-2所示。

表4-2 首轮课和第三轮课教学基本流程对比

环节	首轮课	改进思路	第三轮课
引入课题	教师活动:用书上提供的《小明家去年每月费用支出情况统计表》引入课题。让学生找出小明家哪个月开销最多,哪个月开销最少。学生活动:观察教师出示的统计表,找到开销最多和最少的月份。发现这样找数据不直观,从而引出用统计图观察数据更直观。	1.用书上给出的例子,学生没有学习兴趣,主动性也不高。用峨眉山的漂亮图片吸引学生,激起学生想去峨眉山看日出的欲望,再引出降雨量统计表,学生就有参与意识,分析自己什么时候比较适合去峨眉山看日出,学生就能更主动地进行后面的学习。2.用已经学过的数学条形统计图来引出电子表格的统计图,让学生达到知识的迁移。	教师活动:PPT出示峨眉山的日出图片。师:峨眉山位于中国西南部的四川省,是我国著名的游览胜地,登临峨眉山金顶极目望远,视野宽阔无比,景色十分壮丽,观日出、云海、佛光、晚霞,令人心旷神怡。孩子们,你们想去峨眉的金顶看日出吗?学生活动:欣赏图片,感受峨眉山的美和日出的壮观。师:但峨眉山也不是每天都能看到日出的,什么时候看不到呢?学生活动:思考什么时候看不到日出——下雨。师:对呀!下雨可能就看不到日出了,所以老师去网上找了峨眉山去年降雨量统计表,我们来观察峨眉山哪些时候降雨量比较少。教师活动:出示《峨眉山一年降雨量统计表》。学生活动:观察统计表。师:统计表分析起来不怎么直观,我们数学课上是不是学习了用图形分析数据呀?学生活动:回忆数学知识。条形统计图可直观地分析数据。师:电子表格能将数据生成统计图,今天我们就一起来学习活动4 统计图。育人点及育人效果预期:德性育人:让学生知道我国的著名风景名胜,热爱我国大好河山,并让学生知道出去游玩时,要先做好相关查询和准备,培养学生的信息素养。
制作柱形统计图	教师活动:引导学生自主探索生成柱形统计图的方法,巡视学生情况,帮助遇到困难的学生。学生活动:自学教材,尝试生成柱形统计图。教师活动:讲解柱形统计图各部分的特点。学生活动:观察柱形统计图。	1.大部分学生自学教材后,无法学会生成柱形统计图的方法,教师将生成柱形统计图的方法细化并制作成学案,学生就能按照学案来完成柱形统计图的生成操作,这样既能锻炼学生的自学能力,接受能力慢一点儿的学生还能通过反复看学案来完成操作。	1.生成柱形统计图。教师活动:(1)将制作柱形统计图的方法用Word编辑成学案。(2)带领学生学习学案。学生活动:根据学案完成柱形统计图的生成。2.讲解柱形统计图。师:柱形统计图就像我们在Word里插入的图片,我们可以调整它的大小和位置等,但它们也有不同的地方,柱形统计图可以对里面各部分进行设计。下面请同学们观察柱形统计图的各部分,探索各部分的名称和作用,思考柱形统计图有什么特点。

续表

环节	首轮课	改进思路	第三轮课
制作柱形统计图	育人点及育人效果预期：劳动育人：劳动价值观—乐于探究，乐于参与实践活动，并积极探究。	2.直接讲解柱形统计图，学生不容易接受、消化，将柱形统计图和Word里插入的图片联系起来，让学生知道柱形统计图和图片一样可以做放大、缩小和移动位置等操作，联系旧知学生能很快知道柱形统计图的设置操作，做到信息技术知识的共通性。	学生活动：观察探索柱形统计图，找到柱形统计图的特点。育人点及育人效果预期：劳动育人：劳动价值观—乐于探究，乐于参与实践活动，并积极探究。
美化柱形统计图	教师活动：演示美化柱形统计图的方法。学生活动：美化柱形统计图。育人点及育人效果预期：审美育人：欣赏评价—图文协调，从整体视觉感受、评价作品的清晰、协调美。	第一次课发现学生美化出来的柱形统计图，很多和老师演示的样例一样，颜色搭配不合理。教师需要给出样例，让学生自己体会统计图的美应该是什么样的，再让学生去美化，提高学生的审美能力，并实践。	教师活动：展示几张统计图，有五颜六色的、有柱形颜色和背景颜色很相似的、有颜色清新淡雅的等。师：你最喜欢哪一个，为什么？学生活动：(1)通过比较总结统计图的美，要不影响可读性，颜色搭配在同一色系比较清新，不要太花哨。(2)动手实践，美化自己的柱形统计图。育人点及育人效果预期：审美育人：欣赏评价—图文协调，从整体视觉感受、评价作品的清晰、协调美。
生成其他统计图	教师活动：布置任务，自学教材第11页"其他统计图"，了解其他几种常用统计图的特点，并练习生成其他统计图。学生活动：自学教材第11页"其他统计图"，练习生成其他统计图并展示。育人点及育人效果预期：劳动育人：劳动价值观—乐于探究，乐于参与实践活动，并积极探究。	让学生通过自学了解其他统计图的特点，并自己尝试生成，学生很容易没有目的地胡乱生成一些其他统计图，觉得好玩，不能真正感知其他统计图的特点和选择统计图的逻辑。	教师活动：提供典型统计表。①《一日气温表》：让学生知道折线统计图反映增减变化的特点。②《某学生家庭成员月平均支出统计表》：让学生知道饼图显示数据比例的特点，还让学生看到父母的付出，引导学生学会感恩。明确观察需求，提出想要看到的数据关系，是数量的多少、增减的变化，还是比例的多少，这样学生才能选择适合的统计图，才更能体会到选择合适的统计图的必要性。学生活动：分析统计表生成适合的统计图。教师活动：给出《某小学学生视力下降情况分析统计表》和《某小学1—6年级学生肥胖率统计表》让学生拓展练习。学生活动：分析如何用统计表生成适合的统计图，并展示分析。育人点及育人效果预期：德性育人：通过对《某学生家庭成员月平均支出统计表》的分析，学生知道父母对自己的爱和付出，从而更加理解父母，更爱父母。健康育人：通过对《某小学学生视力下降情况分析统计表》和《某小学1—6学年级学生肥胖率统计表》的分析，发现学生近视率和肥胖率越来越高了，引起学生重视自己的健康，保护自己的眼睛，加强身体锻炼。

续表

环节	首轮课	改进思路	第三轮课
总结	师:今天这节课你有什么收获? 教师活动:和学生一起总结本节课知识要点。 学生活动:总结自己的收获。	总结要梳理出关键点,让学生记忆更深刻,并且展现出本节课要点。	教师活动:在课堂教学过程中板书出生成统计图、美化统计图、选择统计图的关键点,小结时根据板书进行知识要点的梳理,让学生对本节课的知识有一个完整的整理和认识。

三、课堂分角度观察与分析

(一)素材的选择与运用

表4-3　素材的选择与运用

素材的选择	首轮课	第三轮课
《峨眉山一年降雨量统计表》	—	让学生了解我国的风景名胜,激发学生参与欲望,通过分析降雨量得出去峨眉山看日出的最佳时期,也让学生明白外出旅游之前要提前了解目的地,有计划地旅行。
《一日气温表》	—	让学生知道折线统计图反映数据增减变化的特点。
《某学生家庭成员月平均支出统计表》	—	通过统计图让学生理解饼图反映数据比例的特点,还可以看出大多数家庭孩子的消费水平很高,让学生认识到父母挣钱的辛苦,以及为自己付出的心血,从而更加理解和爱自己的父母,从德性育人的方面培养学生。
《某小学学生视力下降情况分析统计表》	—	通过对《某小学学生视力下降情况分析统计表》的操作练习和成果分享,让学生认识到当前小学生视力情况的严峻性,从而更加注重保护自己的眼睛。
《某小学1—6年级学生肥胖率统计表》	—	通过《某小学1—6年级学生肥胖率统计表》,让学生认识到现在小学生肥胖的情况,鼓励学生自己提出解决办法,比如少吃甜食和热量高的食品,多锻炼身体,从健康育人的方面培养学生。

(二)育人目标的确定与达成

在本次课中,先出示峨眉山的风景图片,学生被峨眉山的美丽风光和教师的介绍所吸引,当问到"你们想去峨眉山的金顶看日出吗?"时学生很兴奋,很想去看看,然后提出问题"什么时候看不到日出?"学生思考后得出——下雨,从而引出峨眉山降雨量统计表,用峨眉山的美丽风景激发学生看日出的欲望,让学生了解我国的著名风景名胜，爱上祖国的大好河山，达到德性育人的目标。也让学生明白，去一个地方游玩之前，要先做一番调查，如天气、温度等，培养学生的信息素养。

柱状图不够清晰，帮助学生了解统计图要简洁、清晰、便于阅读。通过本节课的学习，帮助学生了解不同事物对美的要求各不相同，要遵循其本质、特性，从而达到德性育人的教学目标。

四、问题与结论

(一)如何确定育人目标

北碚区倡导学科全息育人，在信息技术教学中，不仅要从信息技术的技能培养角度让学生学会操作，提升学生信息素养，还要从德育、美育、健康、劳动等方面去培养学生，帮助学生从各学科都得到全面的锻炼。本课以"小学信息技术学科全息育人点导引"和教材的学科知识点确定育人目标。根据教材中Excel统计图的知识点和操作要求，合理选择与学科全息育人关联度较高的素材，确定本课的育人目标：学生在了解Excel图表的功能，学会制作柱形统计图的同时，增加对祖国大好河山的热爱，能够制作符合个性化美的特征的表格，感恩父母辛勤付出并加强对自身身体健康的重视。

(二)如何达成育人目标

教师从课程特点出发，设计了包含德性育人、审美育人、健康育人、劳动育人四个育人点的教学流程。通过制作柱形统计图、美化柱形统计图、生成其他统计图来检验是否达成育人目标。

在课程导入环节，教师用峨眉山风景图片简单介绍峨眉山，学生感叹峨眉山的秀丽和日出的壮观，激发了学生对我国大好河山的热爱。从学生的积极表现可以看出这样的导入方式，能够调动学生新课学习的积极性，达到德性育人的目标。

在美化柱形图环节，教师先用样例引导学生，从观察和交流中学生体会出统计图的美化首先要考虑图的可读性，其次要注意颜色的搭配，让学生知道不同事物的美的侧重点是不一样的，要考虑它的特性，合理搭配颜色的重要性。从学生展示的作品来看，学生美化的柱形图可读性强、颜色搭配合理，教学效果达到审美育人的目标。

在生成其他统计图环节，教师用《某学生家庭成员月平均支出统计表》生成饼图，不仅引导学生了解到饼图反映数据比例的特点，还引导学生了解到父母挣钱辛苦、自己却是开销占比最大的家庭成员，延伸到父母从经济和精神上的双重付出，促使学生加深对父母的理解和感激，达到德性育人的目标。

在拓展环节,教师用《某小学学生视力下降情况分析统计表》和《某小学1—6年级学生肥胖率统计表》让学生练习生成合适的统计图并进行分析。学生在分析中提出,现在小学生的近视率和肥胖率逐年增高,应注意健康用眼,少吃高热食品,多运动锻炼。从学生的分析和倡议中可以看出健康育人目标的达成。

在学生的操作中,学生学习学案、自我探索、同伴互助,体现了乐于探究、劳动育人理念。

五、反思与收获

(一)精选素材,挖掘育人点

教学设计很重要,素材的选择与运用同样重要。每一个环节的设计和素材的运用都有它的价值,所有环节的设计都应符合学生、贴近学生的认知基础。

在《某学生家庭成员月平均支出统计表》素材的选择和运用时,让学生看出饼图反映数据比例的特点,挖掘出理解父母、感激父母的育人点。如图4-1所示。

某学生家庭成员月平均支出统计表

(单位:元)

	食物	生活用品	交通	服装	教育	零食	玩具	旅游	娱乐	医疗	其他	小计
爸爸	480	199	150	232	0	0	0	600	100	0	220	1981
妈妈	500	200	80	531	0	100	0	600	300	68	185	2564
我	550	230	20	439	800	200	200	600	200	369	65	3673

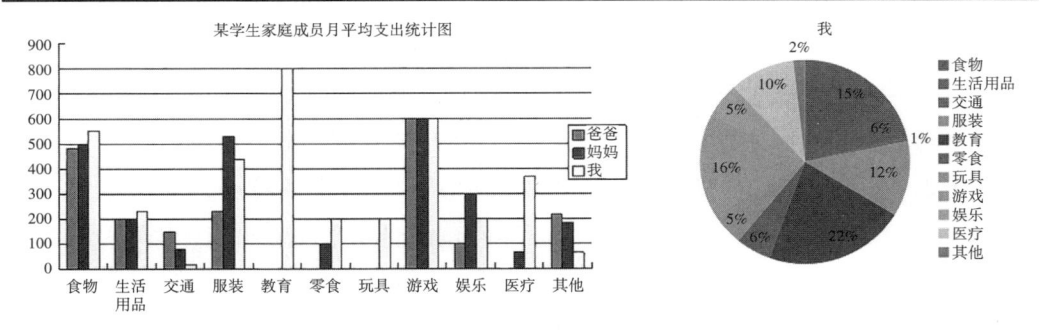

图4-1 某学生家庭成员月平均支出统计表及统计图

在《某小学学生视力下降情况分析统计表》(如表4-4)素材的选择和运用时,教师通过统计素材中1—6年级学生近视率,挖掘出健康用眼、保护视力的育人点。

表4-4　某小学学生视力下降情况分析统计表

	一年级	二年级	三年级	四年级	五年级	六年级
视力低下率(%)	22.26	26.76	30.97	52.12	69.53	73.98

*我想知道该小学学生近视率分布情况

在《某小学1—6年级学生肥胖率统计表》(如表4-5)素材的选择和运用时,教师通过素材中1—6年级学生肥胖率统计,挖掘出合理饮食、锻炼身体的育人点。

表4-5　某小学1—6年级学生肥胖率统计表

	一年级	二年级	三年级	四年级	五年级	六年级
肥胖率(%)	15.6	18.4	19.3	22.5	30.6	42.68

*我想知道该小学各年级肥胖率变化趋势

(二)精心设计,确定育人目标

本课的教学设计不仅要落实学科知识目标,还要用好素材,实现学科全息育人的目标。在教学设计中,教师提炼出核心知识点,生成柱形统计图,美化柱形统计图,并生成其他统计图。在制作柱形统计图时,教师创设到峨眉山看日出的情境,引出降雨量统计表,激发学生的求知欲望,通过认真分析降雨量,也让学生明白外出旅游要提前了解目的地的天气情况,有计划地旅行。在引出柱形图时,教师先引导学生回忆数学中直观分析数据的方法(条形统计图),实现知识迁移,让学生对统计图的理解不再困难。在讲解柱形图时,教师又提出"柱形图和Word中插入的图片是一样的",实现知识共通,无须讲解就能帮助学生完成对Excel中统计图的操作(放大、缩小、移动位置等)。在美化统计图时,教师先提供样图,让学生自己得出统计图的美化要注重可读性,颜色搭配合理。这样,经学生美化后的统计图才更加符合统计图的特点,更加符合数据显性的美观。在生成其他统计图时,以"某学生家庭成员月平均支出统计表"引出饼图,反映数据所占比例的特点,帮助统计者形成思维,可以根据需要选择适合的统计图来帮助自己分析数据。通过分析统计图中的数据,提高学生的分析能力和表达能力,也让学生体会到父母的辛苦付出是为了孩子的健康成长,从而学会感恩父母。拓展环节用了小学生视力表和肥胖率表,让学生从数据的分析中明白保护视力和锻炼身体的重要性。

(三)精讲多练,达成育人目标

教师精讲,学生才能多练,要做到练习设计有层次、有时间限制,练习前有明确的练习要求,练习过程中多巡视指导,针对学生存在的共性问题集中讲解。

教师多次安排练习时间,而且留给学生练习的时间一轮课比一轮课充足。教师精讲,学生多练,最终让学生的"五育"得到发展,从而达成育人目标。

第五章 小学信息技术学科全息育人教学评价

当今世界,科学技术突飞猛进,国力竞争日趋激烈。而国力的强弱越来越取决于劳动者的素质,以及各类人才的质量和数量。信息技术学科教育,既要重视学生的信息技术知识和技能,也要关注学生在德、智、体、美、劳等方面全面、生动、和谐的发展。而教学评价是保障学生全面发展的有力途径和方向指南。

什么是教学评价呢?教学评价是评价者依托先进的知识与方法,基于客观事实,对评价对象的教育活动、教育过程、教学结果等方面进行判断、分析,从而得出结论的过程。

本章立足于小学信息技术学科,以西大版小学信息技术教材为知识载体,从评价的理念、评价的原则、评价的方法等方面,对小学信息技术学科的全息育人评价体系进行介绍。通过评价,旨在增强学生道德意识、充分发掘学生聪明才智、培养学生计算思维和实践创新能力,发展学生艺术修养,从而培养学生信息技术学科核心素养,促进学校全息育人教育目标达成。

第一节　小学信息技术学科全息育人评价理念

《中国教育现代化2035》明确指出,把培养社会主义建设者和接班人作为根本任务,为党育人,为国育才。要落实这一要求,就要建立一个科学、合理的评价机制。学科评价是衡量学科育人效果、学生发展情况的一把有效标尺。一个科学、有效的评价首先要根据国家、社会的价值需要,先确定评价理念,再制定评价方案、拟定评价内容、选择评价方法,最后实施评价。通过对评价信息的搜集、整理,从而得出评价结果,并将评价结果向学生进行反馈,促使被评价者改进行为。

科学、合理的评价理念是指导评价工作具体实施和落实的源头与依据,对小学信息技术学科的发展具有重要的指导作用,同时也是促进学生全息发展的有效途径。先进的评价理念能很好地解释评价目的、评价规则、评价要求,并能根据评价结果进行改进和约束一些不科学甚至错误的行为。本节将阐述小学信息技术学科全息育人的评价理念。

一、重视学生全息发展

在传统的小学信息技术教学活动中,由于教学方式与内容的固化,导致学生的想象力、创造力发展受限,已难以满足当前素质教育的需求。因此,在全息育人的理念指引下,我们小学信息技术课不仅要重视学生的操作能力培养,也要关注学生在德、智、体、美、劳等方面全面、生动、和谐的发展。教学评价在理念导向和方案设计上也要从德、智、体、美、劳等方面全息性地思考。

评价的最终目的是促进学生的发展。重视学生全息发展的评价机制便于被评价者清楚评价的最终目的是促进学生的发展。重视学生全息发展的评价机制,有利于被评价者清楚自身参与学习过程中的收获,以及全面的认知程度和行为规范。因此,更有利于激发学生对信息技术课的学习兴趣,更有利于培养他们勇于探索、勇于创新的精神。全息发展的评价机制不在于找出和发现问题,也不在于选拔和比较,而在于通过对问题的查找、分析和解决,使学生学会思考。通过评价,对被评价者的个人成长和自身发展进行引领,促进被评价者在此过程中得到全方位的发展。

二、聚焦信息意识培养

1974年,美国信息产业协会主席保罗·泽考斯基在美国提出了"信息素养"这一概念。随着信息全球化的加剧,获取信息、评价信息和利用信息成了我们日常生活的重要组成部分,信息意识的培养就显得非常重要。对于小学生来说,每天都在接触信息技术,他们对信息有天生的敏感性。然而,他们在信息的获取、加工、使用等方面还存在不够规范、不够简洁甚至盲从等问题,需要我们利用信息技术课对其信息意识进行培养和提高。

在培养学生信息意识时,可以从文化素养和信息技能两个方面着手,在评价学生信息意识时,也可以从这两方面进行综合考虑。和普通考试不同,学生对信息的敏感性、获取能力、理解能力并不能通过简单的分值来判定,它需要我们创新性地解决这个问题。比如在信息技术课堂、情境式的生活问题解决中,可以通过观察学生如何使用信息技术设备,如何通过信息技术工具去解决问题,以及应用信息技术工具的熟练度等,综合分析学生对信息意识的反应情况。

三、提高信息应用水平

近年来,信息技术飞速发展,其应用渗透到我们生活的方方面面。学生对信息的获取渠道也变得非常多元和丰富。智能手机、网络、电视等已成为学生获取信息的主要渠道。然而,从实际情况来看,学生在信息应用上的能力还远远不够。比如:课堂中天天看到老师使用PPT、电子白板等,自己更多的只是"看";虽然有智能手机,但被严格地管控……

提高学生对信息应用的能力,需要我们信息技术教师充分支持和协助。[①]在健康、合理使用信息技术设备的前提下,需要学校建立良好的评价机制引领、敦促教师改进课堂结构,提高课堂教学效率。在小学阶段,要让学生掌握音、视、图、文的基本处理方法,树立网络安全意识,能够通过一些安全软件对信息网络和设备进行简单的安全管理。

---

① 冯国山.浅谈小学教学中信息技术的应用现状及改进策略[J].现代农村科技,2021(07):68.

四、发展信息思维能力

2006年,周以真教授首次提出了计算思维这一概念。它是指运用计算机科学的基础概念进行问题求解、系统设计以及人类行为理解等涵盖计算机科学之广度的一系列思维活动。随着时代的飞速发展,学生仅仅具有计算思维能力是远远不够的,时代要求更高的信息思维能力。

信息思维有非常宽泛的内容,它不是指信息技术设备的思维,而是指使用信息技术工具时人的思维,[①]是人在面对众多信息时的解析、处理能力。信息思维是信息技术学科中一项典型的学习能力,是人在适应未来信息社会时的基础和关键能力。

在小学阶段,最为明显地体现信息思维的教学内容要数Scratch程序设计单元了。在有些地方的小学信息技术教材中,学生从三年级开始就接触算法和程序了。然而,真正的信息思维能力的培养不仅仅是在编程的课程内容中体现,还在一些诸如数据筛选、处理、可视化表达中得到体现。在小学四年级讲Excel时,就已经隐含了学生信息思维能力的培养。作为教师,我们应该充分利用这些内容,适时对学生进行信息思维能力的培养,让学生在具体的情境中去感受"新"的思考方式、处理方法,从而快速解决实际问题。

学生的信息思维能力不能在短期内达到一个非常高的高度,需要进行长期的训练和积累。同时,教师要通过良好的评价机制对其进行正确引导,从根本上发展学生的信息思维能力,为学生适应未来的信息生活奠基。

五、明确信息社会责任

网络是现代信息传播的主渠道,每天都有海量的信息在发生和分享。与此同时,网络用户低龄化日益凸显。但是对于自控力不够的小学生来说,具有正确看待和负责任地使用网络信息的能力是教育者应关注的重点。网络责任意识和能力的培养是教育者需要认真面对和解决的问题。通过评价机制进行正确引导:一方面在于构建一个良好的网络应用环境,为小学生营造积极的网络应用氛围;另一方面,利用信息技术课进行专门的网络责任意识和能力培养,教给学生正确使用网络信息的方法,培养学生的网络信息责任意识,能够负责任地使用网络信息。西大版小学信息技术教材中没有专门的网络责任教育单元,而是通过具体的活动,让学生去理解和感受如何负责任地使用网络信息。

---

① 赖碧玲.计算思维培养视域下的Scratch校本课程教学实践研究[J].科学咨询(教育科研),2021(05):221-222.

在评价中，我们可以采用文献研究、问卷调查、综合访谈等多种形式[①]发现和了解学生在面对和使用网络信息时的情况，并根据得到的情况改进评价方式，用评价去引导和培养学生的网络责任感。

六、促进教师专业成长

2018年4月教育部发布的《教育信息化2.0行动计划》中明确提出了新时代背景下，要加强教师专业成长与发展，新时代呼唤教师角色转型。"教师主动适应信息化、人工智能等新技术变革，积极有效开展教育教学"写进中共中央、国务院《关于全面深化新时代教师队伍建设改革的意见》。中共中央办公厅、国务院办公厅印发《加快推进教育现代化实施方案（2018—2022年）》也提出了要"着力构建基于信息技术的新型教育教学模式"。因此，提高教师信息化应用能力是教师专业成长的必然选择。[②]

在教学活动中，强调激发和引导学生的学习需要，营造和谐民主活跃的课堂教学氛围，创造性地使用教材，注重学生的差异，给学生提供更多思考的时间和空间等。

全息育人的评价理念就是希望在"全息评价"中，减少甚至杜绝现实生活中一些老师的"把教育的现存规定想当然"[③]，习惯于"穿新鞋走老路"的问题。

第二节　小学信息技术学科全息育人教学评价的原则

小学信息技术学科全息育人教学评价原则，是对教育活动、过程、结果等各方面进行测量、判断、分析、结论的系统规则。西大版小学信息技术教材以"音、视、图、文"等为教学载体，通过对信息的获取与存储、加工与应用、传送与安全等意识、思维和技能的引导与实践，以核心素养为导向，坚持全息育人目标，致力于学业质量的提高。所以，在拟制教学评价标准和策略时，应聚焦学科核心素养和遵循学生全面发展等原则。并且，教师应在教学评价中准确把握评价的科学性、全面性、发展性等评价原则，通过科学的系统的评价，促进学生的全面发展和教师的专业成长，从而达到全息育人的目标。

---

① 郝梦圆.小学生网络道德教育的问题与对策研究——以包头市Z小学为例[D].包头内蒙古师范大学,2021.
② 周宝荣.大数据时代的教师专业成长[J].数字教育,2020,6(05):1-8.
③ 麦克·F.D.扬.知识与控制:教育社会学新探[M].谢维和,朱旭东,译.上海:华东师范大学出版社,2002:3.

一、科学性原则

科学技术是第一生产力。人类世界的文明发展史,实为一部以科学技术发展生产力,推动人类文明进步的历史。科学技术日趋集中于信息化表达、存储及应用,是不可逆的发展规律。信息技术教育的发展也毫不例外,因此小学信息技术学科教学活动的评价必须遵循科学性原则,评价必须建立在信息学、媒体传播学、电子通信技术、教育技术学等学科教学理论的基础上,反映现代信息技术教育理念、教学改革要求、教学目标及课堂教学的规律。只有全面地、合理地评价信息技术课堂教学,才能推动信息技术学科教育更好地适应并促进信息技术在社会各领域的全面应用和发展。

小学信息技术学科教学评价的科学性原则是指评价过程中既尊重教师、学生个体的年龄特征、学科素养及主观认知差异,也尊重信息技术本身存在的发展变化快速、更新迭代快的客观事实,客观地反映该学科课堂教学及信息技术的本质、师生在教学活动中的发展变化、互动学习和进步的动态历程。在小学信息技术学科全息育人教学评价活动中,师生活动过程、评价标准、指标体系、评价方法等必须建立在现代教育科学理论的基础上,符合教育学、心理学、信息学、教育技术学及实践认知发展的基本原理和教育规律;在教学评价过程中,要符合师生实际情况,考虑教材与现实差异,以实事求是的评价态度、科学(应变)的指标体系和标准、合理而严谨的评价方法,力求公平公正客观地衡量教师的教学质量、学生的真实学习表现情况,适当激励。

二、全面性原则

小学信息技术学科教学评价应注重融合兼顾,促进学生全面发展。在学生的全面发展中,其知识与技能、情感态度价值观、社会责任等方面同等重要。不论中小学生、成年人等,我们均处于一个信息高速发展的时代。在信息时代,人们的知识与技能水平最初是处于"同一起跑线",学习与应用的条件和机会也几乎相等。然而,在情感态度价值观、社会责任等方面却存在差异,各有不同。

小学信息技术学科教学评价全面性原则,要求评价者在教师对学生的学科认知引导、信息获取与存储、信息处理与应用、信息传送与安全、信息道德与社会责任等进行全方位评价,评价应避免片面性、主观性和唯一性。在评价教学时,要落实"为党育人,为国育才",促进学生意识形态端正、兴趣爱好、意志品质、良好习惯和责任担当等优良品格的形成和发展。

此外,评价还应指向本学科的认知育人、德性育人、健康育人、审美育人和劳动育人等全息育人目标。教学评价应从学科原理、技能应用、探究发现、实践验证、创新创造等方面进行衡量。应充分保护孩子的好奇心、求知欲和创新意识，激励和维持学生长久专注学习信息技术的兴趣和行动力。这样的教学评价体系将有助于实现全息育人目标，促进学生的全面发展。

三、发展性原则

习近平强调：发展是第一要务，人才是第一资源，创新是第一动力。教育要着眼长远发展，培养面向未来的信息技术人才尤显紧迫和重要。信息技术学科教学评价不能只因教师、学生当前一时一处的得失而纠结，要为学生的未来可持续发展而进行发展性评价。信息技术学科本身就是多领域、多学科前沿的综合体，其更新迭代、发展变化非常快，如同芯片领域的"摩尔定律"：发展是永恒主题。

小学信息技术学科教学评价的发展性原则是指评价者应基于以教师、学生现实为本，从时间线上要着眼未来长期、可持续发展变化的教学评价规则标准和价值策略，兼顾即时评价与延时评价相结合，以最大限度提升师生双方成长质量的目标值。

贯彻落实教学评价的发展性原则，一方面，要侧重"即时性"的观察和衡量教师、学生在课堂教学中的现场表现，关注教师、学生现场互相影响过程中的知识技能、内在情感、意志以及态度价值观的激发和动态变化曲线；还关注教师、学生现场自身的内省与完善、反馈和调控变化，让他们真正成为动态评价的主体，为教师、学生的后续发展提供支撑。另一方面，发展性原则要求评价者在开展课堂教学评价时，要"延时性"地连续长期对学生在学习目标、思维方法、学习习惯、学习方式、学习内容的程度等不同方面的动态表现情况进行同伴横向、个体纵向比较和评价，兼顾思考"不同学生、不同场景和时间能不能比、公不公平、利不利于发展"的取舍，也能成为教学评价目标能否达成的重要影响因素。

教学评价的发展性原则在促进教师和学生发展中，强调其过程性、形成性作用，每一次评价既是前一学习活动的终点，同时更是下一学习活动的起点和驱动力。新课程理念强调师生、生生、家校等多元化参与及时互动反馈的过程性评价，就是利用教学评价的发展功能，进行持续性激发并维持学生学习动机，进而促进其学习行为，有效提升学生学业质量和教师成长水平。

四、开放性原则

改革开放，兼收并蓄，创造了新中国建设发展的奇迹。任何情况下因为"开放"而引起的"泥沙俱下"的短时混乱，永远无法阻挡由开放带来的开拓创新局面。

小学信息技术学科教学评价的开放性原则就是评价者基于创新与发展的现实需求，在坚持小学信息技术学科评价规则标准及价值策略的内部评价基础之上，开放性地引入其他学科教师评价、家长评价、学生评价、社区评价等外部的分散评价力量，形成多元一体化的综合、开放式教学评价标准和体系。目前，我国许多大学都在尝试跨学科领域和引入学生社区服务评价项目，也得到部分家长和社会的认可。小学信息技术课程标准也提倡教学评价要多元化、多向化、集中与分散评价相结合的开放性原则。

小学信息技术学科对外开放，引入其他学科教师参与教学评价，既有利于促进信息技术学科教师在课堂中关注融合其他学科的教学进度同步和常识互通，体现学科育人目标的全面性原则，同时也可激发其他学科教师了解新型教育技术，提升信息技术应用兴趣和信息技术应用能力，其他学科教师参与渗透到信息技术学科教学每一个环节中的自评、互评、小组评、师生互评等多元化评价，对课堂师生和参与评价的其他学科教师均有开放交流、互学共进的促进作用。

小学信息技术学科开放引入学生参与式评价，有利于提升学生在课堂中的主动性、参与度，激发学生学习主动性、积极性，学生自主渗透到教学每一个环节中的自评、互评、小组评、师生互评等多元化评价，使学生成为信息技术教育课堂参与和评价的主体，能有效提高学习主动性和师生互动学习质量水平。

小学信息技术学科家长参与式评价、社区参与式评价，有利于改善社区与教师、社区与孩子、家长与学生、家长与教师、家长与社区中的教育信息环境，信息资源得以开发、共享，有利于综合管控孩子"游戏防沉迷"教育合力的形成；家长、社区成为学生信息技术应用的知情者、参与者和配合者；也有利于提升社区、学校、家庭相互了解、建议，改善和提升社区与学校、群众家庭的信息教育服务及信息设备与环境建设需求，进一步搭建为民服务的信息教育互通桥梁和纽带，提高社区信息应用共享服务，使其更加文明、高效、安全。

五、公平性原则

美国行为科学家亚当斯提出了公平理论，又被称为社会比较理论。将他的理论应用到小学信息技术课堂教学评价，第一，我们需要关注学生个体差异，了解他们的学习积极性、动机强度和知觉联系程度。第二，我们需要进行横向和纵向比较，以求得教学评价的公平性。学生的公平感知觉程度对学习动力有重要影响，因此，教师应重视学生的公平感，以提升学生的学习效率。

小学信息技术学科教学评价的公平性原则,是指在评价过程中,评价者应基于受评对象的现状,进行横向和纵向比较,并据此制定规则标准和价值策略。公平性原则要求评价过程公正、公开、公平,避免出现不合理的评价结果。为了实现这一原则,评价者应关注:如课堂中按设备分组和按学生差异分组的评价方式等。对小组中个体的付出与成绩进行评价,同时考虑同伴与教师的认可度,即被肯定的频率和受表扬的方式。此外,可以通过时间线索进行前后对比的综合性评价,关注以小组为团体的协同合作、共同进步。在评价过程中,还应兼顾所有学生的认同感、获得感,使他们感受到被公平地关注,从而实现全息育人的目标。为了确保公平性原则的实现,建议采用多种评价方式,避免单一评价方式的局限性,提高评价的客观性和公正性。同时,教师还应关注学生的个体差异,尊重学生的个性发展,为每个学生提供适合他们的教育方式。

六、可行性原则

教学评价的可行性原则,在小学信息技术学科教学中至关重要,它确保教学评价具有明确、可操作的标准和策略,能够真实反映课堂教学双主体的活动效果,同时对受评对象具有激励性。

首先,教学评价者需要对教师、学生、教学条件、教学设计方案有全面了解,以确保评价的公正性和有效性。这需要关注教学过程中学生的学情动态和能力变化等。其次,教学评价应在相对可控的条件下进行,以保证学生在规定时间内能够自主、互助、协作学习,完成预设目标中的学习任务。这需要关注教学流程进度和重难点突破情况,以确保教学目标的实现。在评价教学方案设计时,我们需要充分考虑受评教师的信息素养、教学风格、设计及实践能力等,同时也要充分考虑受评学生的信息素养、认知能力、兴趣特长等。还需要对学业质量完成的影响因素进行充分预设,增强对学科教学评价有效操作的可行性。最后,可行性原则还强调评价过程要简便易算,分析总结要得出中肯、恰当、具体、灵活又不失原则性的评价结论。综上所述,小学信息技术学科教学评价的可行性原则是确保教学评价公正、有效的重要保障,也是提升教学质量的关键环节。教育工作者应遵循这一原则,为学生的信息素养发展提供有力支持。

七、过程性原则

小学信息技术学科评价的过程性原则是指将课堂教学视作一个完整的、不断应急新情况生成的、动态变化的活动持续过程,依照预设的评价标准将各个环节依次对应纳入整个系统中,并从教学设计、过程实施、教学效果、应急情况等多方面一一对应量表指标进行评价，并对影响课堂教学质量的各个要素从整体上权衡，科学地确定评价量表指标并进行汇总分析，得出评价结论。过程性评价原则尤其强调教师和学生在发生应急或意外情况时，对看似不可控的课堂生成现象进行掌控处理的能力及师生互动的表现。

  小学信息技术学科评价的过程性原则是让教师在设计课堂教学评价时对常规评定的环节和内容进行多方面预设，服务于对师生原有教和学的评定、认可和激励。换个角度看，任何课堂的预设都是有限的，无法将所有未知纳入方案之中。虽然教师在课堂教学前设计方案的所有目的都是为帮助更好地完成总体教学任务，但对课堂实际教学中生成的应急变化却无法完全预设。因此，教师遵循过程性原则，可以通过特殊评价方式来应急引导学生返回参与预设课堂教学内容，完成教学，或先顺水推舟式跟随应急生成情况，彻底解决之后，逆向返回到原设计教学环节，仍然可以完成原定教学任务，同时取得难得一见的"意外成果收获"，提升应急处理能力和教学水平。

  在实施教学评价的过程中，必须细致分析并关注突发问题与实际教学内容之间的关联性与紧密度。对于那些与教学主题相去甚远的突发问题，可以不予考虑。然而，对于那些与教学内容紧密相关的重要突发问题，应当通过学生共同参与的评价方式来决定应对策略。在小学信息技术课程的教学评价过程中，对于突发问题的处理策略、应用频率、过程设计以及结果的应用，建议依据现场状况以及教师与学生的实际能力，进行灵活的指导和评价。

第三节　小学信息技术学科全息育人教学评价的方法

  教学评价能了解教学各方面的情况，从而判断它的质量和水平、成效和缺陷，同时也是考查全息育人设计是否落实全息目标、学生是否得到全方位发展的重要方式。科学、有效的教学评价方法能对教师和学生具有监督和强化作用，在具体的评价操作时，在评价方式上要做到多样化；在评价主体上要注重开放性；在评价内容上要多元化；在操作方式上要科学化。本节重点讲述在信息技术学科全息育人理念指导下常用的评价方法。

一、课堂教学评价的方法

  课堂教学评价是教师教学工作中的一种不可或缺的重要内容，它是提高学生学习质量,促进学生全面发展的重要手段。在课堂教学中有哪些评价方法?本小节从以下几个方面给大家一个参考。

(一)测验

测验就是检验、考查的意思。对于小学信息技术学科全息育人来说,测验通常用在测量课堂教学效果上。在实践操作中,它通常从教师的理念意识、专业技能、学生实践能力、作业效果等方面去进行考查。测验通常分为智力测验、能力测验、态度测验、价值测验等。各种不同的测验有各自不同的特性、不同的适用范围、不同的测验规则与程序。测验的实施方式有个别测验和集体测验两种。个别测验就是常见的一对一测试。集体测验则是有多个受测者同时参加,通常以小组为单位。一般采用随机抽选一部分学生或全班集体进行的方式。

在全息育人理念指引下,往往根据测验的目的和内容,选择不同的测验方式。比如,有些测验要快速、大致掌握整体的学习概况,我们可以采用集体测验的方式。它没有复杂的程序,通过一次测验就可以对测验对象的整体情况有所了解。但有时候需要精确掌握每个测验对象的具体情况,或者需要对某个测验内容的掌握进行深入的分析,这个时候就可以采用个别测验的方式。

无论集体测验还是个别测验,测验的实施要严格按照统一的程序和要求进行,测验过程中要准确地做好记录,在信息技术学科中,测试环境是要特别考虑的因素。测试环境要能充分满足测试内容的需要。另外时间的长短事先要加以估计。测验的时间不宜太长,否则容易引起被测者的疲劳和厌烦,要合理安排测验与休息的间隔。

在小学信息技术学科全息育人中,学科认知中的学科知识和部分学科能力非常适合用测验的方法验证学生对其的掌握情况。在设计测验内容时,要充分依据育人目标,严格把握育人目标对应掌握层次,是"知道"、"理解"还是"掌握"?严格根据育人目标的要求进行测验题目的拟定。

(二)访谈

访谈是访谈者与访谈对象(学生)围绕特定的主题内容进行信息交流的过程。信息技术学科全息育人的访谈多数可采用面对面交流的方式,通过沟通交流,访谈者能够获得需要的信息,并根据获得的信息进行归纳整理,从而了解、掌握访谈对象(学生)的认知程度、思想意识等内容。

在小学信息技术学科全息育人评价中,访谈也是一种非常重要的评价方法。一次典型的访谈一般包括"事前准备—事中访谈—事后分析"三个步骤。对于访谈者而言,要准确获得想要的信息或尽可能掌握访谈对象的学习、思想状况,在访谈之前要做好充分的准备,包括材料准备、思想准备等,甚至对可能出现的一些问题进行适度预设,减少访谈中的"尴尬""偏题"等现象。同时根据访谈目的和内容的需要,确定访谈的方式是个别访谈还是集体访谈。

个别访谈也叫单独访谈,是指根据访谈内容或访谈目的只确定一名学生作为被访对象,进行"一对一"式访谈交流,具有专一性;集体访谈是根据访谈内容或访谈目的需要确定几名学生作为被访对象,进行"一对多"式访谈交流。

在事中访谈时,访谈者要营造一种宽松的访谈氛围,减少访谈对象(学生)的思想抵触情绪,让访谈对象"愿意谈""放心谈"。访谈者在访谈过程中,要及时做记录。访谈结束后,要立即整理、分析访谈过程中的各种资料。结合访谈问题,归纳、梳理主要结论,从而得出访谈结论。

在小学信息技术学科全息育人评价中,访谈通常在课前和课后两个时间段进行。课前访谈主要用于了解访谈对象现有的认知基础和情感状况,课后访谈主要用于经过课堂教学实施后,访谈对象的认知、情感变化情况。

(三)调查

调查就是为了了解情况而进行的考查。在小学信息技术学科全息育人评价中,调查评价是指根据预设的育人目标,有目的、有针对性地收集调查对象(包括教师、学生、课堂)的材料,并作出分析、综合,得到结论的评价方法。常用的调查评价方式有问卷、抽样、统计等。

问卷调查评价的优点是能突破时空的限制,在较大的范围内,能对众多的调查对象同时进行调查。特别是在现有信息技术条件的支持下,问卷内容不仅可以涉及学科认知,还可以对理解、创造、鉴赏类内容进行考查。然而,它也有局限性,就是只能获得书面的信息,而不能了解到生动、具体的过程性情况。

抽样调查评价指对调查对象进行选择性的抽样考查,此方法通过在全部调查对象中选取一部分调查对象进行调查,以部分映射整体的调查方式进行,能在较短的时间内取得相对准确的调查结果,具有较强的时效性。但是,也会出现因抽样数目不足影响调查结果的准确性,且对抽样调查样本的选择性和有效性的要求非常高。

在信息技术课堂教学评价中,有时也会采取抽样的方式进行。比如在课堂教学效果即时性评价中,随机抽取一部分学生参与课堂教学效果评价,根据这部分学生的课堂教学效果情况,类推整个课堂教学效果。

(四)观察

观察,是指细察事物的现象、动向。课堂观察是课堂评价中广泛使用的一种评价方法。课堂观察评价是指评价者或观察者带着明确的目的,凭借自身感官以及有关辅助工具、直接或间接从课堂情境中收集资料,并依据资料进行相应评价的方法。有效的课堂观察评价至少要经历"观察前准备—观察记录—结果分析"三个步骤。在信息技术课堂教学评价中,学科技能、审美能力、课堂氛围、思维活跃度等都可以采用观察评价的方式进行评价。课堂观察只能凭借观察者的感官及有关辅助工具(如观察量表、录音录像设备)观察可视、可感、可知的直观现象与行为,不能对那些看不见、摸不着的内在机理(诸如师生的心理变化)进行观察。

二、学生学业评价的方法

学生学业评价决定着人才培养的质量和规格,是保障教学质量的关键环节。所谓学生学业评价,是指本着以学生发展为本的理念,由教师依据一定的教育目标,确定出学科课程的具体标准,通过组织学生、家长、教师、社区等多元参与者,使用多种评价方法,多角度、持续地对学生在该课程学习中取得的成就进行综合判断分析,从而得出学生是否达到预定学习目标的活动过程。

新课程发展理念在义务教育课程和教学评价方面提出:一要重视学生发展,淡化甄别与选拔(与高考区分),实现其向促进学生发展和教师专业成长的双重功能的转化。在小学信息技术学科教学中对学生评价,更看重对信息技术的通用性和基础性应用,学科领域未来的发展及创意想象的方向性进行引导评价。比如我们在教学"汉字输入方法"对学生进行评价时,通用性和基础性,就是对"基于键盘输入"的拼音或笔画输入方法掌握情况进行评价,同时也要进行其他拓展和创意引导性评价,包括"基于鼠标、手指、手写笔、空中姿势的字形动作输入""基于话筒的语音输入""基于大脑神经控制意识传感器识别的汉字笔画轨迹、图形输入",等等,都可以加入到对本学科的学生学习评价中来。二要重视综合评价,实现评价指标的多元化,关注个体差异。比如我们在教学"汉字输入方法"对学生进行评价时,不仅对学生的"打字速度"进行评价,还对学生的坐姿与用眼,使用键盘或鼠标的规范动作习惯,将汉字拆解为音节字母、笔画的准确性,书写次序与连贯性,正确字音的发出,正确字形在脑海的精准控制能力等,都进行综合性评价。三要强调定性与定量相结合,实现评价方法的多样化。同样以上例教学来看,对目前能实际评价操作的学生键盘输入、鼠标(或其他手写类)输入、语音输入任选其一或全选进行评价,对测试的速度(单位时间内的字数)进行量化评价,但绝不能将这个量化结果作为唯一标准,还必须对学生坐姿用眼、使用工具的良好习惯等进行多元化定性评价结合,获取更真实和相对公平公正的学生综合评价结果。四要强调学生主体评价为本,以学生主动参与,实现自评、小组伙伴互评、家长参与评、师生互评等相结合,实现评价主体的多元化。同样以上例教学来看,还要进行多主体参与式评价。评价结果绝不能搞"老师一言堂、个人说了算",要兼顾学生主动参与汉字输入的积极性、帮助解决小伙伴遇到疑难的主动性及能力、在家或社区愿意主动帮助家人或邻居亲友的积极性等多元、综合性的客观评价。五要注重学业评价过程,终结性评价与过程性评价相结合,实现评价重心转向过程性评价。同样以上例教学来看,由于汉字输入法只是教材的一小部分内容,教学及训练时间相对短暂,对学生进行综合评价时既要关注本部分教学内容教学训练中对学生进行的即时性评价结果,同时也要关注其在本册教材(及至后续年级涉及的)后续的文本编辑、日记等涉及"汉字输入"部分的表现情况,推导出学生在其他时间的学习、生活运用中是否积极、主动、有效地参与并提高了自己对"汉字输入"速度及掌控能力进步曲线。

小学信息科技学科特征有别于综合实践课程,只有综合考虑学生主动、积极地动脑动手,在学习和社会生活、劳动中去应用和实践等方面,才能客观、全面、正确地评价学生的综合能力。以前对该课程的学生学业评价明显存在"轻术重学"的倾向,课堂教学与学生学业评价存在理论和实践相脱节的问题。课程学完之后,学生能不能掌握所学、是否学以致用并提高,就成了未知问题。

(一)"以学生为本"的多元化学生学业评价理念

学生学业评价首先强调"以学生为本"的价值理念,是一种以学生为本位,教师、家长、同伴、社区参与的多元化学业评价体系。在该评价体系中,充分强调学生的主体地位,而非传统的教师主体地位。学生不仅是被评价的对象,也是评价的主体,这能够使学生树立对自己负责的学习态度,有效激发其学习的自信心,调动学习的积极主动性,提高对个人学习的监控能力,教师、家长、同伴、社区则是影响学生学习完成学业的隐性环境,是对学生全息育人重要的潜在力量因素。

以生为本的多元化学生学业评价模式在评价主体构成上,以教师为重要评价主体之一,加入了学生本人、班级同学、学生小组、家庭成员、社区邻居等多种评价主体,通过学生自我评价、同伴评价、学习小组评价、教师评价、家庭成员评价、社区近邻评价等环节的操作完成全部评价过程,并且五种评价主体在实施评价时所依据的评价标准(评价量表)中的定量评价指标与定性评价指标、计分原则基本是一致的,体现了评价主体的多元化及内在统一性,这就使得评价结果更客观、更全面、更公平。

学生自我评价的操作方法：学生本人使用依据课程学业标准制定的自我评价量表中的定量评价指标与定性评价指标，对刚完成的作业进行自我评价。

同伴评价的操作方法：由教师组织同伴评价之前，先依照全班同学作业的完成情况，选出作业完成质量较高的三分之一的同学，对本次作业评价标准、方法及评价的公平性问题进行培训，讨论商定总体安排设计，随后组织他们（匿名）用好本次作业评价标准和方法，随机对另外的若干名同伴的作业进行相互评价。每名同学的作业将随机性地由两名同伴评价完成，取两名同伴评价结果的平均值作为同伴评价的结果。

学习小组评价的操作方法：由事先划分好的学生小组使用依据课程标准制定的研究设计方案小组评价量表中的定量评价指标与定性评价指标，对其他学生小组完成的研究设计方案阶段性考核作业进行评价。在评价的过程中，每名小组成员均要参与并发表意见，由小组协商、统一意见之后给出最终的小组评价结果。

教师评价的操作方法：教师使用依据课程标准制定的作业评价设计方案中的教师评价量表、定量评价指标与定性评价指标，分别对学生个体和对学生以小组为单位完成的阶段性作业进行评价。

家庭成员评价、社区近邻评价的操作方法较为困难，此处暂未涉及。

教师在评价中的主体地位还取决于事先设计准备好上述五种角色评价的评价指标、评价过程中对五种角色的指导、评价后对五种角色评价结果的收集与整合分析，客观再现学生学业现状并进行发展性评价。上述评价只是基于各学科全息育人的局部评价，最终结果是班主任对包括自己所任学科在内的所有学科评价结果，综合评价学生最终的发展性整体评价结果。

（二）"以学生为本"学生学业评价实际应用中注意的问题

第一，授课教师应遵循心理科学发展的研究进程，结合学生年龄及身心特征，知识技能水平，及时动态地调整授课内容和相应的课程标准与教学内容体系。

第二，授课教师在操作同伴评价时，应注意选择学科学习领悟能力强、在班级中能起学习表率和引领作用、拥有自主公正评价能力和品质的学生作为评价主体，确保同伴评价的信度与效度。

第三，授课教师在操作学习小组评价时，应注意调动小组长的积极性，发挥好小组长在小组评价环节的指挥协调作用，确保学习小组评价的有序性，力求取得所有小组成员中立或支持小组评价结果。

第四，授课教师在操作教师评价环节时，因为涉及多学科的全息育人评价，无论是由班主任教师本人评价还是由其他学科教师评价,都应注意摒弃对学生的成见,做到客观公正地评价。

第五,授课教师在操作家长或家庭成员评价时,实践操作相对困难,应注意提前与家长沟通协调,一方面是全员家长参与的情况,要尽量采取家长会、家访、校访相结合的方式,另一方面是局部家长参与的情况,可以结合家长在社区的社交能力范围,对本班同学熟悉范围及程度来选定部分家长,对该范围的学生进行局部评价,作为评价参考。

第六,授课教师在操作社区近邻评价时,根据国家"划片招生、就近入学"或"多校划片、摇号抽签"相结合的基本操作要求,这个社区范围就不是简简单单的"学校和家庭附近范围",虽然实践操作中有困难,但可以"以点代面",从调查问卷和学生在学习相关内容的前后表现能力水平上进行推测论证,作为辅助性评价参考,这在绝大多数学校可以尝试实施应用,相互交流共享、总结提升。教师在实施时也应提前与家长、相关社区人员(对相关学生比较熟悉或关注教育)沟通协调后选定,同时配合该社区部分学生家长参与,要尽量结合社区走访、家访活动,可与家庭成员评价合并作为评价参考。

第七,授课教师还应注意在每个阶段性作业评价之后及时给予学生、家长互动沟通和反馈,确保过程性评价不流于形式,真正促进学生发展。[1]

(三)"以学生为本"学生学业评价标准及指标体系

学生学业评价是教学评价中最核心、最基本的活动,也是现实中教学评价关注的焦点。在实践操作领域,学业评价是教育质量评价的重要部分。北碚区小学信息技术学科全息育人不仅建立了评价框架的学科认知、德性育人、审美育人、健康育人、劳动育人等五个育人维度,而且制定了学科内容一级、二级维度指标,及指标操作描述。(详见表2—6小学信息技术学科全息育人框架)

学生的学业进步是一个全方位、整体的过程,是学生的知、情、意、行各方面的全息、复杂变化,必须采用多种方式综合考查学生的学习表现。不仅要测量学生的知识和技能水平,更要了解学生的思维和创造力的发展情况;对学生的动力水平、思想方法、性格品质等,也必须给予充分关注,在考核中要有效地体现出来。考核方式应进一步多样综合(如立场与态度反应、笔试、口试、行为观察、自我反思、典型作品、心理分析、进步曲线等),以便多角度地反映学生的学业进步。

---

[1] 王江洋."心理学研究方法"课程"生本—多元"学生学业评价模式[J].教育与职业,2016(23):101.

(四)"以学生为本"全息育人的育人点设计依据

新形势下小学信息技术学科学业评价要在心理、信息、教育科学的测量理论指导下,以能力为导向,注重学生素养的测试,并规范评价程序,充分挖掘评价信息,让学业评价促进学生健康发展。日常教学评价是为学生个体服务的,为学生成为有个性特长的全面发展的人服务的。基础教育阶段的学生是未成年人,他们的成长发展具有无限可能性。过早做出选择,会让他们丧失很多学习与发展的可能性。对课堂效果的整体评价不管是对教师教学水平的评价,抑或对学生学业水平的评价,要坚持长期性原则。教学评价不只是某一两节课的事,在对学生进行总结性评价时,除了要看某次关键成绩外,还要注意考查学生日常的学习情况,把学生长期以来的学习表现,作为评定其学业水平的重要依据,如表5-1所示。

为此,对小学信息技术学科全息育人教学评价育人点的设计依据进行溯源(如表5-1所示),寻求国家相关政策及教育教学理论基础,利于更加科学地开展评价工作。

表5-1 小学信息技术学科全息育人的育人点设计依据

学段学科	育人维度	一级维度	二级维度	主要依据
小学信息技术	学科认知	1.学科知识	1.1计算机硬件与系统	中国学生发展核心素养 中小学信息技术学科核心素养
			1.2图文声像的信息加工与表达	
			1.3网络与信息交流	
			1.4算法与程序设计	
		2.学科能力	2.1信息获取与处理	中小学信息技术学科核心素养
			2.2技术应用与解决问题	
			2.3数字化学习与应用能力	
		3.学科思维	3.1计算思维	
			3.2数据思维	
	德性育人	1.国家意识	1.1国家认同	中国学生发展核心素养
			1.2家国情怀	
		2.社会责任	2.1法律法规	
			2.2规则意识	
			2.3参与意识	
		3.个人修养	3.1信息道德	
			3.2信息安全	
			3.3行为自律	
	审美育人	1.欣赏评价	1.1图文协调	中国学生发展核心素养
			1.2声像流畅	
			1.3程序简洁	

续表

学段学科	育人维度	一级维度	二级维度	主要依据
小学信息技术			1.4 技术之美	
		2.创造设计	2.1 健康审美	中国学生发展核心素养
			2.2 艺术表达	
			2.3 创意表现	
	健康育人	1.身体健康	1.1 正确姿势	中国学生发展核心素养 中小学信息技术学科核心素养 教育部2019年工作要点 中小学信息技术学科核心素养
			1.2 科学用眼	
			1.3 合理分配时间	
		2.心理健康	2.1 节制欲望	
			2.2 乐观自信	
			2.3 自我认识	
		3.课堂生态	3.1 真诚的师生交流	
			3.2 和谐的人际关系	
	劳动育人	1.劳动价值观	1.1 勤于动手	中国学生发展核心素养 中小学信息技术学科核心素养 《义务教育信息科技课程标准(2022年版)》
			1.2 乐于探究	
			1.3 持之以恒	
		2.操作实践	2.1 统筹规划	
			2.2 分步实施	
			2.3 总结归纳	
		3.应用创新	3.1 创新意识	
			3.2 创意物化	

(五)"以学生为本"全息育人学生学业评价工具量表

学生学业全息育人评价是复杂的系统工程,但是其复杂性应体现在其研制过程中,而研制出来的评价工具量表,应该易于操作。复杂的、过多的、大规模的评价对学生的成长和教师的发展都是不利的。

我们学科组在日常评价和学科优质课评选过程中积累编制的评价工具——小学信息技术学科全息育人课堂观察表的设计在适当关照全息、全员性的基础上,着重抓学科全息育人五个方面的关键因素、关键行为,并适当为师生的成长留有一定的自主空间。在教学过程中教师对学生学业开展评价的频度要适当,应有效检查和激励师生的互动教学行为,不能影响正常的教育教学秩序,更不应该成为师生的额外负担。

在未来的评价工具改进与开发过程中,还需要大量地引入和借助数字信息技术、人工智能等来实现数据的采集、分析、处理,要处理好必要的学业评价监测与教学过程控制之间的关系，遵循小学信息技术学科全息育人教学规律和原则，让技术、数据成为评测学生学业的重要参考手段，成为全面改进和提高学科教学质量的辅助性工具。

(六)"以学生为本"全息育人学生学业评价

1.信息技术情境下的学生学业评价导向

"信息技术情境"的本义并不复杂，把它与学生学业素养评价关联起来时，应当包含以下内涵。

首先，信息技术情境表达了一种真实性。让学生的学习表现在真实的信息技术应用环境中来体现，知识的运用就不再是从抽象知识到抽象回答的过程。学生首先需要从信息技术情境中剥离出基于信息技术学科知识的问题，运用相关信息技术知识和技能很好地解决这个问题，之后再将结果有效运用到真实的情境中去。借助情境要评价的是信息技术知识的产生、演绎和应用的全过程。

其次，信息技术情境需要具有极强的角色意识，具有一种角色的代入感，学生的情感态度价值观很难被测量，但在信息技术情境赋予测评者一种角色意识时，其知、能、意、行的整体表现，可以反映出学生的信息技术知识和个人价值观的融合。

再次，信息技术情境具备隐蔽性。在信息技术情境的创设中，很多条件是隐含在情境中的，必须由被测评者自己主动发掘和提取。这可以充分考查被测评者的理解能力、开放性思维能力、信息挖掘能力、信息采集与加工处理工具的选择能力、工具软件应用与完整表达本意的能力等。

最后，信息技术情境具备综合性、全息性特征。某些真实的情境问题(全息环境)，不一定有标准的正确答案，却可以全方位观测被测评者能力的高低、考虑问题的全面程度、选择的加工处理工具、应用中的审美与表达能力、熟练程度水平等，划分出不同的层次，这是其他的测评方法所不能及的。而在"信息技术情境"中测评的核心价值在于，考查被测者的原则立场、迁移运用、审美表达能力，全息测量他们综合性的知识、能力和态度是否能够迁移到不同的信息技术情境中，表现出应有的综合水平。面临未来社会的挑战，变化超速规划，创新智造将成为常态。面对不断动态更新、发展变化的信息技术情境，学会掌握有效分析应对是信息技术教育的基本社会意义。

比如：我们在生活区中发现一个交通工具禁停标识(图形符号)，现在可以要求学生用信息技术知识和技术，自己设计这样一个标识，可以加入自己的美感理解和设计想法，展示个人对禁停标识的创作。在这个信息技术情境中，肯定有学生会掏出手机对标识进行拍照(或其他方式识记)，然后自主加工提取标识的大小、形状、色彩、构造等基本图形及特征值，其后使用手机或电脑图片处理或图形设计软件，甚至选用某个普通常用办公软件的"图形组合设计功能",开启自己的设计创作,按照自己的理解、审美观和技术操作能力自主(其间可能有与伙伴或教师的互动互学交流)完成任务,最后还可在展示作品时让学生彼此交流自己对该标识的设计意图、审美表达与调整,以及个人对禁停标识的社会必要性的个性化理解阐述等。教师评价就可基于创设的这个真实信息技术情境,根据学生学业素养表现的全过程进行教学评价。

通过不同策略的展示,看到学生具备怎样的人文与美学理念、生命与安全观念、思维与技术表达及科学与社会责任担当等综合表现的评价。在禁停标识作品创作展示评价中,通过赋予学生作为交通工具、秩序管理的社会责任角色,可以考量他是否具有能够从不同的人群角色立场考虑问题的能力和态度,如何使用自己掌握的信息技术解决当前面临的问题。

2.应用人工智能、AI大数据等信息技术来改进学生学业评价方法

在小学信息技术学科教学中,在对学生学业评价的方法上,人们一直在定量和定性两方面如何取舍中徘徊,孰重孰轻的取舍场景总是有些两难,原因是"取与舍"之后,总是无法预知对后续结果的影响究竟有多大,没有一个可以相对值得信任的"虚拟仿真评价工具",可以动态生成"取"或"舍"后的结果影响值变化曲线数据,以让评测者进行微调应用、全局把握。对于学生学业水平的测量,仍需要相关研究者集成大智慧,创造更加智能的大数据模拟仿真评价工具,这些基于大数据智能测评工具的研发仍将是未来教学评价的重要内容。目前国内部分大学或实验室已经有试点引入基于全方位课堂现场环境音视频、动作行为及面部表情人工智能AI识别的师生动态、全息评价大数据收集工具和分析导引系统,有望更快引入小学信息技术学科的学生学业评价工作中,提高总体育人质量。

伴随信息技术、大数据、人工智能、AI表情识别、动作识别等收集、处理、分析工具深度参与教育教学课堂活动,在未来的教学中,教育信息技术手段将得到更多的常态化运用。随着人工智能、AI大数据技术的发展,数据识别与收集、整理和分析、诊断与展示都日渐成熟。科学的测评量表、量化调查工具的研制,借助信息技术可以更加简便、快捷和准确。

如何正确收集、解释和运用量化评价信息成为重要的思考和实践方向。

比如:在借助线上课程学习的同时,可以借助集成于线上教学平台的信息技术数据收集功能,自动获取学生学习行为、表情变化、作业反馈等数据,让以往难以实现的动态长期数据的跟踪、收集成为可能,并生成大数据库,力求全面反映学生的学业水平。新信息技术辅助量化测评可以实现短时间内动态反馈或使曲线生成展示成为可能,教学评价的分析、诊断、调整及预判功能可以发挥得更好。在解释数据时,应避免

武断的结论,尤其应审慎对待负面评价,坚持量化和质性评价相结合的策略,关键数据应辅以长期的课堂观察和深度访谈等质性依据。要加强教师个人信息技术应用能力的提升,开展相关评价工具应用和评价数据收集、分析、判断及改进建议的相关培训,使教师能够读懂数据,有效利用数据,对学生的学习进行正面干预,要有行动研究意识,注重不同阶段教学干预的效果对比,真正借助新技术对学生学业评价来促进学生的学习发展目标。

第四节　小学信息技术学科全息育人教学评价的案例评析

评价案例是将评价理念落实到具体行动中的有效载体。小学信息技术学科的全息育人理念要落实到实处,需要从具体的课堂、具体的学生学业案例着手。本节通过2个评价案例的展示,旨在给大家提供一个具体的评价参考范例。

一、课堂教学评价案例评析

【案例1】西大版小学《信息技术》四年级下册第四单元活动4"统计图"

课例背景:"统计图"是西大版小学《信息技术》四年级下册第四单元活动4的教学内容。第四单元是对办公软件excel的学习,该课是这个单元的最后一课,在学习本课之前,学生已经掌握了录入表格内容、美化表格、自动计算等内容,为该课的学习打下了基础。

该案例由北碚区翡翠湖小学的袁老师在北碚区人民路小学进行基于信息技术全息育人设计理念的实地执教。该课的学科认知目标是:1.能通过选择多个单元格,利用"插入"菜单中的"插入统计图"命令,制作出柱形统计图。2.掌握基本的美化柱形统计图的方法。比如设置格式、填充颜色等。德性育人目标是:通过观察制作出的"家庭成员支出统计图",发现自己的开销非常大,从而引入感恩父母的情感。健康育人目标是:通过观察"学生营养状况统计图",发现保持健康要注意饮食,适度锻炼身体。审美育人目标是:以具体的"美化统计图"为载体,让学生在具体美化统计图的过程中,通过合理的颜色搭配,协调的字体、字号选择,去体验、感悟和创造美。

该课以任务驱动的方式,通过"创设情境—引入新课—揭示任务—完成任务1(制作柱形图)—完成任务2(美化统计图)—完成任务3(生成其他统计图)—观察、分析统计图"的环节设计,引领学生完成知识的构建,在具体的问题解决中去落实全息育人目标。

(一)课堂教学效果过程性评价

根据全息育人评价理念和本课的实际内容,通过测验、访谈、调查、观察这4种方式分别在课堂教学的过程中和课堂教学完成后两个时段对该课进行了评价。具体如下:

1.课堂教学进行中观察

(1)从课堂教学结构角度进行观察,依据学科组共同设计的小学信息技术学科全息育人课堂观察表(如表5-2所示),观课评价者需要客观公正记录,然后提供第一手评价数据。

表5-2 小学信息技术学科全息育人课堂观察表

观察者姓名: 　　　　　单位: 　　　　　观课日期:

授课教师		授课学科		授课年级		授课内容	
观察主题	学科全息育人						
观察视点	观察维度	观察内容				观察记录	
渗透学科全息育人	学科认知	1.学科知识					
		2.学科能力					
		3.学科思维					
	德性育人	1.引导学生了解民族先进文化和文明成果,支持民族产业,形成正确的世界观、人生观、价值观					
		2.培养学生的遵纪守法意识,理性对待各种信息,负责任地参与信息活动					
		3.培养学生自觉规范行为,明辨是非的意识,增强自我防范和隐私保护意识					
	审美育人	1.挖掘信息技术学科潜在的文化内涵和美学价值					
		2.引导学生理解和欣赏信息技术中的简洁美、协调美,陶冶学生的情操,提高学生的审美情趣					
		3.引导学生感受程序设计的高效性和严谨性,体会程序语言的逻辑美					
	健康育人	1.培养学生在使用电子产品时正确用眼、采用正确坐姿的习惯					
		2.引导学生正确认识自我,抵制网络诱惑,培养学生有自控力地参与信息技术活动的能力					

续表

授课教师		授课学科		授课年级		授课内容	
渗透学科全息育人	实践育人	1.培养学生主动参与劳动实践、积极探究的意识					
		2.培养学生根据任务制定行动步骤、统筹规划、总结归纳的能力					
		3.培养学生积极参与、乐于创新的意识					
总体建议							

（2）从学生参与角度进行观察，可以参照学生课堂参与度评价量表（如表5-3所示）进行。

表5-3 学生课堂参与度评价量表

观察人：

版块	内　　容	观察结果（人数、次数或描述）	效果（等级）
行为参与	学生进行阅读、演示、表演等情况		
	学生进行书写、操作等动手实践情况		
	学生举手发言、提问等情况		
	在适宜开展合作学习时，学生小组分工、合作等学习情况		
思维参与	学生主动提出问题(次数、价值等)		
	学生回答问题(次数、参与面等)		
	与学习小组或同伴讨论、交流情况		
	学生进行梳理、归纳、迁移等深度思考情况		
情感参与	学生学习兴趣情况(眼神、状态等)		
	学生出现开小差、打瞌睡、发呆等非学习状态情况		
	在学习中，倾听他人意见，乐于讲述自己的观点		
其他			

2. 课堂结束后进行调查、访谈、测验

(1) 课堂反馈调查表（如表5-4所示）。

表5-4 "统计图"课堂反馈调查表

亲爱的同学们，经过一节课的学习，你们感觉怎么样？收获一定很大吧！接下来，我们做一个小调查，调查结果只为研究课堂使用，不会对同学们有任何影响。希望同学们如实回答。谢谢大家！（请在最为适合的选项后画"√"） 1.这节课你学得轻松吗？ 　　很轻松（　　）　　一般（　　）　　有点累（　　） 2.你觉得这节课有趣吗？ 　　很有趣（　　）　　一般（　　）　　有点烦（　　） 3.如果想要快速地了解数据情况，你觉得用统计表方便还是用统计图方便？ 　　统计表（　　）　　统计图（　　）　　两者都方便（　　）　　两者都不方便（　　） 4.如果想要直观、清楚地反映出数量的多少，用哪种统计图更合适？ 　　条形统计图（　　）　　折线统计图（　　）　　饼形统计图（　　） 5.统计图能像图片一样设置诸如字体、字号、颜色吗？ 　　能（　　）　　不能（　　）　　不知道（　　） 6.你觉得这节课的学习内容多不多？ 　　多（　　）　　一般（　　）　　不多（　　） 7.你觉得老师的指导能帮助你快速地明白统计图的制作吗？ 　　能（　　）　　一般（　　）　　不能（　　） 8.有了数据统计表，还有必要制作统计图吗？ 　　有（　　）　　没有（　　）　　根据数据分析情况确定（　　） 9.这节课，留给你印象最深的是什么？（请填在下面的横线上） 　　_____

(2) 课后学生访谈表（如表5-5所示）。

表5-5 "统计图"课后学生访谈表

姓名：　　　性别：　　　学校：　　　班级： 1.你能不能给老师讲讲，今天这节信息技术课，你学到了什么？ 2.在这节信息技术课中，有特别难的地方吗？如果有，你能说说是哪个地方吗？ 3.你平时在生活中，看到过统计图吗？举个例子来说一说。 4.相对于统计表来说，你能说说统计图有什么优点和缺点吗？

(3) 听课教师课后访谈表（如表5-6所示）。

表5-6 听课教师课后访谈表

姓名： 1.你觉得这节课的育人目标达成度如何？还有哪些育人目标可以升华或强化？ 2.你觉得这节课学生的参与度如何？ 3.你觉得这节课的教学策略实施适合本节课的教学内容吗？ 4.在时间的安排上，你认为这节课的教学环节安排恰当吗？ 5.你对本节课还有哪些好的建议？

(4)课后测验表(如表5-7所示)。

表5-7 "统计图"课后测验表

亲爱的同学们,在过去的一节课里,大家都学得非常认真,也非常努力,不知道大家掌握得怎么样了?下面我们一起来看看吧!请同学们根据题目要求选择最为合适的统计图进行制作。完成以后,请向老师举手示意!谢谢大家!

一、下表是某公司产品销售额分布情况,请根据下面的数据制作一张统计图。要求能直观地反映各个区域的销售比例情况。

某公司产品销售额分布情况表

区域	数量(万台)	区域	数量(万台)
东部	3700	北部	4980
西部	2810	南部	1956

二、下面是实验小学4年级(1)班第2学习小组的身高统计表。请用下面的数据制作一张统计图,要求能直观地反映出哪个孩子最高,哪个孩子相对最矮。

实验小学4年级(1)班第2学习小组的身高统计表

姓名	身高(cm)	姓名	身高(cm)
赵南	135	左乾刚	151
彭勇	143	孙辉	123
李朝阳	159	柳发志	148
黄俊	128	张春桥	139
张凯	137	李济森	142
刘任莉	146	张林	156

(5)整体式评价(如表5-8所示)。

表5-8 小学信息技术学科"全息育人"教学评价量表

北碚区中小学"学科全息育人"教学评价量表

时间: 年 月 日 地点_____
教学科目及内容_____ 授课年级_____
授课教师_____ 评价人单位_____

评价维度	价值导向	观察要点	可视化行为	评价等级				
				A	B	C	D	E
全要素设计	目标定位准确、全面,表述准确。	目标设计	1.定位全面,凸显立德树人思想,聚焦学科核心素养。					
			2.立足学科本质,蕴含德、智、体、美、劳育人要素(至少三项)。					
			3.重、难点的确定与处理得当,符合课程标准要求和教材、学生实际。					

续表

评价维度	价值导向	观察要点	可视化行为	评价等级 A	B	C	D	E
全要素设计	知识点与育人点恰切，切合学生经验。	内容设计	4.对学科知识点的把握准确、具体。					
			5.体现知识的形成过程，结论由学生自悟与发现，课堂教学自然生成。					
			6.尊重教材，创造性地使用教材，合理开发、利用教学资源，教学策略适切。					
	紧扣知识点，有效渗透育人思想，逐层逼近育人目标。	过程设计	7.坚持以学生为主，体现教师是组织者、指导者、合作者的思想。					
			8.育人点渗透，与知识、材料视点相关度高，全息育人表现形式丰富。					
			9.结合知识视点，教学内容情景化，教学过程问题化，有效调动学生已有认知。					
	激励氛围浓，作业设计彰显五育要素。	评价设计	10.聚焦育人点，体现追问、反问、质疑、激励等互动评价氛围。					
			11.根据学习内容和育人目标，有效设计课堂及课外作业。					
全过程育人	学习方式多样，知识点揭示准确，关注育人目标、内容与评价检测的一致性。	目标意识	12.学生知晓学习目标和结果，知识点、育人点和学生发展点的确立一致。					
			13.育人点准确、具体、有层次性，接近学生的学习发展区。					
			14.教师讲授生动、育人自然，有利于激发学习兴趣，促进学生思维和素养的发展。					
			15.关注学生学习状态和听课感受，从学生学习的视角出发，能根据课堂生成调整预案。					
		学习意识	16.注重学习过程中对学生的完整表达能力、逻辑思维能力的培养和训练。					
			17.教学方式多样，既关注双基落实，又关注思维培养，更关注品性养成。					
			18.熟练运用现代教学手段，为学生提供丰富的学习资源，帮助学生有效学习。					
		融合意识	19.注重问题导学，学习活动开展有趣、有序。					
			20.强化分层训练，对学习的即时检验和练习到位。					
			21.采取任务式学习，注重学生运用能力和创新能力培养。					

续表

评价维度	价值导向	观察要点	可视化行为	评价等级 A	B	C	D	E
全过程育人	学习方式多样，知识点揭示准确，关注育人目标、内容与评价检测的一致性。	融合意识	22.能及时反思自己的学习行为，调整学习策略。					
			23.师生互动、生生互动，课堂体现竞争合作的意识。					
			24.关注学生生活实际，育人点生成自然，学生在课堂中获得良好的情感体验。					
			25.课堂氛围民主，师生关系和谐，体现教学相长。					
			26.育人点与知识点结合好，课堂教学中"五育"融入自然、生动。					
			27.强化学习时空的拓展，有效打通学习与生活、与时代的联系，培养学生正确的价值观。					
			28.注重养成教育，充分关注学生学习动机、习惯、信心等非智力因素。					
		评价意识	29.评价有依据、有标准，紧扣课程标准和育人目标。					
			30.方式多元，有自评、互评、教师激励性评价等。					
			31.载体多样，有活动、实验、交流、讨论、作业等开放式评价。					
			32.及时、有效，具有明显的以"五育"为抓手促进学生终身发展的理念意识。					
		发展意识	33.注重让学生经历知识习得过程，注重知识整体价值的体现，促进学生综合素养的形成与发展。					
			34.学生出错时有良好的心态，阳光乐观，不气馁。					
			35.学生能大胆质疑已有结论，并提出自己的见解。					
全息性达成	价值导向正确，学习愉悦、参与度高。	目标达成	36.课堂形态丰富，学生自主学习、自我展示能力强。					
			37.学生求知欲强，专注度高，思维活跃，积极主动参与到学习的全过程。					
			38.师生互动、生生互动，课堂体现竞争合作的意识。					

续表

评价维度	价值导向	观察要点	可视化行为	评价等级 A	B	C	D	E
全息性达成	价值导向正确,学习愉悦、参与度高。	行为表现	39.学生能围绕学习内容积极开展自主、合作、探究性学习,参与面广,活动有效。					
			40.学生感受到学习的快乐,人文素质、探究精神、审美意识、创新思想、德行认知得到提升和培养。					

(二)课堂教学效果总结性评价

总结性评价又称终结性评价、事后评价,一般是在教学活动告一段落后,为了解教学活动的最终效果而进行的评价。

在"统计图"这节课中,参与评价者事先已经知道了该课在学科认知、德性育人、健康育人、审美育人等方面的目标。本着根据预设目标去发现、衡量、分析的原则对该课进行了研究和分析。

从学科认知角度来看,预设目标已经达成。学生能够掌握制作统计图的方法,同时学会了通过设置柱形图的格式、字体、填充颜色等方法对统计图进行美化,让报表看起来更直观、协调。

在德性育人中,本节课通过数据的呈现,让学生发现自己日常的开销大。教师适时提醒这一切开销都来源于父母,从而让学生自然产生对父母的敬重与感恩。此处的德性育人自然而来,一气呵成,给人一种水到渠成的感觉。

在练习"营养状况统计图"制作时,有些心细的同学发现因营养问题导致的差异十分明显。教师此时顺带提醒"这个差异确实非常明显,只要我们平常坚持正确饮食、适度锻炼"就可以减小这个差异。

在作品评析环节,教师自然地将美育蕴含其中。从整节课看来,目标点虽然"列"得比较多,然而在课堂上一切都是那么自然而然。正所谓"随风潜入夜,润物细无声"。这是评价者从主观角度的感受。

在客观量化方面,本课通过观察、访谈、测验等形式也进行了分析。我们通过分析学生参与度评价量表发现:整堂课中,学生的实践操作机会还是非常多的,时间占了整堂课70%以上,也比较合适,在课堂中也有20名学生举手发言。通过观察举手发言,我们发现学生的思维一直处于比较活跃的状态,特别是学生自己能够归纳、整理出插入统计图的方法,这是非常不错的。本节课未发现学生"开小差、打瞌睡、发呆"等情况。

通过查看课堂观察表，我们发现无论是在学科认识还是在德性育人、审美育人等方面都有明确的记录。充分说明教师在课堂执教中充分考虑到了学科全息育人，真正做到了以统计图知识为载体，以全息育人为目标。

执教结束后，评价者立即对学生进行访谈和测验（详见表5-4"统计图"课堂反馈调查表、表5-5"统计图"课后学生访谈表、表5-7"统计图"课后测验表）。从访谈来看，95%以上的同学认为这节课学得很轻松，也非常有趣。值得惊喜的是，当问到"如果想要快速地了解数据情况，你觉得用统计表方便还是用统计图方便？"有8名同学认为"如果数据很少，直接看数据和看统计图都很方便；如果数据很多，看统计图更方便"。这充分说明学生真正理解了数据与统计图的特点，能够根据具体情况，灵活进行选择。又比如，当问到"你平时在生活中，看到过统计图吗？举个例子来说一说。"有学生说在广告牌上看到过，也有学生说在宣传单上看到过，还有学生说在电视上常看到……这些充分说明，学生在平常的生活中有"统计图"的意识，有较强的观察能力。

在课后5分钟的随机抽测中，学生对出示的2道测试题表示无压力，都能快速、正确地完成。再一次验证了学生本节课的知识掌握得非常好。能够将课堂的"例子"应用到具体的问题解决中。

另一方面，评价者还与执教者进行面对面交流。把所有的观察量表和测试数据进行了分享。肯定了成绩、找出了差距和努力的方向。同时执教者也谈了自己执教后的心得和感受。评价者建议执教者结合评价的定性、定量结果，积极撰写课后教学反思，通过教学反思一方面改进后续的教学工作，另一方面也让执教者自身在反思中进步，在反思中成长。

二、学生学业评价案例评析

北碚区小学信息技术学科运用全息育人策略进行教师课堂教学、学生学业评价案例研修活动，设计与实施本学科全息育人教学研究，经过近年的实践和研究积累，总结了小学信息技术学科全息育人学生学业评价设计与实施策略。

1. 学生参与学习情境素材选定策略

在全息育人教学设计过程中，教师最易想到的策略就是素材选定策略。通过激励学生主动参与收集应用，使之融入日常生活、校园学习中，利用发生在身边的情境，选用具有教育意义的文字素材、图片素材、视频素材等。如在教学信息技术的发展这部分时，教师将我国的信息技术从之前的落后到现在高铁技术、移动支付技术赶超发达国家的事例、视频分享给学生，激发学生的民族自豪感、爱国热情。又如，在教学利用电子表格制作电子图表这部分内容时,让学生调查3—6年级同学的近视情况并制作成图表,提醒学生要注意科学卫生用眼,保护好视力。

2.学生学习情境活动设计策略

在全息育人教学设计过程中,充分尊重学生的主体地位和主观能动性,教师设计时根据学生已有认知,设计更多的学生探究和互助活动,并通过学习导学单等指导学生自学等学习活动。充分考虑小学信息技术学科学生差异性较大的事实,教师在学生中遴选基础较好的学生担任教师小助手,协助教师进行操作指导。

3.学生学习情境中行为习惯培养策略

在全息育人教学实施过程中,更加关注学生行为习惯的培养,如小学信息技术课上学生的正确指法、正确的坐姿,用眼20分钟后的望远,课后收拾好鼠标、键盘、教材等相关行为习惯都在课堂当中时刻关注,提醒并纠正学生。

4.学生学习情境互动评价引导策略

在全息育人教学实施过程中,学生间相互评价时教师尽量引向正面评价,引导学生尽量去发现同学的优点与长处,对于在评价中发现的不足,则引导学生用建议的方式表达。如学生相互评价制作的PPT课件时,请学生先讲出课件中值得学习的2—3个优点,然后再给出1个改进建议。

5.关注学生学习全面、发展策略

在以往的课堂教学实施中,教师的本位主义思想较重,更多关心学生本学科知识与技能的掌握,对学生的全面发展视而不见。比如课堂上一个学生的回答小声而又条理性不够,以往教师只关注学生表达的操作步骤是否正确,现在教师会鼓励学生大声而有条理地回答操作步骤。

下面以北碚区人民路小学蔡家校区王老师执教的西大版小学《信息技术》六年级下册第五单元活动4"创意游戏设计"课程为例,对小学信息技术编程游戏情境应用融入生活,进行全息育人策略下的学生学业评价案例分析。

【案例2】西大版小学《信息技术》六年级下册第五单元活动4"创意游戏设计"

(一)学情分析和教材的深入解读

1.学情分析

(1)通过学习,掌握Scratch软件的基本操作,能够比较熟练地使用角色、舞台和脚本等工具来完成一定的学习任务。

(2)两极分化严重,部分学生基本知识掌握得不够好,独立完成任务的能力有待进一步加强,需要教师和其他同学的指导。

(3)对本单元内容的学习兴趣十分浓厚,学习主动性强,需要进一步激发学生的创造能力和动手能力,需要教师在讲解的时候关注细节,分析每一个指令使用的原因、产生的效果及难点问题,培养学生解决问题的能力。

2.教材分析

"创意游戏设计"是西大版小学《信息技术》六年级下册第五单元活动4的内容,这一单元主要学习Scratch编程软件的基本操作,本课内容是对Scratch软件的进阶学习,即使用"侦测、控制、事件、外观"等指令,制作一个垃圾分类小游戏,在设计游戏的过程中不断激发学生的编程思维和计算思维,通过设计游戏使学生学会正确的垃圾分类方法和树立正确的环保意识。

(二)育人目标设计

1.根据教学内容确定本节课的育人目标,围绕育人目标开展教学(如表5-9所示)

表5-9 "创意游戏设计"育人目标

学科认知	1.掌握运用"侦测、控制、事件、外观"等指令,制作垃圾分类小游戏。 2.能利用"复制、粘贴"简化相同脚本的搭建。 3.在不断学习Scratch的过程中,提高编程思维和计算思维能力。
德性育人	社会责任——参与意识:积极的学习态度,对信息技术有浓厚的兴趣。 个人修养——信息道德:自觉遵守信息道德规范、伦理准则。
审美育人	欣赏评价——图文协调:从整体视觉到文字的字体、颜色、大小、结构布局等感受、评价作品的整洁、协调美。
健康育人	心理健康——节制欲望:能抵制诱惑,不沉迷于游戏、网络等,培养自制力,有效管控自己的信息活动行为。
劳动实践	劳动价值观——持之以恒:培养学生遇到挫折不轻易放弃的品质,遇到困难,能够合理寻求解决方案。 劳动价值观——勤于动手:具有动手实践操作验证理论知识的想法和观念。

2.两次试课教学设计的变化与课堂教学过程的变化

(1)第一次试上课,教学内容安排得太多,从学生完成课堂活动任务的情况来看,大部分学生完成得较差。因此,从情景导入、教学内容、教师活动、学生活动、课堂反馈、拓展、课堂小结、板书设计、活动时间、教师语言等方面做了细化的修改与调整,活动环节聚焦于空矿泉水瓶的脚本指令搭建,减少活动内容,减少学生认知负荷,对活动任务进行分解、层层推进。

(2)在试上的过程中发现问题,反思交流,修改对策。(如表5-10所示)。此外,育人点及育人效果预期方面,在情境导入和课堂小结中,以解决生活实际问题为出发点,德性育人,指导学生设计有趣的游戏,也更加明白垃圾分类的重要性,树立在生活中要做一个文明的、遵守规章制度的学生的意识。

表5-10 "创意游戏设计"教学设计的改进

教学环节	第一次教学实践后修改	设计改进要求	学生学业设计实践的评价分析
情景导入	教师活动:①播放生活垃圾污染视频(47秒)。②看完这个视频你有什么感受?③重庆主城每天会产生多少吨生活垃圾?④每周产生的垃圾都可以堆出一座重庆大剧院!(出示重庆大剧院图片,变成同等大小垃圾堆)如果不对这些垃圾做好处理,未来大家就只有身处垃圾堆里了。(出示人身处巨大垃圾堆图片)⑤垃圾里面有很多"宝贝",如果进行合理分类可使人均生活垃圾产生量减少三分之二。可以起到减少占地、减少污染、变废为宝的作用。(出示垃圾分类对比图)⑥重庆是如何进行垃圾分类的?⑦重庆生活垃圾主要分为四大类。(PPT演示) 学生活动:①学生思考、探讨、交流教师所提出的问题。②学生了解重庆市四种垃圾分类,学会垃圾分类方法。 育人点及育人效果预期: 德性育人:引导学生关注国家大事、关注时事政策。通过环环相扣的提问方式,激发学生的学习兴趣。引领学生积极参与学习,对本课充满浓厚的兴趣。	①情景引入所使用的素材进行了更换,使主题引入更加新颖,并使学生产生情感共鸣。②教师引入语言过多,应合理设置问题,通过不断提问的方式,使学生积极思考。	
新课教学	a.观察分析: 教师活动:①你们会分类吗?我们来玩一个垃圾分类的小游戏,考一考大家。②游戏结束了,谁来说一说你观察到了什么?③用Scratch来创意设计这个游戏。(板书课题)④使用流程图来厘清游戏设计的思路。⑤根据流程图,当我们看到垃圾第一步应干什么? 学生活动:①学生上台操作。②思考游戏设计的逻辑思路并大胆地表达。③思考并说出设计游戏用到的指令有哪些。 育人点及育人效果预期: 劳动育人: 劳动价值观—乐于探究:乐于参与实践活动,并积极探究。 b.活动环节: 活动1:控制空矿泉水瓶随鼠标移动(3分钟) 活动2:将空矿泉水瓶放入对应的垃圾桶 活动3:升级游戏 教师活动:①当空矿泉水瓶被点击,空矿泉水瓶随鼠标移动。②将空矿泉水瓶放入正确的垃圾桶。③将空矿泉水瓶放入错误的垃圾桶。④"重复执行"指令使游戏一直执行。⑤怎么创意升级你的小游戏?主要引导学生说出用到什么指令、怎样添加脚本指令。提醒学生参照过关秘籍。 操作指导: ①继续添加多个角色(人物、垃圾等)。	①在观察分析环节中,不再是单纯的提问,设置了游戏环节,使用流程图厘清学生的编程逻辑思路。②活动环节,教学内容安排过多,因此细化教学内容,将空矿泉水瓶以及过期药物、空牛奶盒、苹果核这四类垃圾游戏设计修改为两课时,第一课时只将空矿泉水瓶放入对应的垃圾桶,让学生学会使用指令搭建脚本。	

续表

教学环节	第一次教学实践后修改	设计改进要求	学生学业设计实践的评价分析
新课教学	②改变外观显示,如正确、错误等词语。 ③添加声音效果。 ④改变背景。 学生活动:打开电脑上"垃圾分类游戏1.0"文件,在教师规定的时间内分别完成活动1、活动2、活动3的任务。 活动反馈: ①在操作过程中遇到瓶子隐藏消失了怎么把它找回来? 请同学展示。分享1—2件学生作品。 ②部分同学的脚本摆放凌乱,老师希望你们能养成好习惯,脚本要摆放整齐美观,删除无用的指令,思路清晰。 ③搭建相似的脚本时怎样简化操作? 预设1:请学生展示复制粘贴脚本指令操作。 预设2:学生不会操作,老师播放微课视频。 育人点及育人效果预期: 审美育人: 欣赏评价—图文协调:从整体视觉到文字的字体、颜色、大小、结构布局等感受、评价作品的整洁、协调美。 劳动育人: 劳动价值观—勤于动手:具有动手实践操作验证理论知识的想法和观念。 C.拓展训练 教师活动:老师搜集了一个升级版垃圾分类小游戏作品(截图),添加了多个角色,更改了背景,还设置了得分。老师也推荐一个编程网站,上面有很多优秀的作品可以交流和分享好的作品。 学生活动:学生修改、完善和升级作品。 育人点及育人效果预期: 劳动育人: 劳动价值观—劳动育人:乐于参与实践活动,并积极探究。	③活动反馈,细化反馈的内容,有目的地进行反馈,如,脚本排放整齐,删除多余脚本,使编程具有逻辑美;遇到相似脚本使用复制粘贴脚本指令等。 ④优化和升级游戏中,先让学生思考升级游戏,老师进行具体的提醒。 ⑤拓展训练,不再仅仅是网站推荐,增加图片,让学生具体看到令人大开眼界的创意游戏。	
课堂反馈	教师活动:通过这节课的学习,我们设计了简单的垃圾分类游戏,用到了哪些脚本呢?抽生答,反馈本节课的重点操作内容。 学生活动:学生回答教师提出的问题,反馈本节课学到的知识内容。	提出具体的反馈问题,如,设计游戏使用了哪些指令等,让学生总结今天所学知识。	
课堂小结	同学们收获满满,让老师也看到了你们出色的表现,你们不仅设计了有趣的游戏,也更加明白了垃圾分类的重要性,在生活中我们要做一个文明的、遵守规章制度的学生,并且面对有趣的游戏,我们也要学会抵制诱惑,不沉迷于游戏、网络等,培养自制力。 育人点及育人效果预期: 健康育人: 心理健康—节制欲望:能抵制诱惑,不沉迷于游戏、网络等,培养自制力,有效地管控自己的信息活动行为。 德性育人: 个人修养—信息道德:自觉遵守信息道德规范、伦理准则。	反馈结束之后,老师统一总结学生的课堂表现,将爱护环境等育人理念渗透到学生的学习中。	

续表

教学环节	第一次教学实践后修改	设计改进要求	学生学业设计实践的评价分析
作业布置	通过本节课所学的知识,课下动手尝试设计拓展训练中老师提到的"得分"和"扣分"游戏环节	根据优化升级游戏,布置课下作业。	
板书设计	打印出模块指令: 创意游戏设计 事件、运动、控制、侦测、外观	板书不再是粉笔,而是打印出模块指令,在引导学生的过程中贴出相应的课题与本课中用到的指令,事件、动作、控制、侦测、外观等模块下的更具体的脚本指令。	

(备注:本表第二列是经过第一次试课修改后的正式学案版本)

(三)集思广益,反思改进,提升质量

通过第一次试上课,发现问题,反思交流,修改对策;分小组讨论后,得出以下结论(部分)。

1.第1组交流建议(部分)

(1)教学内容尽量联系生活实际。

(2)培养学生细致的观察力。

(3)通过板书、PPT、色彩搭配、角色搭配等潜移默化地实现审美育人。

(4)运用小组合作,重视"小老师"的作用。

2.第2组交流建议(部分)

(1)合作学习运用应加强如何合作完成一个任务。

(2)利用流程图可更好体现学生思维。

(3)总结要落到实处,体现全息育人。

3. 第3组交流建议（部分）

(1)教师对学生放手不够。

(2)本堂课中知识点不宜过多,所学知识点应阶梯式进步,不断巩固。

(3)教师引导学生设计程序的方法不局限于"复制""粘贴",还可以有多种方式。

4. 第4组交流建议（部分）

(1)使用微课方便学生反复观看,作品交流展示环节稍弱,展示交流过程也是相互促进的过程。

(2)引入视频可进行环境好坏对比,使学生体会垃圾分类的必要性。

(四)针对课堂观察量表的诊断分析和修改

经过两轮不断磨课,不断修改观察量表,确定了最终的课堂观察量表——小学信息技术学科全息育人课堂观察表(如表5-2所示),促进学生全面发展(全息育人)的学业评价。

(四)学生学业评价案例的成效与反思

1. 课堂教学的成效

(1)学科认知:学科知识—算法与程序设计,侧重于在基本概念的基础上,基于程序结构和感悟算法思想,黑板板书、流程图清晰、逻辑性强,引出各个脚本。

(2)德性育人:社会责任—参与意识,结合社会热点,提高全民环保意识,做到学生人人参与垃圾分类。选材新颖,符合时代特征,结合了全息育人以及当今环保热点,贴近生活。

(3)审美育人:欣赏评价—程序简洁,注重程序设计的去冗余、高效性与逻辑性,感受程序设计语言的简洁美、逻辑美。教学流程图设计贯穿需求分析,教师脚本设计范例,引导学生在脚本设计时体验程序美、逻辑美。

(4)健康育人:心理健康—节制欲望,能抵制诱惑,不沉迷于游戏、网络等,培养自制力,有效地管控自己的信息活动行为。行为自律,通过活动加强自我管理。

(5)劳动育人:劳动价值观—持之以恒,培养学生遇到挫折不轻易放弃的品质,遇到困难,能够合理寻求解决方案。协作互助,共同进取,获取知识,增进同学之间的友谊,如:同桌在编程中遇到不会的,在同桌帮助下能正确完成。劳动价值观—勤于动手,具有动手实践操作验证理论知识的想法和观念。

2. 课例研究反思

在不断研究与打磨的过程中,借助《创意游戏设计》课例研究,全息育人视角下培养学生编程思维能力的教学实践研究,促进了教师课堂教学能力发展,激发了学生的创造能力和动手能力,学生解决问题的能力得到提升,也有一些问题有待于进一步地探索和研究。

(1)全面落实全息育人的指导思想,深化立德树人,教师如何主动参与研究过程,学会研究和改进课堂教学,提升学科教学专业水平和科研能力?

(2)如何通过多种形式在更大范围内推广应用学科全息育人,规范小学信息技术学科全息育人的教学设计?

(3)通过在学科课堂中不断验证、反思,如何最终形成与信息技术学科课程配套的学科育人教学设计和学科全息育人典型案例?

(4)如何促进教师对学科全息育人的深入理解与实施,促进学生在学科认知、道德品质、审美情趣、身心健康、实践探究等方面得到提高?

(5)如何将全息育人理念融入小学信息技术学科教学设计,促进学生的全面发展,促进教师的成长?

第六章 小学信息技术学科全息育人学科研修

学科全息育人的全面实施，需要全体教师的参与，如何把学科研究组的研究成果——学科全息育人框架、学科全息育人导引转换为具有育人价值的适合不同学校、不同学情的教学设计，需要全体信息技术教师的实践参与。基于怎样的理念与原则，使用哪些途径与方法，才能将全息育人的思想和设计融入每一个学段课堂？除了考虑政策层面的要求，更需要通过学科研修提升每一位信息技术教师的育人意识、育人知识、育人能力。区域研修活动要努力促进学科教师群体发展，带动教师个体成长。因此，需要进行系统的学科研修顶层设计、整体推进，针对全息育人教育教学中教师的实际问题，采用专题讲座、课例研修、以赛促研、共建共享等方法，全面推进学科全息育人的实施。

第一节　小学信息技术学科全息育人学科研修的理念

小学信息技术学科全息育人研修要求解决教育教学问题和信息技术学科教师发展有机统一。一方面以小学信息技术教育教学实际问题为抓手，促进本学科教师专业发展；另一方面以信息技术教师专业发展为解决教育教学问题的前提，通过教师专业发展实现教育教学问题的最终解决。

一、教师为本

"教师为本"是指培训基于教师的真实问题、教学经验和实施学科育人知识与能力的现状，开发研修内容，设计研修形式，组织实施研修、实践和反思，促进教师有效参与研修全过程，形成学科育人所要求的基本素养和专业能力。教师作为研修的参与主体，研修要充分尊重教师的主体地位，促进教师积极参与研修，激发和保护他们的自主能动性。

以教师为本，树立团队核心价值观是研修活动高效的关键。学科教师团队核心价值观的建立，能有效激发教师个体创造力和群体合作力，形成一种弥漫于整个教师团队的学习氛围和向心力，使个体价值与群体绩效得以最大限度地显现，引领信息技术教师从关注"如何上好一堂课"到"学生全面发展"，激发教师的职业认同感和荣誉感。

二、全员参与

随着全息育人项目研究的逐步实施，全息育人研究必须逐步落实到每位信息技术教师的课堂，逐渐从部分骨干教师的专题研究，拓展到全体信息技术教师的参与。大家都来到研修学习舞台的中央，一起交流讨论、同伴互助、共享资源，这样的研修活动才能汇聚集体智慧，形成研修共同体，相互学习借鉴，研修成果才能更好地、有效地运用到课堂，提高学科教学育人水平。

三、浇根改善

"浇根式改善型"教师培训是以行动研修为手段,找准参培教师存在的问题与培训需求,以教师修炼进步为目标的解决个体教学实际问题的活动。"浇根"是指在培训中,实施教师专业情境与核心能力的行为"浇根",即浇师德修养之根、教育思想之根、人文情怀之根、学科文化之根;"改善"是通过推进"建三端、连三体、抓三课"的区域行动策略,以教师个体知识、能力的提升,精神、心智的全面提振,达成教师的行为"改善"。

"浇根式改善型"教师培训改变传统培训中单向的、被动的、外控的路径,满足教师发展的个性化需求,强调"服务到学校、送培到课堂、指导到现场、支持到校本、聚焦到个人",将培训的空间拓宽到教师任教的场域之中,贴近学校,突出"以教为本"的问题意识;贴近教师,凸显"以师为本"的专业意识;贴近课堂,彰显"以生为本"的发展意识。

第二节 小学信息技术学科全息育人学科研修的原则

小学信息技术学科具有基础性、实用性、整合性等特点,在进行学科全息育人研修中,要遵循问题导向、双主体、行动研究、共建共享等原则。

一、问题导向原则

问题导向就是以解决问题为方向,少做与问题关联不大、不做与问题无关的无用功。学习从"问"开始,没有了问题的思考,缺失了问题意识,就丧失了多角度思考解决问题的能力。在研修过程中,学员要向自己发问,向同学发问,向培训者发问,既在自主学习中发问,又在合作学习中发问,还在巩固练习中发问。通过学员间、师生间的交流、争论、反馈来解决问题,进而培养参研者问题意识和提出问题、解决问题的能力。

二、双主体原则

学科研修是教研员(培训专家)与参培教师双主体互动的过程。双主体呈现网状结构:包括教师个人之间、小组之间、个人与团队、教研员与教师、参研小组、参研团队等关系指向。研修前,研修的主题、方式、内容采用菜单式进行协商遴选,以此激发教师的内驱力,促进教师主动发展、自主发展。研修中,鼓励教师发声,创造机会让教师充分交流,实现平等、和谐、深刻对话。这种交流,不仅是观点的碰撞、信息的交流,更重要的是思想的交汇、情感的交融。每个人都从同伴身上汲取知识、经验和信念,相互砥砺、共同成长。

三、行动研究原则

行动研究是指社会情境(包括教育情境)的参与者为提高对所从事的社会或教育实践的理性认识,为加深对实践活动及其依赖背景的理解进行的反思研究。行动研究的哲学基础是参与的世界观,行动研究的知识假设是建构主义,行动研究的主体是社会情境的参与者。实践的过程就是研究过程,研究过程是在行动中研究,研究过程与实践融为一体。行动研究的基本阶段是由计划、行动、观察、反思所构成的螺旋式循环加深的发展过程。教师作为行动研究者,要了解自身所处的环境,对自己的教育实践进行分析,制订研究计划和行动方案,寻找解决问题的途径,并注重实施行动后的总结反思。

四、共建共享原则

共建共享是构建社会主义和谐社会的基本原则和基本特征。在学科研修中共建共享,能实现区域内提升质量、发展教师等目标,为教育教学提供新思路新方法。通过资源的共建,汇集更多教育智慧,构建互相学习、互相影响、共同成长的优质教育生态;通过资源的共享,让不同教师的智能优势带动其他教师多元、立体发展,为成长提供更为广阔的空间。特别是小学信息技术这样的小学科,全区教师总体数量少,各学校教师更少,难以形成信息技术学科教研组,必须从区域层面建立学科全息育人共同体,创建学科育人课程资源库,发挥资源的最大效益,促进学科教师专业发展。

第三节 小学信息技术学科全息育人学科研修的流程

小学信息技术学科全息育人学科研修与其他研修一样,要基于参训教师的已有基础,开展基于小学信息技术学科全息育人的育人意识、育人知识、育人能力现状调研及分析,找到教师在育人意识、育人知识、育人能力方面的不足,开展有针对性的补偿培训。在有了意识和一些知识与能力的补偿培训之后,为了将之真正落实到课堂教学中,我们建立学科育人研修共同体,在研究和实践的过程中通过团队合作进行教学设计打磨。全息育人研究作为一种实践探索,需要不断地观摩与实践,交流与反思以及专业的引领,适时地组织校级、区级育人课例研修活动。为进一步激励教师积极在课堂中应用,实现以赛促训,以赛促应用,我们组织学科全息育人专题教学竞赛。在信息资源共建共享时代,区域推进学科全息育人必须重视育人课程资源库建设,因此我们从一开始就着手建设小学信息技术学科全息育人教学设计库、课例资源库等。

一、小学信息技术学科全息育人现状调研及分析

要开展与实施好学科全息育人研究,首先要做好教师现有育人意识、育人知识、育人能力的调研,摸清教师学科育人现状。根据调研的不同目标,我们选择了不同的调研方法,主要采用问卷调研、教师访谈、课堂观察、知识测试等形式,收集相关数据。

通过问卷调研、教师访谈和课堂观察,我们发现,根据培养德智体美劳全面发展的人的要求,开展全息育人的相关宣传,大部分教师有了育人的意识,但是育人知识与能力存在不同板块、不同程度的缺乏,比如一些兼职教师、转岗教师基本的学科知识欠缺;一些教师缺乏基本的美学知识;等等。

通过调研分析,研究团队梳理出教师实施学科全息育人的短板,根据短板有针对性地开展一系列相关的培训,为进一步推进学科育人奠定基础。

二、育人知识点、技能点补偿性培训

补偿性培训是指根据前期的调研分析,找到教师的弱项,结合后续的课例研修,再组织相关的育人关键知识点与能力点的系列培训。培训内容有:

(1)学科育人总体的理念、方法,育人教学设计方法、育人教学实施方法、育人教学评价实施等。

(2)小学信息技术课程标准、教材。

(3)学生核心素养、学科核心素养。

(4)教师基础美学知识(色彩美、结构美)。

(5)教师师德修养与小学生基本德育要求。

(6)小学生身心健康知识(特别是设备使用、文明上网)。

通过梳理育人知识点、技能点,进行补偿性培训。通过下面几个案例来具体呈现我们的做法。

(一)案例1

【案例1】在一次讲解"表格美化"内容的课例中,教师通过随意设置表格的背景色和表格内文字的颜色,示范了如何将一个黑色的表格美化。再让学生进行对比观察,引导学生发现通过改变表格的背景色和表格内文字的颜色,可使美化后的表格更好看。

1.观察到的现象

在这个案例中,我们发现老师一方面注重了对"美化表格"实施途径的教育,另一方面也通过美化前后的对比,让学生感受美化的作用,并营造一种创造美、发现美的氛围,有目地对学生进行美育教育。从学生层面来看,教师将五颜六色的表格作为范例,呈现给学生,毫无色彩美可言,学生也就认为表格颜色设置得越"花哨"越好,越"花哨"就越美。

2.梳理不足

经课后访谈发现,该教师对色彩美、结构美、颜色搭配等知识欠缺,自己也不知道如何搭配才更美。鉴于此,我们针对这个问题设计了一个调查问卷(如表6-1所示)。

表6-1 色彩搭配小调查

色彩搭配知识小调查,在你认为合适的选项后画"√"
1.你觉得你对色彩的了解多吗?
很多( ) 一般( ) 不多( )
2.你觉得色彩重要吗?(单选)
重要( ) 一般( ) 无所谓( )
3.色彩的三要素有哪些?(多选)
色相( ) 明度( ) 纯度( ) 对比度( )
4.在色彩基础知识中,无彩色指的是哪些?(多选)
红色( ) 黄色( ) 白色( ) 黑色( ) 蓝色( ) 灰色( )
5.明度越低,颜色越深,还是越浅?(单选)
深( ) 浅( )
6.暖色系能让人感觉到什么?(单选)
温暖、热情、活力( ) 凉爽、清静、平和( )
7.饱和度越高的颜色,越鲜艳,还是越柔和?(单选)
鲜艳( ) 柔和( )
8.在12色相环中呈120度角的两种颜色互为对比色。其中黄色和下面哪两个色为120度对比色?(多选)
红色( ) 蓝色( ) 紫色( ) 绿色( ) 橙色( )
9.你在平时生活中的哪些方面会运用到色彩搭配?(多选)
服饰( ) 装修( ) 绘画( ) 课件( ) 食物( ) 其他( )
10.你会通过哪些渠道获取色彩搭配?(多选)
配色工具( ) 配色网站( ) 参考图片( ) 个人感觉( ) 其他( )
11.你知道一些常用的色彩搭配方法吗?(单选)
知道( ) 了解一点( ) 不知道( )

12.下面对色彩视错现象的解读哪些是错误的?
暖色有膨胀感(　　)　　冷色有收缩感(　　)
纯色和纯色配在一起更艳(　　)　　纯色和灰色配在一起更艳(　　)
13.下面哪个说法是错误的?
显白就要穿浅色(　　)　　显白要穿比自己肤色稍微暗一些的颜色(　　)
显瘦穿冷调色(　　)　　显高下半身穿浅色(　　)

3.设计培训内容与形式

从问卷调查来看,部分教师对色彩的认识不足,也不会进行颜色的基本搭配。以至于在平常的教学演示、课件制作中都显得很随意。因此,我们决定对这些教师进行补偿性培训。培训内容为:认识色彩及色彩搭配的基本原则。培训采用集中培训与实践操作相结合的方式进行。

4.培训流程

(1)组织教师集中学习色彩常识。

色相:即色彩的相貌。色相是色彩的首要特征,是区别各种不同色彩的最准确的标准。我们平常说"红色、蓝色、绿色"中的"红、蓝、绿"就是该色彩的色相。

色相环:色相环是指一种圆形排列的色相光谱图。色相环种类分为6色相环,12色相环,24色相环,36色相环,等等,包含更多颜色种类的大色相环还包括48色相环,72色相环,等等。

同类色:指色相性质相同,但色度深浅不同的颜色。在色相环中相邻15度夹角内的颜色为同类色,如深绿与浅绿。

邻近色:指性质近似的色相。在色相环中相邻60度夹角内的颜色为邻近色,如红与橙、橙与黄、黄与绿、绿与青、青与紫、紫与红等。

对比色:指在色相环上相距120度到180度之间的两种颜色,如红与黄、蓝与绿等。

互补色:指在色相环上相距180度之间的两种颜色,如橙和蓝、红和绿、黄和紫等。互补色并列时,会引起强烈对比的色觉,会感到红的更红、绿的更绿。

(2)通过实例,帮助教师明确色彩搭配基本原则。

"631比例"原则。在一幅作品中,主色彩是60%的比例,次要色彩是30%的比例,辅助色彩是10%的比例。

应用配色方案。在我们制作课件时,系统为我们提供了很多配色方案。大家也可以参考配色方案的颜色对课件进行配色。

同类色搭配原则。同类色搭配原则指深浅、明暗不同的两种同一类颜色相配,比如:青配天蓝、墨绿配浅绿、咖啡配米色、深红配浅红等,同类色配合的服装显得柔和文雅。

近似色搭配原则。指两个比较接近的颜色相配,如:红色与橙红或紫红相配,黄色与草绿或橙黄相配等。

互补色搭配原则。互补色指在色盘上两个相对的颜色。补色相配能形成鲜明的对比,有时会收到较好的效果。如:红与绿,青与橙,黑与白等。

巧用黑色。在色彩的搭配中,有时候根据需要加入一定的黑色,往往能够给画面增添更美的效果。巧妙地运用黑色,能让任何一个色彩看起来更干净。

(3)实践操作

美化单元格。

课件修改。

5.培训评价

通过本次补偿培训,参培教师对色彩的认识更深了,能够从较为专业的角度去看待眼中的色彩。他们知道了色彩的三要素、色相环,能够用一些基本原则去搭配色彩,让色彩的使用有目的性和针对性,杜绝了随意性。通过认真搭配出来的色彩,美得更自然,更能得到大多数人的认可。

(二)案例2

【案例2】在讲解西大版小学《信息技术》六年级上册第一单元活动3"图片的简单处理"中的"裁剪图片"时,教师给出一张有明显瑕疵的图片,让学生观察并提问如何修改这张图片,学生回答出"裁剪"后,教师示范裁剪的方法,学生练习操作裁剪图片的方法。

1.观察到的现象

在观课中,我们发现学生能通过教师引导找出图片的瑕疵,并根据教师的示范对图片进行简单的裁剪。但是教师只是停留在基本的裁剪技术上,学生很容易理解成只要有瑕疵的图片都靠裁剪,无论瑕疵的位置和裁剪出来的图片是否符合基本的构图原则和审美要求。

2.梳理不足

在课后与教师的交流过程中,我们了解到该授课教师图形图像的构图知识比较薄弱,也没有途径系统地学习怎么提高这方面的知识。为此,我们随机访问区域内其他教师,发现大部分教师对这类知识的认识都不够深刻,在课堂上也就缺失了结构美的审美育人点的渗透。为此,我们设计了一次主题为"了解图形图像基本构图方法"的培训。培训方式采用集中培训和实践练习相结合。

3.培训流程

(1)集中培训。

中心构图法:将主体放置在画面中心进行构图。这种构图方式的最大优点就在于主体突出、明确,而且画面容易取得左右平衡的效果。

水平线构图法:最基本的构图法,以水平线条为主。水平、舒展的线条能够表现出宽阔、稳定、和谐的感觉。

垂直线构图法:即画面中以垂直线条为主。通常运用垂直线构图的时候,被摄体自身就符合垂直线特征。

三分构图法:也称作井字构图法,是一种在摄影、设计等艺术中经常使用的构图手段。在这种方法中,需要将场景用两条竖线和两条横线分割,这样可以得到4个交叉点,将画面重点放置在4个交叉点中的一个即可。

对称构图法:按照一定的对称轴或对称中心,使画面中的景物形成轴对称或者中心对称。如果前期没法完全对称,也可以通过后期进行校正和剪裁。

引导线构图法:利用线条引导观者的目光,使之汇聚到画面的焦点。引导线不一定是具体的线,但凡有方向的、连续的东西,都可以称为引导线。现实中,道路、河流、颜色、阴影甚至人的目光都可以当作引导线使用。

九宫格构图法:也称井字构图,前面已讲过,实际上属于黄金分割式的一种形式。就是把画面平均分成九块,在中心块上四个角的点,用任意一点的位置来安排主体位置。实际上这几个点都符合"黄金分割比例",是最佳的位置,当然还应考虑平衡、对比等因素。

中心构图法大多用于严谨、庄严和富于装饰性的作品。水平线构图法通常运用在湖面、水面、草原,等等。垂直线构图法中,垂直线在人们的心里是符号化象征,能充分展示景物的高大和深度,例如树木。在使用三分构图法时可以将景物放置在黄金分割线处,这样的话从视觉上看会比较美观,比如建筑物或者地平线。对称构图法常用于拍摄建筑、隧道等。引导线构图法中,道路、河流、颜色、阴影甚至人的目光都可以当作引导线使用。九宫格构图法能呈现变化与动感,画面富有活力,其中心块上的四个点有不同的视觉感应,上方两点动感比下方的强,左面比右面强。要注意的是视觉平衡问题。

(2)实践练习。

参培教师拍摄每个构图法的图片。

重新改写《图片简单处理》的教学设计,并组织评比。

4.培训评价

通过本次有针对性的培训,教师对构图的认识趋向于专业化的了解状态,对基本构图方法的理解和应用水平有了很大的提升。对"图片的裁剪"的课堂教学也更有深度,能做到图文协调:从图片的构图艺术出发,裁剪出主体突出、富有美感的图片。

三、建立学科育人研修共同体

研修共同体就是信息技术教师学习共同体、实践共同体。教师有强烈的学习意愿和共同研究兴趣,共同目标是在共同参与的各种教育实践和研究实践中形成良好的学习、研究氛围,并通过交流与创造,促进自身专业成长。大家围绕信息技术学科育人,边研究边实践,查找相关理论,提出研究课题,开展集体备课,观摩研究课例,探索育人模式,落实育人目标,反思教学行为,培养学生核心素养,提升教育教学水平。教师在团队协作中共同发展,在教育中研究,在研究中教育,不断超越平常的经验水平,给工作注入生命力和创造力。

各学校信息技术教师数量少,基本无法在本学校形成学科教研组。为加强教师的交流与学习,很有必要从区域层面建立学科育人研修共同体,集体备课研修,形成研修合力,促进专业发展。共同体内教师基于不同的教学内容,撰写教学设计并在课堂教学活动中展示、提炼,其他成员和导师提出意见与建议,并在下一堂课的教学中改进,一次次实践后总结、反思,提高教师专业水平。

四、育人课例研修活动

课例研修是教研活动的一种形式,是教师从自己的教学实际出发,发现问题、解决问题的过程,它以研究教学、改进教学为己任,旨在提高教学质量,促进师生共同成长。根据全息育人的教育理念,结合小学信息技术学科特点,有效地将教师的理论水平和实践能力相结合,以课例研修活动为载体,落实全息育人目标。

1.选择研修主题

课例研修主题是指教师在教育教学过程中遇到的应该研究、探讨、改进、解决的具体问题。课例研修主题的选择至关重要,课例研修主题的选择是课例研修有效开展的前提。

课例研修主题的特征:①源于现实。课例研修致力于以科学的研究手段解决教师在课堂教学中遇到的现实问题。②始于反思。课例研修的问题可以是共性的,也可以是个性的,但无论如何都是教师基于教学反思所发现的自己的问题。③具体可行。课例研修主题应紧密结合课堂教学的实际,从小处、细处、实处捕捉问题,选取具有较强可操作性并具备研究条件的主题加以研究。④答案开放。课例研修是通过反思课堂现象与总结教学经验来实现教学改进的。由于实践问题受多种因素的制约,研究的问题很可能存在多种解决方案。

选择研修主题的基本步骤:①提出问题,聚焦主题。提出平时在教学中遇到的问题,从中选择大家共同关注的和最想研究的问题。②梳理内容,确定课题。梳理内容的目的是找到研究主题下重要的课题,从中选出课例研修的课题。③清晰表达,明确重点。在梳理内容的基础上确定将要研究的主题,并明确表述出来。④进行原始教学设计并进行教学活动,在教学活动中发现问题并调换主题。⑤在进行二次教学活动后提炼主题。

2.撰写研修方案

选定研修主题后,就可以撰写研修方案。研修方案主要包括以下几方面:①参与研修的人员;②研修的时间地点;③研修的目标和内容;④研修的重点;⑤研修的方式;⑥研修的步骤;⑦研修的组织与管理;⑧研修效果评估。

3.打磨研修资源

根据研修方案,对研修资源进行打磨。打磨的形式又分为基本式打磨和同课异构、异课同构、行动导向式等。打磨的基本范式是:第一次备课是基于个人经验的备课。第二次备课是基于群体经验和必要研究的备课。第三次备课是基于实践反思和必要研究后的备课。

4.实施研修活动

研修活动的主要流程是:选定研修课题—讨论制订计划—开展备课分析;个人编制教案—备课组说课,集体讨论,完成第一次修改方案—组织研修共同体成员一起观课、评课;个人反思,完成第二次修改方案—二次观课、评课;录像回放,个人反思,三改教学方案—撰写磨课体会。

5.反思研修效果

对研修中的育人理念、教学设计、教学实施、教学评价等方面进行反思。教师的育人观念是否转变、教学设计挖掘的育人点是否全面、教学实施中的育人目标是否落实,教学评价中育人导向是否恰当等,通过一系列全面的反思,发现优点与不足,肯定做得好的方面,改进需要完善的内容,促进研修效果的不断提升。

6.整理研修成果

研修成果的收集整理非常重要且有价值。在研修中提炼的新观点新想法、教学设计的优质模板、优秀教研课精品课、案例分析报告、经验文章、书籍册子、研修总结等成果,要进行整理归档,形成本学科育人研修的物化资料,以留下研修痕迹,见证研修历程,还可以推广到其他区域,以便交流学习,取长补短,不断提升研修质量和水平。

五、组织育人教学竞赛

组织教学竞赛是综合培养、提高小学信息技术教师的教学能力和专业素养的一种重要方法。本学科开展的教材、课标知识竞赛,教学设计竞赛,课堂教学竞赛,是对教师教学能力和水平的展示和检阅,是提高教师教学能力水平和教学质量的一种重要途径,尤其对促进新教师、青年教师成长具有极其重要的意义。

(一)教师教材、课标知识竞赛

教材、课标知识竞赛是提升教师专业素养的基本策略。通过开展教材和课标知识竞赛,促进教师教材和课标的学习,从而有效提升教师对教材和课标的理解,更好地撰写教学设计,指导课堂教学。

(二)教师育人教学设计竞赛

教学设计竞赛能提升教师对课程的理解和对学科育人思想的运用,从而形成自己独特的教学设计形式。通过开展育人教学设计竞赛,提高教师对育人思想的理解,课堂教学环节的把控,教学重难点的突破,使教师有效地指导课堂教学。

(三)教师育人课堂教学竞赛

课堂教学竞赛是区域教师专业发展的一种重要途径和手段,它具有促进教师专业发展,了解教师发展状况,收集优质教学资源等作用。学科育人的课堂推进也将其作为一种重要的推进措施,并且为了发挥共同体的作用,采用研修共同体内初赛,优秀者代表共同体参加区级竞赛,区级竞赛既评个人奖又评团体奖的方式推动教师参加竞赛。共同体初赛扩大了参赛面,促进了更多教师参与竞赛,初赛后的区域赛,因为个人代表团体参赛,又促进了共同体的共同交流与研究,因此竞赛促进教师自觉地加强对学科全息育人的实施实践探索,意义非凡。

六、育人课程资源库建设

建设小学信息技术学科课程资源库,是为了充分发挥网络资源共享的优势,满足全区小学信息技术教师方便、快捷、高效地使用教学资源的愿望,促进区域内本学科教学质量的整体提升。

小学信息技术学科全息育人课程资源是指信息技术课程设计、实施和评价等整个过程中可以用的有育人功能的各种资源的总和。主要有网络信息资源、常用媒体资源、教材资源、自主开发的资源等。考虑到区域内各学校信息技术教师兼职较多，在校内学习教研的时效不高，可用资源不丰富等情况，教研员整合本学科教师队伍力量，成立了学科核心组。核心组成员按照分工，牵头带领全区小学信息技术专兼职教师共同建设资源库。大家把各种资源上传到共享群资源库里，如：每位教师按年段分工撰写全息育人版的教学设计、各年段教师制作的课件和收集的图文音视素材、核心组成员制作的开学第一课微课、教研展示课和参赛优质课的实录等。

第四节　小学信息技术学科全息育人学科研修案例

小学信息技术学科教师参加全息育人研修活动有两个主要途径。一是在自己所在的工作单位以校本研修的方式进行。二是通过全区信息技术教师集中研修以区域研修的方式进行。在本节中，我们拟通过三个案例，为大家分别呈现校本研修和区域研修的具体操作方法，为大家提供参考。

【案例1】校本研修活动案例——在信息技术课中融入全息育人

（一）研修背景

"统计图"是西大版小学《信息技术》四年级下册第四单元活动4的教学内容。该课是学习办公软件Excel的最后一课。通过学习，要求学生能够根据实际需要，利用Excel解决一些简单的实际问题。解决实际问题涉及Excel的综合运用，但学生的综合运用能力需要进行较长时间的练习才能形成。从教法研究角度来看，本次校本研修活动希望教师结合小学信息技术学科全息育人的要求，尝试从素材着手，在教学设计和实际教学中融入全息育人点。在锻炼学生实际操作技能的过程中，培养学生学会思考、分析、使用学习材料进行探究，最终解决问题的能力，从而促进学生的全面发展。

(二)研修主题

在信息技术课中融入全息育人。

(三)研修流程

首先,学习学科育人理念、课堂观察技术、课例研究方法和"三课两反思"的行动教育模式,然后由任课老师进行课例展示。具体来说,任课教师第一次按自己的教学经验上课,第二次根据专家及参研教师指导后,对上课内容进行重构,再次进行课例展示。在第二次课例展示后,立即进行反思、修改。特别是思考在全息育人的融合上还有哪些值得探索和改进的地方。经过再次修改,最后再次进行课例展示。在第三次研修课上,参研人员从如何制订育人目标、怎么达成育人目标、选择什么教学素材、怎么运用素材这四个方面,深入挖掘和思考。课后所有参研教师一起进行评课议课,反思教学中的亮点与问题,聚焦学科全息育人的切入点和表现方式,提出具体改进意见,并在此基础上完成课例研修报告的撰写。

(四)研修收获

通过本次校本研修活动,参研的老师经过研讨提出如下三点收获:

第一,用活素材,挖掘育人点。

信息技术课的教学设计很重要,素材的选择也很重要。它们不是随便呈现,每一个设计和素材都有它的价值,所有的设计都要符合学生实际、贴近学生生活,这样挖掘出来的育人点才是实实在在的。

第二,精心设计,确定育人目标。

本课的教学设计不仅要在课堂中体现学科知识点,还要用好素材,实现学科全息育人的目标。在教学设计中,我们提炼出核心的知识点:制作柱形统计图,美化柱形统计图,生成其他统计图。在导入新课和生成其他统计图时,教师通过事先精心设计的素材,确定了根据降雨量统计表合理规划旅游线路和感恩父母的育人目标。

第三,精讲多练,达成育人目标。

老师要精讲,学生才能多练,并且练习的设计也应有层次、有时间把握,在练习前给出明确的练习任务和要求,练习过程中多巡视,针对学生存在的共性问题进行讲解。

(五)案例点评

本次校本研修积极响应北碚区教师进修学院倡导的"学科全息育人"理念,将全息育人理念化为实际的行动。具体来说,本次研修做到了以下几方面:

（1）在研修内容的选择上有较强的针对性。统计图在我们生活中很常见，学生在平常的生活中都有一定的知识基础。选择这个内容，让学生充分感受到应用信息技术改变生活、解决实际问题的强大魅力，能增强学生的学习兴趣。

（2）教学素材是为育人目标服务的。在本次校本研修中，研究人员紧抓如何制订育人目标、怎么达成育人目标、选择什么素材、怎么运用素材这四个方面进行。比如制作"学生每月消费统计图"，学生观察自己的消费情况后，教师适时提醒：我们这么多的消费全部来源于自己的父母，进而激发学生感恩父母之情。制作"学生每月消费统计图"和制作其他一般的统计图相比，相同的都是在用Excel制作统计图，但多了一个自然而然的感恩父母之情。这是选择合适的素材达成育人目标的典范。因此，在育人目标确定后，我们一定要根据育人目标的指向，充分结合教学内容，去选择能够充分达成这个目标的教学素材。

（3）育人目标是融合在教学目标中的。我们在进行小学信息技术学科全息育人中，一定要注意"融合"这个关键词。在具体的课例中，我们要将德育、智育、体育、美育、劳动实践这五个目标融合在具体的教学实践中，不能把它们割裂开来。全息育人目标以具体的课例教学内容为载体，一方面强调"润物细无声"似的融合效果，另一方面并不追求"大而全"的育人思想。教师在具体的课例中，应根据教学内容的需要，尽可能地挖掘出智育目标以外的其他目标，并根据这些目标进行教学设计。并非强调每节课均要融入所有全息育人目标。教师应根据教学内容这个载体，有针对性地选择和侧重一部分教学目标。

通过本次校本研修，执教教师和全息育人参研教师都得到了成长。一方面加深了对学科全息育人的理解，充分理解了学科全息育人的理念。另一方面其信息技术学科教学设计能力也有了很大的提高，特别在目标达成与素材的合理选择上均有了很大的收获。

【案例2】区域研修活动案例——如何进行编程教学的全息育人设计与实施

（一）研修背景

近年来，随着大数据、人工智能及物联网等高新技术的飞速发展，国务院发布的《新一代人工智能发展规划》提出，要广泛开展人工智能科普活动，在中小学设置人工智能相关课程，逐步推广编程教育。2018年9月10日，重庆市教委下发了《关于加强中小学编程教育的通知》。在科学设计教育内容中，要求在小学阶段以体验为主，通过游戏化教学、项目式教学等形式,加强借助积木式编程工具,通过对对象、模块、控制、执行等概念及作用的直观操作体验,感受编程思想。北碚区小学信息技术学科编程教学起步相对较早,2017年西大版小学《信息技术》六年级下册第五单元开始涉及Scratch编程教学。

相对技术操作类的课程,编程教学如何有效融入全息育人,深入挖掘出编程类课程的育人要素,一些教师找不到比较好的切入点,本次小学信息技术学科区域研修活动以编程教学内容为载体,结合学科全息育人理念,探讨如何在编程课中激发学生的创造能力和动手能力,培养学生解决生活实际问题的能力。研修活动通过观摩青年教师对活动4"创意游戏设计"(第1课时)的Scratch编程教学,为北碚区小学信息技术学科编程教学如何较好融入育人要素提供学习范式,指导小学信息技术学科开展Scratch编程教学。

(二)研修主题

如何进行编程教学的全息育人设计与实施。

(三)研修流程

研修前准备:执教者初次备课,编制教学设计并在学校备课组说课—集体讨论,完成第一次修改方案—第一次上课—组织研修共同体成员一起观课、评课—个人反思,在集体智慧的基础上形成第二次教学设计,在研修活动中呈现。

研修活动过程:

1.主题阐释:如何进行编程教学的全息育人设计与实施

主 讲 人:刘玫

内容简介:观课量表解读,后续讨论分组,"德智体美劳"的环节体现,以及设计的策略或方法。

时间安排:20分钟

2.课例观摩

授 课 人:王洪梅

授课内容:西大版小学《信息技术》六年级下册第五单元活动4"创意游戏设计"(第1课时)

时间安排:40分钟

3.研讨交流

研讨组织:教研组长

第一组：小组长 A

课堂观察及评课关注点：教学设计和实施中德育环节，已经采用的设计策略或方法，以及改进建议。

第二组：小组长 B

课堂观察及评课关注点：教学设计和实施中学科素养环节，已经采用的设计策略或方法，以及改进建议。

第三组：小组长 C

课堂观察及评课关注点：教学设计和实施中美育环节，已经采用的设计策略或方法，以及改进建议。

第四组：小组长 D

课堂观察及评课关注点：教学设计和实施中劳动实践环节，已经采用的设计策略或方法，以及改进建议。

第五组：小组长 E

课堂观察及评课关注点：教学设计和实施中身体健康环节，已经采用的设计策略或方法，以及改进建议。

时间安排：20分钟分组讨论，然后各组选一位老师做交流。

4.课例阐释

主讲人：王洪梅

内容：结合本节课的教学设计，阐释五育环节的设计和实施的策略或方法。

时间安排：10分钟

5.专家指导

主讲人：李立

指导内容：结合本节课的教学设计，对本学科五育环节的设计和实施的策略或方法进行梳理以及指导。

研修后改进：执教者结合同伴和专家的意见与建议进行第三次教学设计修改，在本教研组再次汇报展示，自我反思，总结经验，最后撰写课例研修报告。研修主持人梳理出在编程教学中实施全息育人的策略或方法。

时间安排：10分钟

(四)研修收获

本学科教师通过参加本次区域研修活动，在活动中学习、积极思考，结合自己的工作实际、方法技巧和教学经验，在讨论中积极发言，最后经过专家指导。共收获以下成果。

1. 全息育人课堂教学成效

(1) 素材选定。

垃圾分类不仅与我们的生活息息相关,还体现一个人的素质。合理进行垃圾分类不仅能美化环境,还能创造财富。在教学中,通过环环相扣的提问方式,激发学生的学习兴趣,引起他们对生活垃圾的关注,引导学生关注国家大事、关注时事政策。

(2) 学生活动设计。

学生活动环节聚焦于空矿泉水瓶的脚本指令搭建,减少活动内容,减少学生认知负荷,将活动任务进行分解、层层推进。

(3) 学生行为习惯培养。

信息技术学科是一门实践性很强的学科,具有较多的动手实践操作的机会,要引导学生在实践的过程中不断验证理论知识的想法和观念,从而形成自己的编程思想和编程能力。

互联网是一个大熔炉,其中不仅有我们需要的知识,也有一些极具欺骗性和诱惑性的内容,要引导学生形成正确的是非观和价值观,自觉遵守信息道德规范、伦理准则,抵制诱惑,不沉迷于游戏、网络等,培养自制力,有效管控自己的信息活动行为。

(4) 学生评价引导。

评价是学生学习内容内化的一种体现,正确引导学生参与评价能有效促进学生学习的效果。教师要指导学生从整体视觉到文字的字体、颜色、大小、结构布局等感受、评价作品的整洁、协调美。引导学生正面评价,对于存在的不足通过建议的形式委婉指出。

(5) 育人目标的效果。

学科认知:学科知识—算法与程序设计,侧重于在基本概念的基础上,基于程序结构和感悟算法思想,黑板板书、流程图清晰、逻辑性强,引出各个脚本。

德性育人:社会责任—参与意识,结合社会热点,提高全民环保意识,做到学生人人参与垃圾分类。选材新颖,符合时代特征,结合了全息育人以及当今环保热点,贴近生活。

审美育人:欣赏评价—程序简洁,注重程序设计的去冗余、高效性与逻辑性,感受程序设计语言的简洁美、逻辑美。教学流程图设计贯穿需求分析,教师脚本设计范例,引导学生在脚本设计时体验程序美、逻辑美。

健康育人:心理健康—节制欲望,能抵制诱惑,不沉迷于游戏、网络等,培养自制力,有效地管控自己的信息活动行为。行为自律,通过活动加强自我管理。

劳动育人：劳动价值观——持之以恒，培养学生遇到挫折不轻易放弃的品质，遇到困难，能够合理寻求解决方案。协作互助，共同进取，获取知识，增进同学之间的友谊，如：同桌在编程中遇到不会的，在同桌帮助下能正确完成。劳动价值观——勤于动手，具有动手实践操作验证理论知识的想法和观念。

教学流程设计贯穿了学生的需求分析、流程设计、代码设计的编程思维，注重利用流程图引导学生的思维，注重引导学生将各类命令与种类相对应，便于后期教学。

2.实施全息育人的教学策略

在课堂教学过程中发现问题，反思交流，修改对策。针对如何以编程课例为载体问题，探究学科全息育人策略，提出教学策略。

(1)确定学习目标。

在每一堂编程课程中，教学目标的确定非常重要，根据学生的认知情况确定学习目标，将全息育人的理念融合到教学目标中。

(2)利用思维导图厘清逻辑思路。

在编程教学中，最重要的是在设计游戏的过程中不断培养学生的计算思维，利用思维导图厘清逻辑思路，教师根据思维导图进行合理的提问，让学生充分讨论并发表意见，在讨论交流的过程中让学生形成计算思维。

(3)分解思维导图，细化每一个小目标。

一般情况下，很多教师在上编程教育课时，会从网上收集大量教学资源，但是在资源的利用上缺少了合理的安排，直接让学生看视频，让学生"照猫画虎"设计游戏，并没有让学生理解透每一个指令的功能以及实现的效果。因此，教师可以使用思维导图细化每一个小目标，由简入繁，层层推进，讨论如何设计，使用什么指令等，落实每一步的目标，让学生在设计游戏的过程中培养自己的逻辑思维能力和编程能力。

(4)搭建每一模块，完成目标任务。

教师根据思维导图设计活动环节，学生分类分步完成各项活动任务，搭建每一个模块，完成任务目标，教师巡视，个别指导。活动结束，学生活动反馈，根据学生设计游戏的情况，提出活动中学生出现的问题，学生集体交流解决问题，这个过程仍然是由学生自己主导，培养学生的沟通写作能力和问题解决能力。

(5)学生创意设计。

游戏设计的主要目标是培养学生的创新创造能力，在教学实践中务实创新，让学生大胆表达，善于发现，创意设计出自己独特的游戏。在游戏设计的过程中，教师应让学生充分发挥想象力，表达自己的独到见解，设计出富有创意的游戏。教师也要引导如何去创意设计，收集更多的资料，开阔学生的视野、开拓学生的计算思维。

(五)案例点评

本次区域研修活动是北碚区小学信息技术学科运用Scratch软件组织开展编程教学的一次大胆尝试,为该学科教师在编程教学中实施"学科全息育人"起到引领启迪作用。教师今后在编程教学中可以结合学科特点和学生认知实际,选择有价值的素材;在教学中培养学生良好的学习习惯;激发学生的计算思维;提升学生信息素养;促进学生德、智、体、美、劳全面发展,以适应不断发展变化的信息社会。通过研修活动,大家体会到,作为一名信息技术教师如果不努力实现专业化发展,将跟不上不断变化的教育发展新形势。研修学习是教师的终身必修课,在今后的工作中,要不断更新自己的教学观念,改变自己的教学行为,并把研修所学的内容、方法用到自己的教学实践中,努力提高教育教学质量,提升学生信息素养,以达到教学相长。

【案例3】区域研修活动案例——基于大单元教学的小学信息技术学科全息育人教学设计

(一)研修背景

在全息育人的研究中,培养学科核心素养,开展深度学习,一直是我们追求的一个重要目标,也是必要目标。因此,我们不断追寻优质的教学设计方法,其中大单元教学设计就是我们发现的一个非常实用的设计方法,以往单课时间太短,不能实现复杂的学习目标和比较丰富的育人目标,无法考虑大概念的深入发展,也无法探究基本问题和实际应用。通过研究组的尝试,发现这样的大单元教学设计,非常易于进行学科全息育人教学设计。为把这样的教学设计方法传递给全体教师,我们设计了本次主题研修。

(二)研修主题

基于大单元教学的小学信息技术学科全息育人教学设计。

(三)研修流程

研修前准备:

(1)研究组自学:研究组教师先是自学了格兰特·威金斯等著的《追求理解的教学设计(第2版)》和诺曼·E.格朗伦德等著的《设计与编写教学目标(第8版)》,后又参加了徐和平老师的"素养立意的单元教学设计"专题培训。

(2)尝试单元设计：初步选定一个单位进行大单元整体设计尝试，以及对应单元中的每课设计，研究组讨论修改。

(3)课堂实施尝试：由研究组张老师在北碚区状元小学四年级进行课堂实施，研究组教师集体观课后，进行讨论修改。

(4)教学设计打磨：修改后的教学设计，再次在同年级其他班级授课，研究组教师再次进行讨论打磨。

(5)两位研究组教师分别从通识设计和结合本课设计的角度，梳理出理念、思想和方法。

研修活动过程：

1.微讲座：大单元教学设计基本思想及方法（通识设计要求）

主讲人：郭强

内容简介：大单元教学设计是什么、为什么、怎么做？

时间安排：60分钟

2.微讲座：大单元教学设计基本思想及方法（结合展示课例）

主讲人：王贤政

内容简介：本单元教学设计的设计思路、具体操作。

时间安排：60分钟

3.课例观摩

授课人：张欢

授课内容：西大版小学《信息技术》四年级下册第一单元活动3帮妈妈管家

时间安排：40分钟

4.课例阐释

主讲人：张欢

内容：结合本节课的教学设计，介绍本单元设计和本课设计的打磨过程，以及收获。

时间安排：10分钟

5.专家指导

主讲人：李可

指导内容：结合本节课的教学设计，对基于大单元教学的小学信息技术学科全息育人教学设计进行指导。

时间安排：10分钟

研修后跟进：分享本次研修所有课程资源，全体教师以年级研修工作坊为单位对本年级本期教学单元进行大单元育人教学设计，采用共建共享模式，研究组组织年级工作坊研讨。对每位教师的设计初稿进行讨论打磨后，由设计者配套相应课程资源，共享给全年级教师根据自己班的学情修改后使用。

(四)研修收获

通过此次研修，全区小学信息技术教师基本了解了什么是大单元教学设计，明白了大单元教学设计的意义，以及基本的设计方法，明确了具体的实操步骤，可以通过模仿的方式尝试自己制作大单元教学设计，再通过年级工作坊的研讨打磨，初步形成了基于大单元教学的小学信息技术育人教学设计课程资源集。

(五)案例点评

从课程改革的需要出发，本次区域研修活动的主题是"基于大单元教学的小学信息技术学科全息育人教学设计"，这次活动安排得及时、恰到好处。大单元教学是系统教学，从系统论的观点来看，整体往往大于部分之和。逐课推进的教学，往往很难实现整体的价值。从单元目标出发，关注大单元的教学，有利于教师整体掌控单元育人目标的落实，有利于单元目标的全面达成，有利于系统地提升学生的信息素养。通过本次研修活动，教师受到启发，站的高度更高，思维更开阔。相信在大单元教学设计思路下，教师可以尽可能实现整合，关注单元整体效益，促进深度学习，更好地实现教学相长。

参考文献

窦志.小学信息课堂如何立德树人[C]//四川省科教创客研究会.2021年科教创新学术研讨会论文集(第二期).

孔祥明.正确处理师生关系 构建课堂教学新策略[C]//教育部基础教育课程改革研究中心.2019年"区域优质教育资源的整合研究"研讨会论文集.

涂长鑫.立德树人,全面育人——社会主义核心价值观进校园的实践[C]//中国智慧工程研究会智能学习与创新研究工作委员会.教育理论研究(第十辑).

崔锦华.打造激情教育,践行立德树人根本任务[C]//天津电子出版社有限公司.新教育时代教育学术成果汇编(2).

罗继俭.信息技术与德育教育的有效整合[C]//《教育教学研究》编委会.教育教学研究—教育理论研究(2018年版第一辑).

胡海燕.立德树人方针下学科教学与价值观教育的有效融合[C]//安徽省基础教育改革与发展协同创新中心.安徽基础教育研究(2015年第4期(总第12期)).

石中英.关于中国学生发展核心素养的哲学思考[J].课程·教材·教法,2018,38(09):36—41.

林崇德.构建中国化的学生发展核心素养[J].北京师范大学学报(社会科学版),2017(01):66—73.

苏红.核心素养视角下批判性思维的测评与培养[J].中小学管理,2016(11):24—26.

杨焯程.马克思人的全面发展理论及其哲学教育意义[J].林区教学,2017(09):73—74.

李林齐,徐蕾,龙丽娟.马克思人的全面发展理论内涵对当代教育的启示[J].社科纵横(新理论版),2009,25(03):113—114.

李繁.论马克思人的全面发展理论的现实意义[J].井冈山医专学报,2007(03):72—74.

章晶晶,王钰彪.作为构建新时代"全面培养的教育体系"必由之路的教育信息化——全国教育大会与教育信息化笔谈之二[J].中国电化教育,2019(01):6—11+53.

黄晶晶.朱光潜"尽性全人"教育思想简论[J].安庆师范学院学报(社会科学版),2014,33(06):49-52.

季爱民,季晓宁.试析蔡元培完全人格之教育思想[J].教育探索,2009(07):5-6.

张淑清,李建军.论素质教育与人的全面发展[J].山西广播电视大学学报,2001(04):14-15.

童明."五育"的整体性与素质教育[J].辽宁教育学院学报,2001(01):58-59.

张建伟.学习的系统观与"五育"的整体性[J].冀东学刊,1997(03):60-62.

赵存有,陈国晶,常禄.基于OBE理念的课程教学设计研究[J].黑龙江教育(理论与实践),2020(08):70-71.

格里高利·M.弗兰卡,吴新静,盛群力.任务中心教学原理(上)[J].数字教育,2018,4(01):87-92.

大卫·安德森,季娇.从STEM教育到STEAM教育——大卫·安德森与季娇关于博物馆教育的对话[J].华东师范大学学报(教育科学版),2017,35(04):122-129+139.

房华.基于标准的语文教学评一致的备课研究[J].大连教育学院学报,2020,36(01):51-54.

朱德全,张家琼.论教学逻辑[J].教育研究,2007(11):47-52.

董静,于海波.教学逻辑的价值追求与二维结构的运演[J].中国教育学刊,2015(08):24-29.

孙莹.运用"分层教学"优化信息技术课堂教学设计[J].教育现代化(电子版),2016(10):167-167.

李葆萍,李晔,公平,等.以学习活动为中心的信息技术课教学设计及管理设计[J].中国远程教育,2003(09):45-47+79-80.

刘红.创客教育理念下小学信息技术教学设计[J].课程教育研究,2019(15):143-144.

王芳.以评定教 逆向备课——基于信息技术学科核心素养考核要求的教学设计[J].名师在线,2019(15):P.72-73.

罗建国,黄红霞,李倩倩.高校"全息育人模式"探索——以武昌理工学院为例[J].黄冈师范学院学报,2017,37(01):7-10.

罗海风,周达,刘坚.以立德树人为目标 构建学科育人体系——从学科核心素养促进学科教育转型谈起[J].中小学教师培训,2018(09):1-5.

查德清.基于核心素养的小学信息技术课例分析[J].华夏教师,2018(15):60-61.

陶赏圆.基于核心素养培养的小学信息技术课堂活动设计策略[J].中国教育技术装备,2018(07):97-98+105.

董玉琦,钱松岭.信息社会学课程与教学——信息技术课程育人功能的落脚点[J].中国信息技术教育,2018(05):9.

陆琳雅.关注信息技术课程中学生审美能力的培养——以《图片的处理》教学设计为例[J].中国信息技术教育,2014(23):49-51.

朱福荣."浇根式改善型"培训助力教师专业发展[J].中国教师,2017(11):42-45.

叶明治.基于项目研修共同体的教师专业发展研究[J].当代教研论丛,2018(11):17-19.

陈玉雪.信息技术学科区域研修活动探索[J].大连教育学院学报,2020,36(04):11-12.

张凯.小学信息技术学科校本研修模式探讨[J].中小学电教(教学),2020(09):45-46.

龙丽嫦.课例研修的现状分析与深度设计——以小学信息技术学科为例[J].中小学信息技术教育,2013(03):48-51.

朱萍.利用信息技术开展微教研活动的研究与实践——《信息技术支持下的微教研模式实践研究》课题研究中期报告[J].家教世界,2021(12):28-29.

李海龙."双主体"课程体系的实施机制研究[J].科学大众(科学教育),2018(12):138.

苏文涛.信息技术下"问题解决导向式"教学模式浅谈[J].数学教学通讯,2021(11):6-9.

王丽丽.始于问题,终于素养——问题链式教学的实践与探索[J].中国信息技术教育,2020(23):56-57.

楼蓓芳.聚焦在线教研 建设校际研修共同体[J].现代教学,2020(Z3):84-85.

易继林,戴长志,罗本志.农村中小学校本研修模式创新的实践探索[J].教育科学论坛,2019(26):60-62.

麦茵.流程图在小学Scratch编程教学中的实践与探索[J].智力,2020(24):147-148.

魏多兵.质性评价——信息技术学科学习质量评价的思考[J].成才之路,2021(10):42-43.

耿洪杰.构图之美(上)[J].照相机,2020(05):29-35.

王晓云,李庆国,郭显峰.构图在摄影创作中的运用[J].数字通信世界,2019(09):159.

秦志静.基于核心素养培养的初中信息技术教学设计与应用研究[D].济南:山东师范大学,2019.

杨晓奇.教学资源及其优化问题研究[D].南京:南京师范大学博士论文,2014.

戴思源.基于STEAM教育的小学信息技术课程教学设计与实践——以Scratch软件教学为例[D].重庆:重庆大学,2019.

于颖.计算思维主导的高中信息技术教材结构设计研究[D].长春:东北师范大学,2017.

李小静.信息技术支持下的区域研修现状及发展策略研究[D].武汉:华中师范大学,2019.

周欢.信息技术支持下区域教研实践与改进策略研究[D].岳阳:湖南理工学院,2020.

黄若琳.智慧教育理念下的中小学教师网络研修模式研究[D].长春:东北师范大学,2019.

朱春元.基于中轴变换的图形构造方法研究[D].大连:大连海事大学,2020.

王少非.课堂评价[M].上海:华东师范大学出版社,2013.

何克抗,林君芬,张文兰.教学系统设计[M].北京:高等教育出版社,2006.

杨欢耸.小学信息技术课程与教学[M].上海:华东师范大学出版社,2010.

周敦.中小学信息技术教材教法(第3版)[M].北京:人民邮电出版社,2013

马小亮.浅议"以人为本"的教学设计[N].陇南日报,2019-09-18(04).

后记

《小学信息技术学科全息育人》在北碚区学科全息育人研究背景下应运而生，历时三年，终付出版。回顾总结撰稿历程，艰辛与成长并进，而今欣喜。

2019年，国家重点课题"学科全息育人研究"项目在北碚区教师进修学院朱福荣院长的主持下宣告启动，各学科团队教师以极高的热情参与其中，以小学信息技术核心组成员为主要组成的信息技术学科全息育人教研团队相继成立。起初教研团队对"学科全息育人研究"项目充满猜测、茫然、不知所措，历经几年，包括寒暑假，数十天，几百学时的学习培训、自主研究，全息育人的疑惑终于解开，教师们获得了弥足珍贵的洗礼。

全息育人，培育"德智体美劳"全面发展的人，全学科、全方位开展育人实践。小学信息技术学科，从国家政策背景、学科核心素养、学科课程标准入手，以核心组团队为骨干队伍，辐射区域全体信息技术教师开展学习研究。通过学科教师核心素养研究、学生学科核心素养研究、政策解读、课标学习培训、育人点研究、拟定、教学设计撰写、微讲座、精点评、示范课、研磨课等确保该项培训收到预期效果。经过多次修改论证，教研团队撰写了"小学信息技术学科全息育人点框架与解读""小学信息技术学科单元育人点导引""小学信息技术学科活动育人点导引""小学信息技术学科全息育人系列教学设计"。

为了写好这本书，记得几年里，每一个寒暑假教研团队都集中5—10天时间培训、研讨书稿。一次次修改，一次次研讨，打倒重来的情况时有发生，然而功夫不负有心人，尽管本书还显得稚嫩，却也饱含众人的心血与智慧，记录着我们前进的脚印，显露了培育"德智体美劳"全面发展人的决心。

书稿编写中，刘玫拟定全书框架，郭强负责全书统稿。参编教师们相互配合、协同合作，各章主要执笔情况如下：第一章，刘玫、王洪梅；第二章，郭强、刘玫；第三章，李静、李中全、张欢；第四章，李晓莉、陈道伟、罗建；第五章，唐廷波、王礼伦；第六章，王贤政、魏淇淋、晏笛；后记，郭强。

在成书的过程中，重庆市北碚区教师进修学院朱福荣院长、贺晓霞副院长、黄吉元副院长、杨旭书记等为团队教师的进步提供了丰富的培训机会和学习资源。重庆市教育科学研究院小学信息技术教研员李可老师,重庆市渝中区教师进修学院李立副院长,为本书的编写与出版提供了支持与帮助,提出了宝贵意见。有你们的辛勤工作、无私奉献,才使得本书顺利与读者见面。在此,我们全体编者向你们致谢!

  尽管我们很努力,但由于才疏学浅,书中差错和遗漏在所难免,敬请各位读者批评、斧正。

编者